大夏书系·学校领导力

北京市高校教改立项课题"学校教学组织变革行动研究与课程开发"成果
北京教育学院重点学科学校管理学成果

赢得未来的
Winning the *Future:* Transformation
of Instructional Organizations in Schools

学校教学组织变革

陈 丽 吕 蕾 等 著

华东师范大学出版社
ECNUP
全国百佳图书出版单位

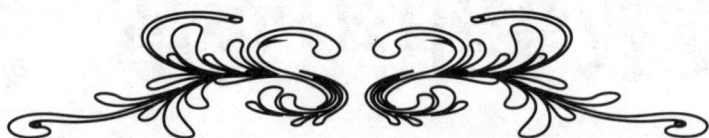

本书作者（按姓氏笔画）：

邓 亮 石英德 吕 蕾 陈 丽 李 娜
何育萍 赵 敏 胡荣堃 郭 冰 崔京勇

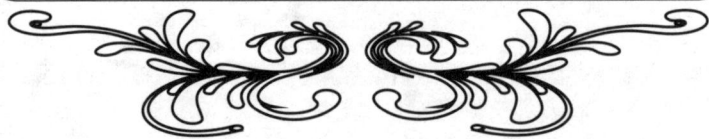

目　录

Contents

前 言

见微知著，睹始知终

《韩非子·说林上》说："圣人见微以知萌，见端以知末。"汉代袁康的《越绝书·越绝德序外传》也指出："故圣人见微知著，睹始知终。"我辈非圣人，但很荣幸身处教育变革之中，或亲眼目睹或亲身探索或亲自指导着中小学变革实践，斗胆对中小学教学组织变革进行研究。但"斗胆"并非盲干，一是有第二期北京市中小学名校长工作室第二工作室与首期北京市中小学名校长工程中学04组导师们与校长们的行动研究支撑；二是有北京市高校教改立项课题"学校教学组织变革行动研究与课程开发"的支撑。课题组整合了一批专家、校长进行较为深入的比较研究、案例研究、行动研究，在此基础上，分析中小学教学组织变革的趋势。因此，我们提出的这些趋势不是书斋里的畅想，而是基于一批先锋学校的实践探索，希望我辈能够"见微知著，睹始知终"。

本书围绕中小学教学组织变革从三方面进行研究：中小学教学组织变革的必要性与重要性（第一章）、中小学主要教学组织（如教学管理组织、课程组织、教学研究组织、年级组、班级、学生自治组织等）的变革（第二至七章）、中小学教学组织变革的趋势（第八至九章）。

《势在必行的教学组织变革》一章首先阐述了在信息时代的大背景下，在当前课程改革和教育领域综合改革的深化过程中，伴随着教育观念的转变和学校的现实探索，教学组织变革对于学校发展、教育改革的重要意义，接着在相关文献的分析中和中西学校教学组织的比较中，阐释了教学组织变革的概念，最后指出了校长在学校组织变革过程中的重要角色和作用。

《教学管理组织变革》一章在介绍我国一般中小学教学管理组织的结构、职责、人员要求的基础上，分析了我国一般中小学教学管理组织存在组织结构多属于直线职能型、组织人员普遍缺乏服务理念、工作职责上"教务管理有余，专业引导不足"等问题，结合几个典型的教学管理组织变革案例，指出教学管理组织变革趋势，即教学管理组织结构的扁平化、教学管理组织人员的专业化、教学管理组织工作职责的明确化、教学管理组织系统管理的信息化四个方向。

《学校课程组织建设》一章针对不少学校存在对课程管理认识不足，课程组织机构专业性不够，课程组织建设系统性不足、作用发挥不充分，课程组织管理制度建设不足、难以保障课程及其组织建设的持续发展等问题，提出了运用职能分类法进行学校课程组织机构设计的科学性与适切性问题，分析了课程组织自身内在结构设计的合理性、整体性、学术性问题以及课程组织建设的制度化问题。

《学校教研组织变革》一章对我国中小学教学研究组织在学校的组织定位、组织任务、组织方式和管理制度进行分析，揭示了当前学校教研组织学术功能定位缺位，学校教研组织职责不明，教研组织不够开放等问题。通过国内外中小学教研组织活动和组织变革案例分析了学校教研组织建设需要关注和跟进的趋势：教研组织定位于具有研究功能的学术支持性组织；学校教研内容从单一任务到多元融合；学校教研组织结构扁平化；学校教研打破组织边界，进行跨界创新。

《逐步成为学校中间力量的年级组》一章指出年级组是随着学校规模扩大而出现的以年级为单位的具有教育、教学、管理职能的学校基层组织。但随着学校教育的发展，年级组在行政管理取向和任务驱动影响下，管理效率越来越高而教育教学效率堪忧，越来越多的学校开始对年级组织进行变革。对于规模较大的学校而言，年级组已不再只是最初的为了管理便利而建立的基层事务性组织。随着年级组权利与地位的提升，变革中的年级组已经逐渐成为学校的中间力量，其教育教学职能也日益突显出来。

班级是落实教育教学任务的最基层组织，《班级组织变革》一章分析了当前我国中小学班级面临着如下问题：班级建设目标走偏，只见集体不见个人；班级建设手段异化，管理主义取代育人目标；班级建设主体单一，班主任过累，其他师生积极性不高；班级教育元素单一，班级文化建设滞后；等等。为此，许多学校开始进行变革探索，这些探索呈现以下趋势：一是班级功能从建设班集体走向整体育人；二是班级组建方式从管理导向的行政班到以学生为中心的教学班的转变；三是班级管理结构在分布式、扁平化自我管理中实现自我教育；四是班主任角色从管理者走向教育者；五是作为班级重要空间载体的教室凸显为学科教学和师生交往服务的功能。

学生自治组织是教学组织中"学"的组织，教学组织变革必然牵动和影响学生自治组织的变革，学生自治组织变革也会影响教学组织变革。《学生自治组织变革》一章通过宏观和微观两个方面对目前我国中小学学生自治组织的现状和问题进行了分析，以北京十一学校六个典型的学生自治组织为例介绍了学生自治组织的发展情况，展望了学生自治组织变革的五大趋势：组织形态走向现实与虚拟结合的 O2O 模式；治理机制更加自主，协调机制应运而生；志愿者组织逐步壮大，服务范围扩大，面向社会，面向弱势群体；走向跨界合作；西方学院制的引进改造与中国传统书院制回归重生的融合。

"没有人能够左右变化，唯有走在变化之前。"（彼得·德鲁克）要想走在变化之前，就需要把握变革趋势，这也正是本书命名为《赢得未来的教学组织变革》的旨意所在。《学校教学组织变革方向》（上、下）部分在前几章研究的基础上提出中小学教学组织变革十大趋势，即：强调多元共治理念，教学治理主体多元化；强调整合，学校教育、教学组织功能一体化；教学组织结构扁平化；教学组织机构从边界清晰的封闭性走向跨界合作的开放性；教学支持性组织与设施的教学功能强化；正式组织与非正式组织相得益彰；实体组织与虚拟组织共融发展（线上与线下相结合）；凸显教学组织的研究性与专业化；教学组织运行方式强调民主化与高效化；教学组织形态从单一走向多元。

本书是北京市高校教改立项课题"学校教学组织变革行动研究与课程开发"研究的主要成果。该课题（负责人是笔者）于2013年立项，前期研究基于第二期北京市名校长工作室第二工作室所进行的"学校组织变革"研究。第二工作室特聘导师是北京十一学校李希贵校长与原北师大教育学部书记、现北京教科院副院长褚宏启教授，学院导师是笔者。本课题是学校组织变革研究的深化，是对学校组织中最重要的组织即教学组织变革所进行的系统研究。本课题的行动研究则主要基于首期北京市中小学名校长工程中学04组（特聘导师是李希贵校长，学院导师是笔者）校长们的探索。感谢这些校长们的责任担当与智慧实践，引领着未来的学校组织变革。

本课题研究主体是北京教育学院重点学科"学校管理学"的团队（学科带头人是笔者），该团队凝聚了一批追求卓越的优秀培训者，他们愿意在繁杂的项目工作之余，牺牲休息时间，牺牲节假日，开展学术研究，追求以专业成就培训，以研究促进发展。2013年以来，"学校管理学"重点学科团队推出的学术研究成果主要有《学校组织变革研究：校长的视角》（陈丽、李希贵等著，教育科学出版社，2013）、《义务教育学校校长专业标准：要点·行动·示例》（陈丽主编，北京师范大学出版社，2014）、《普通高中特色建设：谋划与实施》（陈丽、柴纯青等著，北京师范大学出版社，2014）、《赢得未来的学校教学组织变革》（陈丽、吕蕾等著，华东师范大学出版社，

2016）；推出的校长行动研究成果主要有《学校组织变革实践：校长的探索》（王铮、李明新等著，教育科学出版社，2013）、《个性发展，各展其美——首都高中校长的特色建设之旅》（陈丽主编，重庆大学出版社，2014）、《各美其美，美美与共——首都高中校长的特色建设之旅》（陈丽主编，北京出版社，2015）等；学科组发表学术论文20多篇。

本研究是团队智慧的结晶。课题组在两年多的研究历程中，组织20多次研讨交流会，"在智慧碰撞里，从框架结构到理论观点，从逻辑分析到案例支持，研究逐步清晰与完善；在温馨笑谈中，从生活到工作，从思维方式到人格魅力，彼此相互欣赏，结下同伴友情，温馨前行人生。虽然作为负责人，要牺牲节假日、休息日，一遍又一遍修订文稿，但在艰辛中也体验着快乐。感谢我们共同度过的累并快乐着的美好时光！"[①]

关于教学组织变革研究，目前系统的研究并不多，基于实践探索的系统研究更少。本研究得到课题结题论证专家的高度认可，他们一致认为本研究具备以下特点：

一是体系完整。该书从教学组织变革的背景分析、学理分析、国际视野分析着手，提出教学组织变革的必要性与重要性，系统探讨了我国中小学教学组织如教学管理组织、课程组织、教学研究组织、年级组、班级及学生自治组织的变革情况，在此基础上概括出教学组织变革的一般趋势。二是结构逻辑性强。在每一部分的研究与写作上，从分析问题入手，介绍典型的变革案例，从这些不同类型的学校变革案例中揭示出变革的方向。把问题研究、案例研究、趋势研究有机结合起来。三是具有前瞻性与引领性。课题组在案例分析的基础上揭示了学校教学组织变革的方向与趋势，案例具有代表性，从案例分析中揭示出的变革趋势具有前瞻性，能够引领中小学校变革方向。

但是，任何组织都存在组织智商局限。虽然在研究过程中，我们多次请

[①] 陈丽，柴纯青等.普通高中特色建设：谋划与实施［M］.北京：北京师范大学出版社，2014：5—6.

专家指导，但由于我的学识水平局限，研究还存在不少问题，敬请前辈、同仁批评指正。

　　本课题在研究过程中得到北京市教科院方中雄院长，北京师范大学赵德成教授、石中英教授、宋洪鹏博士，首都师范大学傅树京教授，北京十一学校李希贵校长，北京广渠门中学吴甡校长，北京小学李明新校长，北京一七一中学罗红艳副校长，首都师范大学附属中学永定分校徐骏校长，北京一六六中学王蕾校长，原首都师范大学附属房山中学校长、现北京房山区教师进修学校王徜祥副校长等的精心指导与大力支持。得到北京教育学院杨公鼎书记、何劲松院长、钟祖荣副院长、杨志成副院长、卢晖书记、邸磊处长、石炀处长、李淑君副处长等等的关心与支持。在此深表感谢！同时感谢北京教育学院李娜博士、胡佳怡博士为本书出版所做的翻译工作。感谢华东师范大学出版社任红瑚女士为本书出版所作的努力！

北京教育学院

陈　丽

Foreword

See Bigger From Small, See Trends from Beginnings

It is said in *Han Fei zi·Shuo Lin shang* that: "Saints see micro to know macro, see the beginning to know what will happen next." Yuan Kang in Han Dynasty also pointed out in the book titled *Yue jue shu·Yue jue de xu wai zhuan*: "Therefore the sage can see what is coming from a small cue." We, the authors, though not saints, are all in an era of education reforms. We have either witnessed or personally involved in guiding or exploring education reforms in practice. So we have ventured to conduct this study on the transformation of instructional organizations in primary and secondary schools. However, "to venture" is not to act recklessly. On one hand, this study is based on the action research done by the mentors and principals from Group 4 of the second cohort of the Second Research for Learning Team of Beijing Distinguished Principals. On the other hand, it is also based on a research subject named "Action Research and Curriculum Development on Transformation of Instructional Organizations in Chinese Schools", funded by Beijing Education Reform Research Programs for Colleges. This research team has gathered a group of experts and principals to do in-depth comparative studies, case studies and action research, based on which we discussed the trends of the transformation of instructional organizations in primary and secondary schools. In this sense, these trends we pointed out are not pure imagination, but rather based on a number of practice-based explorations in some pioneer schools. Through this endeavor, we look forward to seeing how things will develop based on its current beginnings.

This book discusses the transformation of instructional organizations in primary and secondary schools from three aspects: the necessity and importance of transforming instructional organizations in primary and secondary schools (Chapter One), the transformation of major instructional organizations in primary and secondary schools (such as instructional management organizations, curricula organizations, instructional research organizations, grade, class, student autonomous organizations) (Chapters Two to Seven), and the trend of transformation of instructional organizations in primary and secondary schools (Chapters Eight to Nine).

The Imperativeness of Transforming Instructional Organizations first elaborates on the significance of transforming instructional organizations to school development and education reform in the ICT era, during the comprehensive education reforms and along with the transformation of educational philosophy as well as the practical explorations of schools. By analyzing relevant literature and comparing instructional organizations in Chinese and western schools, this chapter provides the definition of transformation of instructional organizations and points out the important role a principal plays in the transformation process.

Transformation of Instructional Management Organizations offers introduction to the general structures, duties and requirements on staff members in instructional management organizations in Chinese primary and secondary schools, and analyzes some existing problems, such as the linear nature of the structures of instructional management organizations, the lack of the awareness of service among staff members, and the coexistence of redundancy in instructional management and lack of professional guidance. By analyzing several typical examples of transforming instructional management organizations, this chapter points out the four directions in the trend of transformation of instructional management organizations, i.e. to flatten the structure, to make staff members more professional, to clearly define the duties of the instructional management organization, and to introduce IT in instructional management.

Construction of Curricula Organizations in Schools responds to the lack of understanding in curricula management, the lack of professionalism in curricula organizations, the lack of systematic construction of curricula organizations, the underplayed role played by curricula organizations, and the lack of construction of curricula organizations, which jointly result in the lack of sustainable development of curricula and construction of curricula organization. This chapter discusses whether it is reasonable and suitable to design curricula organizations in schools in the way of duty categorization, and analyzes the rationality, integrity and academic nature of the structural design of the curricula organizations, as well as the building of relevant institutions for these organizations.

Evolution of School Teaching and Research Group, discusses the role, tasks, administration and organizational culture of School Teaching and Research Group in Chinese primary and secondary schools, and in turn reveals some problems in current, such as failure to play due role in school academic research, overlapping tasks among different research organizations, teaching and research methods and contents do not meet the needs of the current curriculum reform, less organizational openness etc. By analyzing some cases of transformation of T-R activities and organizations reform, this chapter provides some suggestions for future development of Teaching and Research Group. Based on the academic support orientation, school should rebuild flat structure of T-R Group. Instructional research focus on multiple tasks from daily life rather than singular task just from book knowledge; school should break boundaries of different organizations, integrate virtual and actual teaching and research, and jointly develop and share resources.

Grade as the Intermediate Organization in Schools points out that grade is originally a grassroots organization with instructional and administrative duties that appears along with the expansion of school scale. Yet as school education evolves, driven by its administrative orientation and tasks, grade is becoming more and more administratively effective yet less and less effective in instruction. As a result, more and more schools are reforming grades. For some big schools, grades are not grassroots organizations for the convenience of administration any more. As grade gains more power and enhances its status, it is becoming intermediate organizations that highlights its instructional functions.

Class is the most basic organization in school education. *Reforms on Class Organizations* analyzes current problems faced by classes in Chinese primary and secondary schools in achieving class building goals. For example, individuals are neglected while the class in a whole is highlighted; the class-building means putting more importance on administration rather than educating students; the class-building responsibility falls solely on class supervisor, making him or her too tired while others lack the enthusiasm; the lack of multiple education targets for class results in the underdevelopment of class culture. In response to these problems, many schools have undertaken exploration on class reforms in following ways: transform class function from building the class collective to educating class members as a whole; transform class forming rationale from administration-oriented class to student-centered instructional class; adjust class structure so as to realize students' self-education in a distributed, flat class; transform class supervisors' roles from managers to educators; highlight the classroom's function to serve instruction and teachers' and students' social interactions, as it is the most space for a class.

Student autonomous organizations are learning organizations in schools. The transformation of instructional organizations will inevitably elicit the transformation of student autonomous organizations, and vice versa. *Transformation of Student Autonomous Organizations* conducts analysis on the current situation and existing problems of student autonomous organizations in Chinese primary and secondary schools from both macro and micro levels. Six typical student autonomous organizations in Beijing National Day School are introduced, and based on these cases, the author elaborates on five trends for these organizations, i.e. the O2O model that combines real and virtual spaces; a more independent governing mechanism and the consequent coordinating mechanism; a bigger volunteer organization that extends to social services with the focus on disadvantaged population; cross-industry cooperation; the integration of localized western-style residential college system and traditional Chinese academy of classical learning.

"No one can control changes. The only thing one can do is to leave changes behind."(Peter F.Drucker) It is the imperative to grasp the future trends if one is to leave change behind. This is the reason why the book named *Winning the Future: Transformation of Instructional*

Organizations in Schools. Future Trends for Transformation of Instructional Organizations
lists ten future trends for transformation of instructional organizations based on the above chapters, i.e. the philosophy of shared governance among multiple stake-holders and the diversification of instructional administrative bodies; integration of functions of school education and instructional organizations; flat instructional organizations; open, cross-industry-cooperation-oriented organizations; strengthened instructional functions in instructional supportive organizations and facilities; interaction between formal and informal organizations; integration and common development of real and virtual organizations (online and offline combined); highlight the academics and professionalism in instructional organizations; the focus on democratic and effective operation in instructional organizations; plural forms of instructional organizations.

This book is the major achievement of the research subject named "Action Research and Curriculum Development on Transformation of Instructional Organizations in Chinese Schools" funded by Beijing Education Reform Programs for Colleges. This research subject (led by Professor Chen Li from Beijing Institute of Education) was founded in 2013. Its preliminary study is based on research on school organizational changes done by the second cohort of the Second Research for Learning Team of Beijing Distinguished Principals. The Distinguished Instructors of second cohort second are Principal Li Xigui from Beijing National Day school and Professor Chu Hongqi, former CPC secretary of the Faculty of Education, Beijing Normal University, and now the Vice President of Beijing Academy of Educational Sciences. Professor Chen Li serves as the intramural academic advisor. This research subject is a further and extended research based on the research on school organizational change. It is a systematic study on the transformation of instructional organizations, the most important organizations among all kinds of school organizations. Action research of this subject is mainly based on the secondary school principals from Group 4 of the second cohort of the Second Research for Learning Team of Beijing Distinguished Principals (Distinguished Instructor is Principal Li Xigui from Beijing National Day school; college mentor is Professor Chen Li from Beijing Institute of Education). We should thank these principals for their strong sense of responsibility and wisdom in practices, for they are leading the future of school organizational change.

Most members in this research team are from the team of the key disciplines of Beijing Institute of Education "school management" (academic leader is Professor Chen Li from Beijing Institute of Education). This team gathers a group of outstanding excellence trainers. They are willing to do academic research work apart from the work in complex projects at the cost of spare time and holidays to pursue professional training and to promote professional development by doing research. Since 2013, the team of "school management" has published many academic books, such as *School Organizational Change Studies: the Principals' Perspective* (Chen Li, Li Xigui, et al., Education Science Press, 2013), *Professional Standards for Principals in Compulsory Education: Highlights • Actions • Examples* (Chen Li as editor-in-chief, Beijing Normal University Press, 2014), *Senior High School Feature Development: Planning and Implementation* (Chen Li, Chai Chunqing, et al., Beijing Normal University Press, 2014), *Winning the Future: Transformation of Instructional Organizations in Schools* (Chen Li, Lv Lei, et al., East China Normal University Press, 2016). The team also published some achievements from principals' action research, such as *School Organizational Change Practices: the Principals' Trials* (Wang Zheng, Li Mingxin, et al., Education Science Press, 2013), *United in Diversity-Characteristics Construction in Beijing High Schools* (Chen Li as editor-in-chief, Chongqing University Press, 2014), *Let Schools Find Their Own Ways to Success-Characteristics Construction in Beijing High Schools* (Chen Li as editor-in-chief, Beijing Press, 2015). In addition, the team has published more than 20 papers.

This research achievement belongs to the research team. The team has organized more than 20 group discussions over the past two years. "With collective wisdom, we have constructed the framework and theoretical arguments and have formed logical analyses and supportive cases. The research procedure gradually grew clearer and ever improved. In this process, the team members worked together, collaborated with one another, appreciated one another's thoughts and work, and developed close friendships. As the discipline leader, I had to spend lots of spare time such as weekends and holidays revising drafts over and over again.

However, I feel really happy despite the hard work. Thanks for the time we have shared, working hard and happily!"[1]

There is not much research on transformation of instructional organizations, and even less systematic research based on practical exploration. This research result was highly recognized by the experts who have evaluated the book draft. The experts all agreed that this book shows following characteristics:

First, the book has forged a complete system. Based on background analysis, theoretical analysis and analysis from the international perspective, the authors point out the necessity and importance of transformation of teaching organizations and systematically discuss the changes of main instructional organizations in Chinese primary and secondary school such as instructional management organization, curricula organization, instructional research organization, grade, class and student autonomous organizations. On this ground, the authors sum up the general trends of transformation of instructional organizations. Second, the book has a highly logical structure. For each part of the book, it begins with problem analysis, and then introduces some typical cases of transformation, and finally comes to the future trends based on analyses on different types of cases on transformation of instructional organizations. So each part includes problem analysis, case studies and trends analysis. Third, the book is forward-looking and leading the future. Based on plenty of case studies, the authors reveal the direction and trend of transformation of instructional organizations. These cases can represent different types of schools and so the changing trends revealed from case studies are forward-looking, capable of leading the direction of transformation of instructional organizations in Chinese schools.

However, every research result has its limitations. Although we repeatedly requested the guidance of experts during the research, the book may still have some shortcomings due to our limited abilities. Thus, any comments and critics from other researchers and principals will be highly appreciated.

---

[1] Chen Li, Chai Chunqing, et al. *Senior High School Feature Development: Planning and Implementation*. Beijing Normal University Press, 2014:5—6.

During the research, the project team has gained a lot of supports from various leaders, experts and administrators, for which we feel really grateful. Our special thanks go to Mr. Fang Zhongxiong, President of Beijing Academy of Educational Sciences, Professor Zhao Decheng, Professor Shi Zhongying and Dr. Song Hongpeng from Beijng Normal University, Professor Fu Shujing from Capital Normal University, Principal Li Xigui from Beijing National Day School, Principal Wu Sheng from Beijing Guangqumen High School, Principal Li Mingxin from Beijing Primary School, Vice Principal Luo Hongyan from Beijing No.171 High School, Principal Xu Jun from the Affiliated High School of Capital Normal University-Yongding campus, Principal Wang Lei from Beijing No.166 High School and Mr. Wang Changxiang, Vice President of Beijing Fangshan District Teachers Training College. Our thanks also go to CPC Secretary Yang Gongding, President He Jinsong, Vice President Zhong Zurong, Vice President Yang Zhicheng, Vice President Lu Hui, Director Di Lei, Director Shi Yang, and Deputy Director Li Shujun from Beijing Institute of Education. Thanks for their care and support. Our thanks also go to Dr. Hu Jiayi and Dr. Li Na from Beijing Institute of Education who translated the Foreword into English, and to Dr. Hu Jiayi who translated the Content List of this book. Last but not least, we would like to extend our sincere gratitude to Ms. Ren Honghu from East China Normal University Press for her tremendous support.

Chen Li

Beijing Institute of Education

第一章　势在必行的教学组织变革

北京教育学院　胡荣堃　吕　蕾

2012 年初冬的一天，早上 8:00，北京十一学校。三个高一新生普通的一天开始了：

胡溪，一个每天都离不开舞蹈的女孩，是广播社团"早安十一"和"拜占庭"街舞社的活跃分子。她的第一节课是数学Ⅱ，使用学校老师专为选择数学Ⅱ的学生开发的学习用书。十一学校对各门课程进行了分层分类的设计，仅高一年级便有 217 个教学班，每个班的学生不超过 24 人，这使得赵老师能经常在课堂上跟胡溪"一对一"。

周子其，初中直升入高中的十一"土著"，酷爱读书，最近卷不离手的是《剑桥中国史》。周子其的第一节课是历史Ⅱ。历史是他最喜欢的一门学科，他和李亮老师的对话是教室里的一道固定风景……历史学科教室里的桌椅被师生们摆放成马蹄形，书架上摆满了老师精选的图书。在今天的课上，每个人都需要用到笔记本电脑。选择历史Ⅱ的都是对历史有浓厚兴趣的学生，李亮老师经常把一些有问题的结论抛给学生，启发学生质疑。

刘雨童，今年刚刚考入十一学校，这里的一切对她来说都需要重新探索。刘雨童的第一节课是自习，她选择了一间人少的教室自习。

8:45

楼道里涌出了赶往下一间学科教室的学生。没有了行政班及行政班教室，所有课都在学科教室上，供高一年级学生上课的学科教室有 69 间，其中一部分与其他年级共用。

因此，后面的三节课，三个人也截然不同。刘雨童的课表上依次是数学

Ⅳ、语文和化学Ⅱ。胡溪的选择分别是语文、英语Ⅱ和历史Ⅱ。周子其上的则是政治Ⅱ、地理Ⅱ和数学Ⅰ。在各间学科教室里，老师和学生可以方便地使用按学科特点和学生需求配置的学习资源。

11：40

四节课后，胡溪和刘雨童的午餐时间到了。按照预约，刘雨童跟伙伴们一起参加了中午的"校长有约"活动。胡溪在匆忙吃完午饭后，赶紧跟伙伴们汇合练习街舞。"拜占庭"这个街舞团完全是孩子们自己玩起来的，最近连续拿了校外好几个比赛的第一名，像这样由学生自行组织活动的社团，十一学校有200多个。周子其则要上完自己的第五节课——外教的高级英语写作，才会去吃饭。

13：30

午餐之后，下午的课开始了。英文版《歌舞青春》是胡溪选择的戏剧课，需要连续上两节课。戏剧课是十一学校为培养学生多方面艺术素养及沟通、合作、交往、协商等能力开设的综合课程。有9个剧目供学生选择，学生在戏剧课上能够接触到不同年级的学生，扮演不同的角色，承担不同的剧务工作。

与此同时，刘雨童先是上了一节影视编导课，然后又走进十一学校的汽车设计教室上课。这间教室起初是应一个学生的要求建起来的。现在，除汽车设计外，学生在十一学校还可选择机械技术、模型设计与制作、机器人、网络技术、移动互联应用与开发等14个模块的技术课。

周子其的两节课分别是生物课和自习课。在自习课时间，年级破例允许他选择有老师上课的教室。

15：25

上完戏剧课，胡溪选择了语文教室上自习课。刘雨童开始了地理Ⅰ的学习。周子其上起了排球课。十一学校的体育课设置了18个运动类别。学生每学期必须选择一个模块学习，其中击剑、马术、滑雪、龙舟等课程与校外专业运动基地合作开设。

16:10

下午的四点十分之后，是所有孩子们的自由支配时间，各种体育活动、学校和年级大大小小的活动，以及五花八门的社团活动在校园里的各个角落缤纷上演。胡溪抓紧时间换好服装加入到健美操队的训练中。周子其和同学去见他们的导师。导师是十一学校取消了行政班之后给每个学生安排的最了解他的人，为学生提供心理疏导、学业辅导和人生指导。刘雨童约了咨询师谈话，她想跟侯敏华老师谈谈她对今后学习的设想和规划。

……

普通的一天结束了，在十一学校的校园里，正是这每一个普通的一天，让每一个孩子都走在了越来越不普通的路上！

——摘录自北京十一学校宣传片《我们的一天》

随着新一轮课程改革的逐渐深入，上面的这段描述已不仅仅是北京十一学校学生的"新常态"，更是许许多多学校里正在发生的故事。这些故事汇聚在一起，共同撑起了我国当下教育领域改革的洪流，不谋而合地推动着学校教学组织的发展与变革。它正改变着我们习以为常的校园，改变着我们墨守成规的课堂，让教育日益呈现出信息时代所应该具有的模样。

一、教学组织变革的必要性和重要性

（一）信息时代教育的发展趋势

纵观人类的发展历史，教育是随着社会的发展而发展的。社会生产力与生产关系是制约教育发展的根本因素。在人类发展的早期阶段，生产力水平低下，不能满足太多的人脱离生产劳动从事教育活动，因此古代社会的教育往往采取个别教学制。资本主义制度的诞生和工业社会的到来，要求形成一种与机器大生产相适应的大众教育体系，培养能严格遵守等级化秩序、适应大规模生产的工业社会所需的劳动力，因此一种大规模、流水线式教育模式"班级授课制"应运而生。随着社会的不断发展，人类已经进入到托夫勒所说的"第三次浪潮文明"，由工业社会发展到信息社会。其首要特征就是以计算机和信息技术的广泛运用而形成的整个社会的高度信息化。电子、通信及信息资料的高速处理，电视、网络等媒体无所不达，多媒体教育技术的普及与发展，从根本上改变了人们的生活和学习方式。[①] 可汗学院的创立，Altschool 的创办，翻转课堂的流行，MOOC 的诞生……教育不再是标准化生产的封闭流水线，而是更加小规模的、个性化的、突破空间的自主成长，学校形态也发生了巨大变化。并且，云计算、大数据等信息技术的快速发展为个别化教学的实施创造了条件，使教师在集体教学的条件下，对学生进行个别化的指导和帮助由可能变为现实。[②] 适应个性发展的教育是我们未来这个社会的基本趋势。正如《国际教育百科全书》中所言："近几十年来，教育革新最积极的领域之一就是个别化教学，在全世界的教育环境中，一种适合学习者个别差异的愈来愈多样化的技术已经发展起来。"[③]

（二）我国新课程改革深入推进的内在要求

自 2001 年开始，我国开始了第八次课程改革。此次课程改革确立了国家、地方、学校三级课程管理体制，进一步下放课程管理权力，扩大地方、学校和教师的课程权力，增强课程对地方、学校及学生的适应性。这种变化改变了以往学校仅仅是国家课程的执行者的角色，使学校成为课程开发、教材研发的中心，使教师成为课程与教材的"研究者""开发者"，"创造了'校本课程'、'校本研修'的新境界"[④]。因此，很多学校相应地调整了管理机构的设置和职能。比如，北京广渠门中学在 2004 年改革了学校的管理组织结构，

---

① 胡荣堃. 回归教育本质——学校组织变革的价值取向 [M]// 陈丽，李希贵等. 学校组织变革研究：校长的视角. 北京：教育科学出版社，2013：39—43.

② 刘俊平. 大数据时代的中小学个性化教育方法探究 [J]. 中国教育技术装备，2014（1）：35—36.

③ T.Husen. 国际教育百科全书（第五卷）[M]. 贵阳：贵州教育出版社，1990：70.

④ 钟启泉. 新课程改革开启中国课程发展新纪元——中国课程与教学论的学科确立与研究进展 [N]. 中国社会科学报，2009-9-22（B11）.

成立了课程部，下设课程研发中心、课程协调中心和课程管理中心，全面负责整个学校的课程研发、实施和评价，从根本上改变了学校教学管理组织的结构和使命。同时，新课程改革"从课程总体设计到课堂教学设计，始终把学生的发展置于中心地位"[1]，打破了我国长期以来中小学以分科为主的课程体例，注重以学生经验为基础，加强综合性课程的建设，倡导实践能力和探究活动，着力于"基础学力"[2]概念的重建。这对原有基于分科教学组织形态下的教学管理提出了挑战和新的要求。目前，教育部正在加紧研制学生发展核心素养体系和学业质量标准，并相应地修订普通高中课程方案和课程标准。这将进一步推进学校课程与教学领域的改革，也必将要求学校改革原有的教学管理方式和组织机构，改变那些不适应当前课程改革发展趋势的组织要素。

（三）我国教育领域综合改革的必然要求

党的十八届三中全会作出的《中共中央关于全面深化改革若干重大问题的决定》，第42条对"深化教育领域综合改革"进行了战略部署，以资源配置、人才培养、招生考试和管理体制等方面为重点，全面指出了我国教育改革的发展方向。从"加强社会主义核心价值体系教育""强化体育课和课外锻炼""改进美育教学，提高学生审美和人文素养"，到"实行公办学校标准化建设和校长教师交流轮岗，不设重点学校重点班，破解择校难题，标本兼治减轻学生课业负担"，再到"试行学区制和九年一贯对口招生""推行初高中学业水平考试和综合素质评价""探索全国统考减少科目、不分文理科、外语等科目社会化考试一年多考"，这一系列的新提法和新举措对原有基础教育的育人模式提出了改革的要求。在此基础上，十八届五中全会进一步明确了今后五年教育发展的目标和任务：推动义务教育均衡发展，普及高中阶段教育，逐步分类推进中等职业教育免除学杂费，率先从建档立卡的家庭经

---

① 钟启泉.新课程改革开启中国课程发展新纪元——中国课程与教学论的学科确立与研究进展[N].中国社会科学报，2009-9-22（B11）.

② 钟启泉.基础学力[J].宁夏教育，2008（1）：80.

济困难学生开始实施普通高中免除学杂费，实现家庭经济困难学生资助全覆盖。这一目标将教育公平作为社会公平的核心部分，对全面建成小康社会、促进社会实现更大意义上的公平正义有着重大意义。可以说，我们的基础教育现在所追求的是让广大人民群众真正享受到优质的教育，促进每一个少年儿童全面的、终身的成长与发展。因此，如何改变现有的教学组织方式和管理方式，提高教育质量，真正做到立德树人，让每一个学生得到最大限度的发展，是每一个教育工作者都需要思考的时代命题。

（四）教育观念转变带来的变革追求

正是随着信息时代的进步，我国基础教育课程改革的不断推进和教育领域综合改革的持续深化，当代教育者的教育观念已经发生了深刻的转变。大家逐渐认识到，我们的基础教育不应是选拔精英的竞技场，而应是为每一个孩子的人生奠定基础的沃土；课堂教学也不应是"教师的舞台"与"知识的复述"，而应是学生主动探究、主动学习的过程，是让每一个学生都有"获得感"的过程……于是，越来越多的教育者注意到了学生的个体差异与个性需求，注意到了"互联网＋"时代中学生学习方式的变化，并开始思考如何构建满足不同学生学习需要的新的学校组织方式。北京大学附属中学王铮校长就指出："我们不得不承认我们的下一代，他们已经是互联网的一代，跟我们的情形不一样了。再反过来看我们的教育，以前我们的教育重视的是知识的传授，现在我们应该更看重它的个性化的一种成长，因为知识已经不是那么稀缺，不是那么难获得了。……以前知识占据了学校的主体，把别的所有东西都挤掉了，知识变成唯一的，知识变成最重要的，其实现在应该把这个地位放下来。"[1] 正是在当前这种对传统教育的集体性反思中，基础教育的研究者、实践工作者不断用新的思考和理念构建着学校教育的新面貌，促使学

---

[1] 王铮 . 在互联网时代，北大附中要做一所怎样的未来学校 [EB/OL].http：//mp.weixin.qq.com/s? __biz=MzA3OTIxOTYwNw==&mid=402142016&idx=1&sn=7e6df6e778489a31780b13fe37267c05&scene=5&srcid=1223UGOw690nruTt1FoZB10l#rd，2015-12-15.

校中的教学组织向着更有利于每一个人的成长与发展的方向改变着。

（五）我国中小学教学组织变革的现实诉求

在时代与改革的双重推动下，随着观念的更新，我们在现实中越来越多地发现，发生在北京十一学校的变革故事正在身边的许多学校里上演。自上世纪八九十年代开始，北京、上海、深圳等一线城市中的优秀学校已经意识到班级授课制的弊端和个性化教学改革的必要，开始尝试慢慢改变原有的课程设置、教学方式和评价方式，逐渐把"走班制""选修课""分层教学""同课异构""同分异质""小组合作"等概念和手段引入到自身的教育过程中，努力为每一个学生的健康发展提供更加优质的教育环境和资源。经过几十年的发展，目前已在全国范围内形成了良好的改革势头。尤其是近几年在政策的引领和推动下，中小学校普遍认识到教育改革的必要，认识到当今时代对教育的新要求。于是，课程建设成为每一所学校都在思考和改进的核心任务；小学全科教学、跨学科主题教学、iPad 课堂、学院式整体育人模式改革等新的探索和尝试纷纷出现……一场教学组织的变革正在华夏大地如火如荼地进行着。可以说，现实的步伐已经超过了理论的脚步。现在需要讨论的已经不是要不要进行改革的问题，而是改革要如何进行，如何持续，如何真正改变原有教学模式中那些冰冷的面目，让我们的学校教育在这个时代焕发出新的光彩。

二、教学组织变革的学理分析

（一）教学组织

对"组织"的理解一般有两种：一是把它作为动词，看成是一种特定的活动过程，即认为组织是使人或事物具有一定的系统性或整体性的动态活动过程；一是把它作为名词，理解为一种实体，即认为组织是指人或事物按照一定方式结合而成的静态结构。①

由于组织概念的双重词性，"教学组织"的概念也有动词和名词两种理解。作为动词，教学组织通常指教学活动的实施、开展，我们通常说的"教学组织形式"②就是取其动词之意。作为名词，教学组织就是为实现教学目标、实施教学活动而设置的机构所构成的整体。然而，名词意义上的教学组织，其含义也常有广义与侠义之分。广义上，学校是"教学生学"的组织，而将"教育"与"教学"概念整合在一起，不是混为一谈，是源自赫尔巴特确立"教育性教学"和"教育性教育"的概念。③因此，从广义上看，学校就是一个教学组织。从狭义上看，学校教学组织是指学校内与教学相关的组织，也可以称为教学管理组织，就是学校按照一定的教学目标，运用组织要素，进行有机组合并进行动态管理的一种专门性内部组织，是学校组织中的核心部分。本研究中的"教学组织"是指狭义上的教学组织。具体到学校中，教学组织就是指教学处（或教导处、教务处）、课程中心、教研组、教科室、备课组、年级组、班级等与学生的学和教师的教密切相关的组织。图1.1（见下页）展示了我国中小学中常见的教学组织及其在学校管理中的基本结构。

其中，德育处（政教处）是专门负责德育工作的部门。长期以来，在我国教育管理研究者和教育工作者眼中，德育工作和教学工作一样，是学校系统中的一个非常重要的、相对独立的子系统。"为实现德育目标，学校有一支德育工作队伍，有专职和兼职人员，有相应的规章制度，有一定的活动场所和经费，有传授政治、思想知识及达到行为规范的目标要求等等，在管理上可以构成一个封闭的回路。"④因此，基本上所有的公立中小学都形成了以政教处或德育处

---

① 吕蕾 . 组织变革——学校应对挑战的积极选择 [M]// 陈丽，李希贵等 . 学校组织变革研究：校长的视角 . 北京：教育科学出版社，2013：14.

② 教学组织形式是指"为完成特定的教学任务，教师和学生按照一定制度和程序相互作用的结构形式，或者说，是师生的共同活动在人员、程序、时空关系上的组合形式"。详见：裴娣娜 . 教学论 [M]. 北京：教育科学出版社，2007：223.

③ 陈桂生 . 略论作为"教学机构"的学校 [J]. 南通大学学报（教育科学版），2009（4）：1—3.

④ 钮辉，王大和 . 德育组织管理探讨 [J]. 西华师范大学学报（哲学社会科学版），1993（6）：117.

为中心的德育管理机构，与学校中的教学组织共同构成了学校组织系统的"两条线"。在这个意义上，德育处或政教处并不属于狭义上的教学组织，但由于其在管理结构中与其他教学组织密切相关（主要是年级组），故在此用虚线标出。

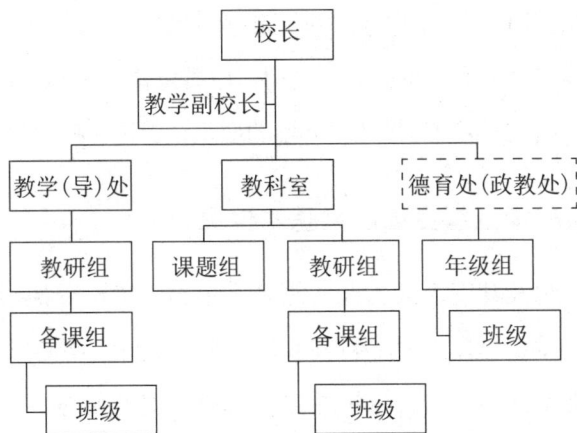

图 1.1　我国中小学中常见的教学组织及其在学校管理中的基本结构

（二）教学组织变革

组织变革是指运用行为科学和相关管理方法，对组织的权力结构、功能结构、组织规模、沟通机制、角色设定、组织与其他组织之间的关系，以及对组织成员的观念、态度和行为，成员之间的合作精神等进行有目的的、系统的调整和革新，以适应组织所处的内外环境、技术特征和组织任务等方面的变化，提高组织效能。这个界定是典型的组织学的解读，组织的改变是所有组织构成要素的改变，以适应组织内外部环境的变化。有学者认为，如果单纯地从变革的概念意义上讲，组织变革是指组织现状所发生的转变，或者说是组织的现实状态向另一种状态的转变。[①] 转变的实质是组织现行的秩序或组织的现实平衡状态被打破，同时组织的新的秩序或新的平衡状态形成的过程。组织变革应是组织的现状发生合目的性和合规律性的转变。合目的性表现为组织变革总是体现了组织中的人对变革的目的要求，合规律性表现为任何组织都有其自身

---

① 刘焕阳. 高校教学管理组织变革特性与基本问题 [J]. 大学·研究与评价，2009（3）.

的运行逻辑，同时又受到客观环境的制约，组织变革要遵循这一规律。

基于狭义的教学组织概念，教学组织变革是指从当前教学组织存在的问题和变革需求出发，结合时代发展与人的发展需求，反思与重建基于自主、专业和发展性的原则之下的学校教学组织框架和运行机制的过程。[①] 具体而言，教学组织变革是指学校教学组织在机构、结构、性质定位以及运行机制方面的改进和变化，其变化和改进的动力是适应环境的变化，促进学校教学水平的提升。

（三）我国教学组织变革研究基本情况

围绕教学组织及其变革的主题，笔者在中国学术论文期刊网和硕博论文网搜索了相关文献。总体上看，目前我国专门探讨中小学教学组织和教学组织变革的研究文献并不算多，其中相当一部分是对教研组、备课组、年级组等某些具体的教学组织的研究（见表1.1）。

表 1.1　关于教学组织及教学组织变革的文献

研究主题	相关文献
教学组织职能	柴小林，2010；李叶峰，2011
教学管理权力属性	杨炎轩，2010；庞孟栀，2003
组织结构	文必勇，孙景霞，2001；李政涛，2009；姚灵光，2005；方学礼，2005
运行机制	陈丽，李希贵等，2013；熊梅，王庭波，2011；黄美蓉，2009
信息技术的影响	苏义林，朱怀太，2001；韩园园，2006；阎德明，1998
教研组、年级组等具体组织	胡苏绸，2009；柯登地，2002；叶本刚，2009；张其全，2012；韩国存，李彩琴，2010；柳夕浪，2006；孙兆航，2006；聂琴，2009；王小鸥，2009
教学组织含义	殷光，2003
教学管理中的问题	韩云洁，2007
教学组织的评价	朱雪梅，2008

[①] 陈丽，李希贵等.学校组织变革研究：校长的视角 [M].北京：教育科学出版社，2013.

经过进一步对现有文献的文本分析，笔者发现当前在此领域的研究主要集中在六个方面。

一是当前学校教学组织的职能问题研究。研究者认为当前学校教学组织多行政职能，缺少专业教学和为教学服务的专业职能。学校教学处多监督、调控、管理职能，而从学校教学专业化建设需要出发，教学处应更好地为教师服务，使教师对自己所从事的工作内容保持浓厚的兴趣，保持良好的精神面貌和健康的心理状态，使教师在教学、课堂管理、科研和专业发展等方面有一个更大的空间和自由度，同时构建有效、合理的激励机制，使教师从"他律"到"自律"。还有学者对学校教学处在学校教学和学术研究中如何发挥规划、领导和服务功能进行了研究。[1]

二是对教学组织具备的权力属性问题研究，认为当前的教学组织管理权力中多行政权力的色彩，缺少为教学、科研服务的专业性和学术性。学校中有关教学的组织并不少，但是如何平衡和整合用于教学和研究的基层组织也是当前研究者关注的问题。权力至上的教学管理方式排斥了教育民主化和教育科学化。[2] 有学者甚至认为，学校教研组和教科室建立的初始功能是教师教研的共同体和平台，但当前教研室成了给教师排课、检查备课、下发上级文件的部门，学校学术研究的平台没能发挥应有的作用。[3]

三是学校教学组织结构研究。目前，全国有很多的中小学正在创新学校教学组织结构，使学校基层的教学组织结构服务于教学组织应有的功能。但现有的教学管理系统，其组成要素大体包括校长、教学处、教研组、年级组这几部分。这种教学管理系统注重自上而下的管理（如教学处管理教师），缺乏自下而上的管理（如学生、教师参与教学管理）；突出从内到外的管理

① 李华，柴小林．新课程背景下的学校教导处建设 [J]．成都教育学院学报，2003（11）；李叶峰．论教研员的课程领导 [J]．当代教育科学，2011（14）．

② 庞孟桅．以师生发展为本 为教学改革服务——新课改背景下中小学教学管理制度改革的思考 [J]．中小学教师培训，2003（9）．

③ 杨炎轩．教研组文化变革：组织文化变革理论的视角 [J]．教育发展研究，2010（10）．

（如学校向家长），缺乏从外到内的管理（如家长参与学校教学管理工作）。这种管理系统缺乏教学组织应有的开放性。[①] 对于教学处的结构变革，有学者认为应该进行扁平化的改革，将学术和教学领导功能转移到基层教学组织，赋予科研室、教研组甚至备课组以教学研究、科研规划和课程开发的权力，将学校中层的科研功能和学术功能进行强化。[②] 例如，年级组制、教学工作部制和年段制改革都是学校中层强化学术功能、研究功能、整合教学与研究的创新和尝试。

四是关于学校教学组织运行机制研究。组织是结构和运行机制的综合体。组织结构变革必定引发组织运行机制的变革。扁平化、学术基层化结构变革需要改进自上而下的组织运行机制。[③] 学校需要探索新的运行机制，比如专业委员会和项目制等方式。建立教学和研究的专业委员会突出了学术在学校组织中的权威和价值，树立了学校教学和研究的标准和流程，更具专业性和指导性。[④] 项目制是根据学校的教育教学规划开发项目，达成学校教育教学目标。每个项目的任务明确，实行目标管理，相应的专业委员会进行项目评估和验收工作。项目内容的类别主要分成学校发展类、教师专业发展类、学生培养类等。[⑤] 专业委员会和项目制等组织运行机制改革体现了分布式领导在基层的实施和应用。

五是关于信息技术等新技术对教学管理方式的影响。信息技术、网络技术的发展，互联网的出现，网络组织的兴起，对现实组织的等级制、等级体系、等级管理形式形成巨大的冲击，社会组织方式面临新的革命。[⑥] 教学管理信息化还涉及工作流程及分工的变化，应主动应用组织再造的理论

① 文必勇，孙景霞.中小学教学管理存在的十大问题 [J].教学与管理，2001（1）.
② 李政涛.为学校变革寻找"机制之魂" [J].中小学管理，2009（4）；姚灵光，宿仲瑞.中间组织：部门变革 功能整合 [J].中小学管理，2005（7）.
③ 陈丽，李希贵等.学校组织变革研究：校长的视角 [M].北京：教育科学出版社，2013.
④ 熊梅，王庭波.开放式学校组织特征与建构 [J].中国教育学刊，2011（8）.
⑤ 黄美蓉.重置内设机构，加快学校自主发展 [J].吉林教育，2007（4）.
⑥ 苏义林，朱怀太.面向新世纪的教学管理组织构建 [J].清华大学教育研究，2001（2）.

与方法，使信息化过程得到优化，从而真正提高教学管理的水平。^① 计算机和网络化使得新的工作方式成为可能，许多管理学家提出管理组织从命令链到网络化是未来组织结构的重要特征，查理德·诺兰认为"21 世纪的组织结构为了满足竞争者的需要，将不得不采取网络的形式"。②

六是学校教学组织评价的研究。目前仅搜索到关于学校教研组评价的研究，是从规划、内容、流程等几个层次进行评价。有研究者指出，学校教务处既是规划制定者，又是规划执行和监督者，提倡第三方评价或者专业委员会评价体制，有利于学校提升学术水准和教学的专业性。③

总之，当前我国对教学组织的研究关注到了很多重要的主题，比如教学组织的结构和功能、教学组织的运行机制等，但也存在着一些问题。

第一，理论研究缺乏整体建构，需要建构完善的理论框架。目前的研究缺少对教学组织的内涵与外延、教学组织变革的价值取向以及教学组织变革评价等重要问题的讨论。面对众多的实践创新案例，理论研究学者需要整合思考、系统思考，建构学校教学组织变革的权变模型，能够解释当前发生变革的动机、内容、方法和评价，能够完成学校教学组织建构、教学组织运行和教学组织产出的系统构建。

第二，单一研究主体的视角单一。目前主要有两大类研究主体：学校管理者与理论专家，多主体结合的研究较少。多主体包括教育行政人员、学者、校长和教师，甚至包括学生和家长、利益相关者组成的研究团体。多主体结合研究更有利于获取充分和多元的信息。

第三，缺乏对课程组织的研究。在已有的研究中，对课程组织的学术研究几乎是空白，完全无法适应当前如火如荼的课程改革。比如，前面提到的北京十一学校所展现的改革，不仅仅是表面上的取消行政班级、学生"走班选课"，其背后有着系统的课程组织作支撑，推动着整个学校的课程设计、

① 韩园园.关于中小学教学管理信息化建设的几点思考 [J].教育信息化，2006（5）.

② 阎德明.现代学校管理学 [M].北京：人民教育出版社，1998：74.

③ 朱雪梅.新课程背景下学科教研组的发展性评价研究 [J].基础教育参考，2008（9）.

实施和评价。可以说，在当前的教育改革中，课程组织的变革已经成为推动整个改革的关键所在，值得研究者深入关注。

第四，理论研究和实践研究各行其道，需要加强理论和实践的合作。当前学校层面的实践创新已经有了很多优秀经验，但需要将这些经验进行提炼、提升和理论化，使这些鲜活的经验更具合理性和实践指导性。

三、西方发达国家中小学教学组织的基本特征

在以欧美为代表的西方发达国家中，学校的教学组织具有与我们现行教学组织截然不同的结构和特点。可以说，西方发达国家的中小学本身就是一个真正的教学组织，校长的中心工作就是组织全校的教学工作和确保学校的整体教学质量，校长之下一般会设有负责教学事务的副校长，有的还有专门负责课程建设的课程中心或课程主管，他们一般不会干预教师的教学活动，但会直接与教师联系沟通，以保证各项教学工作的顺利开展和教学水平的达标。规模较大的学校会依据学科或年级形成学科系（department）和年级小组，类似我国学校的学科组和年级组，但一般不承担行政管理功能。同时，学校的图书馆也被认为是一个非常重要的合作性教学组织，除了为教学提供支持，还会在图书馆专门开设图书馆课。此外，学校还会针对学生的个别学习需要设置一些参与教学活动的学生支持部门，比如语言支持部门、学业指导部门等。图1.2显示了西方发达国家中小学常见的教学组织及其在学校管理中的基本结构。

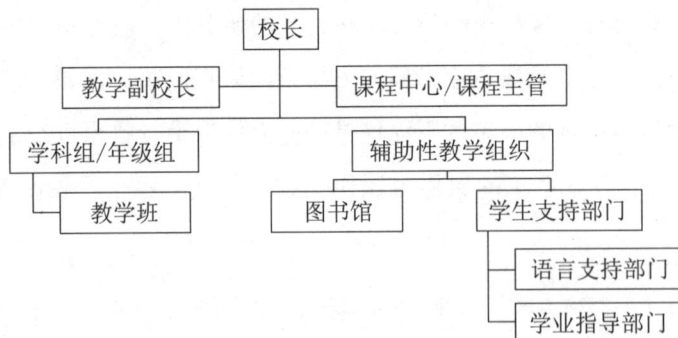

图 1.2　西方发达国家中小学常见的教学组织及其在学校管理中的基本结构

虽然在具体机构设置上略有不同，但西方发达国家中小学的教学组织在很多方面都具有共性，其中最为突出且核心的共性表现在以下五个方面。

（一）组织目标：实现个性化教育

个性化教育已经成为当前西方发达国家基础教育一个共同的价值追求。因此，西方发达国家学校教学组织的共同目标就是实现个性化教育。无论是走班制下的学科教学班，还是针对个别学生的语言支持或学业指导部门，都是落实个性化教育的具体载体。比如，美国几乎所有公立、私立中学均采用"走班制"，即"学科教室和教师固定，学生可以根据自己的学力和兴趣选择适合自身发展的层次班级上课"[①]。这种"学科教学班"就成为学校最基础和最重要的教学组织，促使整个教学组织的运行逻辑都要基于学生自身发展的水平和需要。这也正是本章开头展示的北京十一学校的做法。并且，在很多学校的分层教学设计中，不同层次的学生不仅有一个专职教师，有时还有一个被称为特殊需要的教师，主要是帮助有行为困难或读诵困难的孩子，通常是一对一在课堂上进行个别辅导；有的学校还会专门设置针对英语、数学学习困难学生的辅导中心，在课内或课外对学习困难的学生进行辅导[②]。这种教学组织的设置更是体现了学校对个性化学习需求的尊重与关注，是实现个性化教育不可或缺的组织构成要素。

（二）组织设计：以学生为中心

"个性化教育就是要给每个学生提供适合的教育。"[③]要实现个性化教育首先就要关注和满足每一个学生的发展需要。所以，西方发达国家中小学的教学组织在设计上的一个突出特点，就是以学生为中心。换言之，在欧美国家

---

① 薛森强. 借鉴国外"走班制"提升中学教育水平 [J]. 基础教育参考，2012（18）：80—81.

② 纪宏茹，纪楠. 英国中小学课堂教学特点及给我们的启示 [J]. 科学大众（科学教育），2012（2）：67；易进. 英国小学教学组织的分析与启示 [J]. 学科教育，2003（12）：44—48.

③ 顾明远. 个性化教育与人才培养模式创新 [J]. 中国教育学刊，2011（10）：5.

的学校里，各种教学组织的设计和设置首先考虑的不是如何管理方便，而是如何关注和满足每一个学生的学习需要。比如，前文提到的适应不同学生水平和兴趣的学科教学班的设计，以及针对个别学生需求的指导或支持机构的设置，就是一个很好的体现。再比如，在很多欧美一流中学和国际学校中存在的课程中心或类似的课程管理机构，其主要功能就是围绕学校的育人目标设计和开发尽可能丰富的课程体系，以满足不同学生的学习兴趣和需求。此外，欧美国家中小学非常看重图书馆的作用，不仅把它看成是学校教学系统的重要组成部分，更是重视图书馆在个性化教学中的作用，在不断扩大藏书量的同时，致力于研究各类图书的科学分级分类，以适应不同学生阅读水平和阅读旨趣的差异。因此，在西方学校中，会看到这样的现象：在图书馆上课的同一个班的学生中，不同的人手里拿的是不同等级的同类书籍。

（三）组织功能：教育、教学高度融合

如前文所述，我国中小学的组织系统往往天然地分为"两条线"：一条线是指与学科教学活动密切相关的机构，如教学处、教研组等，也就是本书所说的教学组织；另一条线是指负责德育工作的机构，比如德育处（见图1.1）。这两条线反映出学校组织的两大基本功能：教育和教学。但在西方发达国家的中小学里，很难找到专门负责德育的机构，教育和教学两大功能高度融合在学校教学组织的日常运行中。英国的教育基本法就明确要求任何教学都必须把道德教育、公民素质教育有机地渗透到各科教学中。[①] 因此，在欧美发达国家的学校中，虽然看不到某个专门的德育机构，却能在各科教学中发现德育要素的润物无声。

例如，在北京德威英国国际学校七年级（Year 7，相当于我国小学五六年级）的英语课上，笔者就看到这样的画面：英语老师在下课时提醒学生把课堂活动用过的胶棒、剪刀、彩笔放回原处。正在忙着收拾的一个男生没有看到自己桌下掉在地上的剪刀，老师提醒他"剪刀在地上，请捡起来"，男

---

① 纪宏茹，纪楠. 英国中小学课堂教学特点及给我们的启示 [J]. 科学大众（科学教育），2012（2）: 67.

生马上捡起剪刀。这时，老师发现一根彩笔掉在了办公桌下面，可能是哪个学生没有放好，她就对站在旁边的女生说："地上有根彩笔，请捡起来。"女生有点犹豫，看了看老师，好像在说"不是我掉的"，而老师认真地对她说："但你看到了，就不能不管，这是你的责任。"于是女生立即捡起了彩笔。自始至终，老师都在很认真地观察学生的整理行为，有问题随时指出，但不会代替学生去做，也丝毫没有因为下课而放松要求。

（四）组织结构：扁平而又简约

西方发达国家学校的教学组织还有一个非常明显的特点，就是组织结构扁平而又简约。从前文呈现的西方发达国家中小学常见的教学组织及其在学校管理中的基本结构（见图1.2）中不难看出，从学校教学组织的最顶层的校长到最底层的教学班，仅有3~4层，而且每个层级的机构设置清晰、简单，没有过多的管理部门。并且，即便是学校中纯粹的行政管理机构和组织，也极其简约（在很多学校中仅有3~5人），主要是为教学活动的开展和学生各项学习需要提供服务和后勤保障。反观我国中小学中常见的教学组织及其在学校管理中的基本结构（见图1.1），从上到下要经历5~6层，中间要经过多个不同职能的管理部门，加上教学、德育的双线运行，结果就经常带来教学工作和德育活动在时间、人员等方面的冲突，比如德育部门反映某些核心学科占用班会时间上课，教学部门批评德育活动过多、教学时间不足等。可见，在当前的教育改革中，我们需求汲取欧美国家的经验，认真思考学校教学组织在结构上的优化与改革。

（五）组织管理：以教师为中心

与我国中小学教学管理中长期存在的行政化管理色彩不同，西方发达国家学校教学组织在管理上还表现出以教师为中心的特点。这主要体现在两个方面。一是教师具有高度的专业自主性。专业自主是指教师在教学工作和专业发展上具有自主权。在美国的中小学，某一学科的课程安排、授课内容，乃至教材和参考书，都是由学科教师或者学科系的教师来决定；每一间教室的布置也都由这间教室的学科教师来决定，学校里到处都是各式各样、各具特色的学科教室。同时，教师的专业发展也大都基于教师的个性化需求。比如在北京顺义国际学校，学校为每位教师提供一定额度的专业发展基金，教师可以自行决定这笔基金的用途，或参加学术会议，或报名培训课程，学校均予以支持。二是行政部门为教师提供全方位服务。如前所述，西方发达国家的学校本身就是以教学为重，因此学校行政部门的重要任务不是管理教师，而是服务教师，满足教师工作中的各项需求。所以，很多学校会为教师配备助教，帮助教师处理教学杂务；很多学校都有专门的教学材料采购部门，定期根据教师的需求购买教学用品，并按照教师的要求放置到位……如在北京顺义国际学校，学校行政部门会依据教师自己选择的专业发展活动，为他们预订机票、预订酒店、交报名费等等，让教师完全不必操心这些专业以外的繁琐杂务。

四、校长在教学组织变革中的角色

校长在学校教学组织变革中承担着重要的角色。这一方面是因为校长作为行政领导，手握权力，是学校各种改革和举措的决策者，本身就需要对学校教学组织的优化和改进负责；另一方面是因为校长作为专业领袖，还是学校精神文化的核心支柱，其在学校教学组织变革中所表现出来的认识、态度和行动，会对学校其他成员产生极大的影响。因此，在教学组织变革中，校长起着非常关键的作用，主要表现为以下四种角色。

（一）变革发起者

作为学校的最高领导者，校长最有责任也最有能力率先发现学校教学组织的变革需求，敏锐而准确地把握变革方向，提出符合学校实际情况和发展要求的变革目标，从而发起变革。可以说，这一角色既是校长作为专业领袖必须承担的职责，又是其作为行政领导所具有的独特优势。校长作为发起者的主要任务，就是审时度势地提出教学组织改革的基本方向和目标，并在全校范围内形成变革的共识和愿景。

本章开头所展现的北京十一学校的"新常态"，就是李希贵校长带领全校教师对教育进行深刻的集体性反思之后形成的共识。根据李希贵校长自己的描述，"在推进教学方式变革之初，我们与教师们一起描绘按照不同学科教学规律施教的理想，大家长期以来的梦想与学校未来的规划融合在了一起，于是建设学科教室，让教学资源最为方便地进入学习过程，便促成了学生的走班上课，教师们开始坐在自己的学科教室工作。时间久了，每一个属于自己的教室，便有了一些学科的味道和个性的光芒"[1]。

（二）改革规划者

任何改革都不可能一蹴而就。在明确了变革的方向和目标之后，就要有计划、有步骤地去实现目标。这就需要校长统筹领导，在学校形成一套可行的改革规划去实现学校教学组织的变革，即依据改革的目标从整体上明确改革推进的基本阶段及各阶段的主要任务。

案例 1.1　北大附中多元自主发展体系的组织结构改革[2]

北京大学附属中学自 2010 年开始推行多元自主发展体系的育人模式改革。由于改革牵动学校整体架构，涉及面广，难度较大，因此学校领导班子决定采取分步骤、分阶段的改革策略。

改革实验的第一阶段（2010 年 10 月—2011 年 7 月）：将初中部定向于义务教育阶段基础教育；高中部包括高一、高二，定向为高中教育；预

① 李希贵.变革之道——学校组织变革的策略选择 [M] // 陈丽，李希贵等.学校组织变革研究：校长的视角.北京：教育科学出版社，2013：232.

② 王铮.学校多元自主发展体系的设计与实施 [M] // 王铮，李明新等.学校组织变革实践：校长的探索.北京：教育科学出版社，2013：2—25.

科部包括高三，全面针对高考升学；国际部作为一个面向国际的窗口；艺体部整合全校艺术体育课程，面向从初中到高中所有学生。同时，高中开始实施单元制改革，学生根据自己的需求选择四大体系，再根据入学考试成绩分配单元。

改革实验的第二阶段（2011年7月至今）：学校优化管理方案，将高中部分立为行知学院、元培学院和博雅学院，为学生提供多元选择。原国际部设为道尔顿学院，以"道尔顿制"为教学原则进行创新性教学。同时，实施单元选报制。学生接到学校录取通知书后，本着志愿优先、申请为重的原则，选择适合自己的发展方向，填报志愿，申请进入不同学院及单元。各单元结合面试进行双向选择。

[**案例分析**] 北大附中的改革是对包括教学组织在内的学校各项要素的全面变革。学校领导者充分考虑到其复杂程度和实施难度，根据现实的基础和改革的目标，先进行基本结构建设，后落实多元自主选择，分两步逐步实现改革目标。

（三）改进推动者

校长的作用固然重要，但由于教与学的主体是教师和学生，他们对学校教育组织的运行和问题有着最为切身的感受，也最有发言权。所以，来自教学第一线的改革之声更值得去倾听。因此，校长在教学组织变革中，除了要自己发起改革，还要创设民主的文化氛围，鼓励一线教师乃至学生大胆提出他们的改革建议，推动来自基层的实践智慧转化为学校教学的切实改进。换言之，就是"让变革最大程度发生在'民间'"[①]。

---

① 李希贵.变革之道——学校组织变革的策略选择 [M]// 陈丽，李希贵等.学校组织变革研究：校长的视角.北京：教育科学出版社，2013：231.

案例 1.2　北理工附中组织变革中的小项目研究 [①]

自 2011 年起，北京理工大学附属中学开始进行组织变革，其中既涉及教学组织的调整，也涵盖教学方式的变革。在变革过程中，学校大力推广小项目研究，以促进教师开展教科研。每学期，学校面向全校招标，有研究意向的学科组、备课组、教师团队及个人可自愿竞标。学校为竞标成功的课题提供研究资金等方面的支持。自主探究课题化便于教师们对教学思考进行系统化梳理，记录实践步骤，积累经验，固化探究成果，进而推进各项变革实践的深入开展。对学校而言，这也有利于整合教学改革实践步骤，推进学校组织整体变革。

[**案例分析**] 在推进自身的组织变革过程中，北理工附中的领导者关注到了教师的力量，通过招投标的方式，支持教师开展教科研，一方面通过教师在一线的实践检验变革的成果，另一方面让教师梳理自身的经验和反思，促使教师的个体智慧得以转化为学校的整体改进。

（四）资源保障者

俗话说：巧妇难为无米之炊。要确保学校教学组织改革的有效落实，除了好的谋划，还需要有充分的人员准备和资源保障。这就要求校长还要承担起另一个重要的角色——教学组织改革落实的资源保障者，即在改革过程中保证所需的人、财、物等资源充足、到位。这就要求校长不仅要清楚学校现有的资源底数，更要对改革所需的资源有着前瞻性的预期和安排。

---

① 陆云泉.教学方式转变与学校组织变革研究 [M]// 王铮，李明新等.学校组织变革实践：校长的探索.北京：教育科学出版社，2013：28—53.

案例 1.3 北航附中的大学中学联动培养模式 ①

北京航空航天大学附属中学 ② 坐落在北京航空航天大学院内，北航附中利用北航大学资源优势进行大学中学联动培养人才模式探索，邀请北航的专家学者如戚发轫、钟群鹏走进北航附中，开设专题讲座；与北航的专家学者一起开发校本课程；学校利用北航的实验室、场馆开展研究性学习、社会实践活动；2012 年 9 月，在北航校领导的全力支持下，经北京市教委审批，与北航联合举办"通用航空科技教育实验班"，共同探索特殊人才的早期培养问题。

[**案例分析**] 北航附中在推进育人模式的探索过程中，学校领导充分认识到自身所具备的社区资源优势，围绕学校育人模式探索的各项活动，形成全面的资源支持体系，有力地推动了学校校本课程和教学组织方式的发展，最终促成了实验班的形成，促进了学校育人模式的改革。

---

① 于秀娟. 大学中学联动培养模式的实践探索 [M]// 陈丽. 建构个性，追求品质——首都高中校长的特色建设之旅. 重庆：重庆大学出版社，2013：29—38.
② 现更名为"北航实验学校中学部"。

第二章 教学管理组织变革

华南师范大学公共管理学院　邓　亮　赵　敏

教学管理组织，在我国中小学一般称教学处（教务处或教导处），它是在校长的直接领导下负责学校教学和日常教务组织管理工作，对与学校教学有关的一切活动行使计划、组织、领导和控制职能的管理部门。作为学校教学管理工作的指挥中枢，教学处一方面要接受来自校长的行政命令，把学校的办学理念和教学策略转换成工作方案向下传达给学校教师，另一方面又要把收集到的来自一线教师的信息、需求等情况向上传达给学校管理者。可以说，教学处工作的优劣、成败，直接关系到学校教学质量，影响着教师的专业发展及学生的学业成就水平。因此，深入了解当前我国中小学教学处的基本情况，发现其中存在的问题并提出相应的变革措施是摆在我国中小学管理者面前的一项重要任务。

一、当前我国中小学教学处的基本情况

（一）我国中小学教学处的组织结构和规章制度

1. 我国中小学教学处的组织结构

当前，我国中小学教学处的组织结构已呈现出复杂多样的形态，各要素的空间位置、相互关系也表现出较大的差异。但从总体上来看，仍以直线职能型的组织结构为主。

直线职能型组织结构是直线型组织结构与职能型组织结构的结合，它是

以直线制为基础，在保持直线制组织的统一指挥下，增加了为各级行政主管领导出谋划策，但不进行指挥命令的参谋部门而综合形成的。直线职能型组织结构在当前我国中小学教学处中主要表现为四种不同形态（见图2.1）：（1）教学处、科研处属中层教学管理机构，下辖教研组，没有年级组（图a）；（2）教研组和年级组作为具体的教学执行机构，分别隶属于教学处、科研处和政教处（图b）；（3）年级组和教学处、科研处并列，由教学副校长直接领导，教研组作为教学处、科研处的下辖执行机构（图c）；（4）教研组、年级组、教学处、科研处四个部门并列，由教学副校长直接领导（图d）。

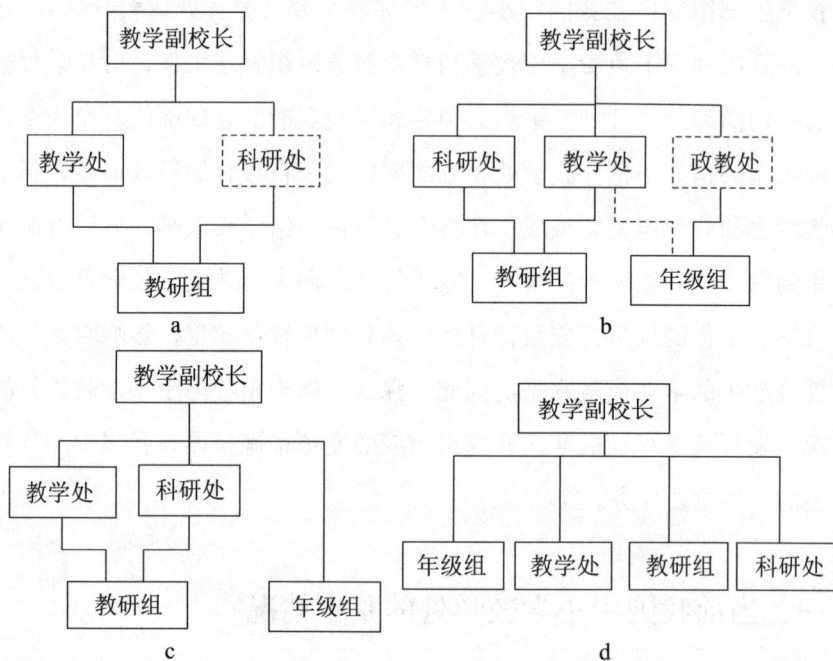

图2.1　中小学直线职能型组织结构形态图[①]

以图a为教学管理基本组织结构的学校，一般规模都不大，此类校中可能未设科研处，因此用虚线框表示。政教处一般不作为教学管理组织机构（虚线框表示），但如图b所示的学校，年级组作为政教处下属执行机构，主要负责学生的日常管理，与教学管理工作有联系，但不是很紧密（与教学处

---

① 方学礼.中小学教学管理组织结构的变革[J].中小学管理，2005（7）.

虚线连接）。笔者通过查阅中小学组织结构的相关资料发现，当前我国小学、初中和高中的教学处组织结构大都是直线职能型的第二种形态，即教研组和年级组作为具体的教学执行机构，分别隶属于教学处、科研处和政教处。

2. 我国中小学教学处的规章制度

教学处的规章制度是教学处工作要求的系统化和规范化，是广大任课教师、班主任、教学辅助人员和学生必须遵守和执行的制约性条文，其规章制度系统主要包括以下四个部分 [①]：

（1）常规性规章制度，包括教师教学常规，学生学习常规，中学生日常行为规范，教研组长、备课组长和班主任聘任制度，新教师上岗培训制度，教师理论学习制度，教师继续教育制度，教学处工作制度，学籍管理制度，实验室工作制度，教师学生实验规范，图书室借书制度、赔偿制度等。

（2）职责性规章制度，包括教导主任职责，教学管理分组负责人职责，教研组长、备课组长、班主任职责，实验员、图书管理员、阅览室工作人员、教务员工作职责等。

（3）过程性规章制度，包括集体备课制度，备课本检查制度，作业本批阅检查制度，听课评课制度，单元检测制度，学科知识竞赛制度，期末考试考查制度，班主任经验交流制度，教研活动制度，讲课比赛制度等。

（4）总结性规章制度，包括三好学生、优秀学生干部评选制度，学生、教师、教干评教制度，先进班集体和优秀班主任评选制度，优秀备课组、先进教研组评选制度，优秀教师评选制度，优秀教学科研成果评定制度，教师论文评选制度等。

（二）我国中小学教学处的工作职能和基本任务

1. 我国中小学教学处的工作职能

教学处是学校教学的直接管理部门，负责计划、组织、实施、管理教学

[①] 王有鹏. 教导处教学管理规范化探究 [EB/OL].http：//blog.sina.com.cn/s/blog_48ef98de0100xj4b.html，2007-10-27.

工作的全过程。教学处需要协助校长确定教学管理的重点，并具体负责制订教学计划方案，组织实施教学检查，落实教学计划等，以确保学校教学正常进行，从而达到对学校教学活动的有效管理，使学校内部各种与教学有关的部门协调运行，顺利实现教育和教学目标。通过查阅我国中小学教学处的工作职责和条例规范，我们可以大致归纳出当前我国中小学教学处具有如下五项重要职能：

（1）行政职能。教学处是中小学教学管理的重要职能部门，其工作实体为学校的中层管理机构。教学处主任对校长负责，根据国家相关教育方针政策的要求和教学大纲、教学计划的要求，召集本校教师共同制订每学期的教学计划，并组织与监督学科组、年级组和备课组等实行。

（2）参谋职能。教学处通过对学校教育教学活动（包括教师教学进度、学生学习情况等）从整体上进行把握和分析，主动向主管教学的校长进行汇报，找出学校教学工作取得的成就和存在的不足，并分析原因，提出解决对策，为校长作决策提供参考。

（3）研究管理职能。引导教学研究，是教学处又一重要的工作职能。要保证高效的教学质量，就需要有扎实的教学研究来引导，要提高教师精湛的教学艺术，也必须有深入的教学研究来推进。因此，作为教学处，就应该有目的、有计划地科学策划和正确引导教师深入开展扎实的教学研究活动，以课堂为主阵地，以学科教学为主要内容，突出教学重点，研究教学疑点，解决教学难点，化解教学盲点。

（4）视导职能。教学处根据学校对教育、教学工作的整体要求，为教学工作的各个方面制定相关质量和数量标准，对教学工作的进展情况和工作质量进行分析、评估与控制，使学校教育、教学工作按照既定的目标和计划顺利进行。

（5）服务职能。教学处在教育教学方面为教师、学生提供具体的服务，以支持和保障教师教学和学生学习的顺利进行，具体包括物质支持和精神支持两个方面。在物质上，教学处通过提供实验设备、图书资料、教材教法等为学校教学工作提供硬件设置；在精神上，教学处通过关心教师教学和学生学习中存在的困难，营造以人为本、和谐发展的校园文化，为师生的健康发展提供各类服务。

2．我国中小学教学处的基本任务

教学处的基本任务是处理学校教学管理事务，实施学校教学管理，从而提高教学质量，完成教学目标。具体而言，教学处的基本任务有以下方面：

（1）制订教学处的工作计划。工作计划要求具体明确、切实可行，既要考虑教学工作的一般特点，又应符合学校的整体工作安排，教学处的工作人员一定要率先遵守自己所制定的规章制度，以身作则，成为教师和学生学习的榜样。

（2）制订教学工作计划。教学处负责制订学校教学工作计划，主要是学期和学年教学工作安排。教学工作计划的制订应该由全校教师共同讨论，征求教师意见，并经校长同意。

（3）编写校历。校历就是全校学期或学年活动时间表，对计划中将要举行的重要教学活动作出比较具体的安排，教学处负责中小学校历的编写工作。

（4）编排课程表。教学处负责编排学校课程表，包括全校总课程表、各班课程表和每位教师的课程表。课程表的编排应遵循恰当、合理、科学的原则。

（5）对教师的教学常规工作进行管理。教学处对教师的教学工作，包括教师的教学工作计划、备课、课堂教学、作业批改、辅导、复习、考察、质量分析、教学总结、教学研究等提出具体明确的要求，进行检查、考评、指导和帮助。例如，组织教师进行听课是为了了解教师课堂教学的有效性。

（6）对教师的管理与服务工作。教学处要经常与教师进行沟通和联系，要对教师与教师，教师与班主任、教研组、年级组长，教师与学校各职能部门之间的关系进行了解和协调；要及时掌握教师各方面的情况，针对教师出现的具体问题进行管理和解决，并协同学校其他职能部门及时满足教师的合理需求，为学校教学工作的顺利开展提供支持和保障。

（7）加强教学质量管理。教学质量管理是学校教学管理的核心，教学处应制定学校教学质量标准，并监督教师认真执行，对未能达到标准的教师进行有效的辅导。

（8）对学生学习的管理。包括教育学生明确学习目的，掌握正确的学习方法，检查学生的学习过程，考核学生的学习效果等。

（9）听取教研组长、年级组长的工作汇报，了解年级和学科的教学情况。

（10）整理、汇集有关教学工作的资料、情报，提供给学校领导，作为制订计划、进行决策的重要依据。向学校领导陈述对教学管理方面的见解，提出意见和建议。

（11）组织召开学生家长会，一方面向学生家长通报学校教学和学生学习情况，另一方面征求学生家长对学校教学工作的意见。

（12）进行教学质量分析，作好教学工作总结。

（三）我国中小学教学处的人员构成和职责要求

1. 我国中小学教学处的人员构成

教学处是由一个群体或团队组成的，这个群体或团队成员的知识、智力、能力以及年龄等结构影响着教学处工作的有效性。为提高教学处的工作效率，保证教学目标的顺利完成，我国各级各类学校都应根据学校的级别、规模及发展目标，科学管理教学处，合理安排教学人员。

我国中小学教学处的人员通常包括教导主任、教导副主任及一般教务人员，其具体人员构成与学校的办学规模密切相关。同时，要考虑教学处人员结构的合理性，如数量结构合理、专业结构合理、年龄结构合理、性别结构合理等。

2. 我国中小学教学处工作人员的职责要求

（1）教导主任的工作职责和任职要求。

教导主任是在校长的领导下，具体组织学校教学、教务、教育等工作的负责人，它是教学处的最高领导者，同时也是校长领导教学工作的主要助手。其主要职责包括：①每学期开学之初，根据学校工作计划，负责落实教学处的工作计划和措施。每学期末，对照工作计划作出本学期的工作总结。②抓好教研组的建设工作。领导和指导教研组长的工作，审查各个教研组的工作计划，检查教研组工作计划的落实情况。定期召开教研组长会议，交流情况和工作经验，研究教学中存在的问题，落实解决问题的方法和措施。每学期应听取一次各教研组长的工作汇报。③负责组织实施对教师工作的考核和评价。制定考核教师的标准和评价教师的方案并组织实施，将考核与评价的结果反馈给教师本人。对教师教学工作的考核与评价工作每学年进行一次。④通过参加集体备课、听课、查阅教案、检查作业批改等工作，了解教学情况，落实教学常规工作的要求。⑤深入一个教研组，参加教研组活动，全面了解教研工作情况。⑥负责安排各科教师参加各级各类教师培训活动。⑦协助校长做好每学年教学人员的工作安排。其中，副教导主任主要是协助教导主任管理上述工作。

中小学教导主任和副主任的任职条件包括：坚持社会主义办学方向，积极贯彻落实国家的教育方针政策，具有一定的教育、教学实践经验，有教育学、心理学和教育管理学的基本理论知识，教学能力强，懂得学校管理规律，组织管理能力强，身心健康。

（2）一般教学人员的工作职责和任职要求。

我国中小学教学处的一般工作人员主要包括教学秘书和生活秘书。教学秘书在教导主任的领导下，负责师生档案和有关教学的业务管理工作以及教学处的日常管理工作。生活秘书是在教导主任的领导下，负责管理学生日常生活、体育卫生、值周、转退休学、考勤、课间纪律等工作。

中小学教学处工作人员都必须坚持社会主义办学方向，积极贯彻执行国家的教育方针政策；热爱教育事业，热爱本职工作；熟悉教学处工作的常规，掌握所从事工作的内容、要求、方法和有关的规章制度，能较好地完成本职工作等。

二、当前我国中小学教学处存在的主要问题分析

（一）我国中小学教学处组织结构多属于直线职能型

当前我国中小学教学处主要是以直线职能型的组织结构为主，这种组织结构形式基本上是沿用传统的科层制模式。该模式在发挥巨大作用的同时，也存在明显的弊端。

从组织内部的信息沟通来看，该结构十分强调组织层级的差别，下级主要是同自己的上级进行垂直沟通，横向沟通比较少，而且垂直沟通还强调逐渐进行，反对下级越级进行信息沟通。这种垂直沟通严重依赖于上下级之间的责权关系体系，花费的时间较长，容易导致中小学领导难以在第一时间确知现场情况，丧失解决问题的良机，出现决策时过境迁的现象。同时，下级出于对自身利益的各种考虑，往往是报喜不报忧，根据自己的需要对信息进行筛选、加工，保留那些有利于自身利益的信息而剔除或修改那些不利于自身利益的信息，致使许多信息传递到学校的高层时已严重失真。

从工作规范来看，严格、复杂的规则和规范化的工作程序限制了组织成员的创新能力，压抑了组织成员的积极性和创造精神，使人不思进取、安于现状。另一方面，这种层级节制体系由于严格划分职责范围，下级只要遇到规定的职责范围以外的事就要向上级请示，缺乏相应的灵活性，常常使得下级对上级形成严重的依赖，进而缺乏创造性和工作动力。从专业分工来看，该组织结构严格的劳动分工虽然有利于提高工作效率，但分工过细却使得组织成员一心专注于个人狭小的空间，不关心公共组织中其他成员的事情，也不允许其他成员对自己工作领地的侵犯。组织内部逐渐形成许多小的利益中心，每个利益中心只关注自身利益，组织整体利益的观念反而淡化。同时，分工过细使得完成一项工作任务要经历很多部门和岗位，导致协调的难度加大，反而会降低组织的效率。就部门分工而言，公共组织内部往往拥有许多职能明确但却相互孤立的部门，这些部门之间很少发生横向联系和交流，这种部门分割使得教学处作为一个整体对外部环境缺少适应性。

（二）我国中小学教学处工作职责存在"教务管理有余，专业引导不足"问题

教学是中小学的中心工作，教学处作为管理学校教学工作的中枢，在日常教学管理中，既要管好"教"，也要强化"导"。但我们发现，在不少中小学里，教学处不论是在学校层面的制度规定还是具体的职责履行中都更多的是处理一些"教务"职能，比如安排每学期的课程、组织教师参加各种培训、征订与发放教材、统计学生成绩等。这些日常的教务工作固然重要，但这只是教学处工作职责中的一小部分，甚至只是最基础的部分。教学处作为学校管理教学工作的中枢，不仅仅是从微观层面为教师的教学提供基本的支持，更重要的是从宏观层面对教师的教学进行理论指导。但由于我国长期强调教学处的"教务"职能，而忽视了教学处的"引导"职能，导致我国目前中小学普遍存在"教务管理有余，专业引导不足"的现象。有研究者指出，教学处应该在抓好日常教务的同时，认真履行好"导"的基本职能，具体包括对教学理论的"指导"职能，对教学研究的"引导"职能，对教学行为的"督导"职能，以及对青年教师的"辅导"职能。[①]

（三）我国中小学教学处工作人员普遍缺乏服务理念

罗伯特·K·格林里夫（Robert K.Greenleaf）提出的仆人式领导是一种存在于实践中的无私的领导哲学，仆人式的领导者以身作则，乐意成为仆人，以服侍来领导，其领导的结果亦是为了延展其服务功能。美国著名教育管理学家萨乔万尼认为这种提供管家式服务的领导者是一种道德领导者，是能够有效激发教师积极性，提高学校教学质量的领导方式。教学处的工作人员应该树立服务的理念，为学生、教师和校长服务。（1）为学生服务。经常深入到学生中去，关注他们的问题和需求，为他们创造良好的学习条件和学校环境，如发现有的学科作业负担过重了，要马上和教师商讨改进措

---

① 邓正平. 教导处应强化"四导"职能 [J]. 教学与管理，2010（1）：9—10.

施。(2)为教师服务。帮助教师解决各种困难，如制订教学计划、班级工作计划中存在的问题，使教师能够顺利地进行工作，提高自身素质。(3)为校长服务。教导主任要给校长的决策提供全面而真实的信息和比较周密的参考方案。但在学校的现实中，学校管理者对教学处工作人员，尤其是一般教务人员的重要性认识不到位。学校领导普遍重视学校的教学与考试工作，而对负责教学的管理工作则重视程度不够。中小学领导者认为教学处管理工作只是学校的普通工作，因而对其没有高要求，并认为只要教学管理人员按章办事，遵守相关制度的规定就算完成工作，对于管理人员的个人文化素质等综合能力的要求较低，大部分教学处的工作人员都是无法胜任教学工作，转而加入到了教学工作队伍中，难以获得教师的认同。这导致我国教学处管理人员的整体素质偏低，使教学管理工作的开展只是按规章制度办事，缺乏创新意识和服务理念，教学管理处工作人员不能发挥其应有的价值和作用。

三、我国中小学教学管理组织变革的典型案例分析

案例 2.1　大连四十四中管理体制大变革：教导处被撤销 [①]

作为东北三省唯一的现代学校制度实验区，我市中山区数家学校都进行了现代学校制度的改革，其中大连市第四十四中学自今年 7 月份开始对学校管理体制的改革格外引人注目，在教育界和社会上引发了很大的反响。

（一）成立了"民管会"

四十四中的艾建国老师今年想当学校中层领导，按理他应该把申请材料递交给校长才对，但是在这所学校不是这样——艾老师把材料递交给了学校"民主自治管理委员会"（简称"民管会"）的秘书长金光太，他是学校一名普通的地理老师。没过两天，金老师便通知艾建国和其他几位竞争中层岗位

---

① 丁雷. 四十四中管理体制大变革：教导处被撤销 [EB/OL].http:www.dlxww.com/gbydaliandaily/2005-11-28/content-1034846.htm.

的教师一起参加竞聘。竞聘过程中，包括金老师在内的 15 名"民管会"成员跟踪每个细节，在竞聘演讲之后，他们又开始无记名投票，并根据投票结果直接确定中层领导的人选。目前，四十四中的"民管会"是学校的最高权力机构，负责学校重大事情的决策、监督与管理。

四十四中的管理体制改革就这样从"民管会"起步。机构的 15 名成员由学校教职工代表大会选举产生，其中校级领导 5 名，其他均为普通教师。四十四中安校长告诉记者，学校大事由"民管会"决定这一体制上的变革，最大的收获就是大大调动了教师主动参与学校管理的积极性，使学校决策更加民主和科学。"以前我这个校长每天扎在事务堆里，而现在我被制度'解放'了，终于有时间对学校进行整体规划和设计，也能更好地投入到校长专业化的学习中了，而这些才是一个校长应该做的事情。"

（二）成立六大学年部

今年 9 月份开学后，四十四中的新一轮管理体制改革又开始了，这次改革撤销了教导处，将校务管理权分解下放到各学年部，成立了"六个小学校"，即六大学年部，同时还成立了六大服务部，大大盘活了教学资源。

六大学年部的主任负责各自学年的人、财、物的管理和教育教学管理，六大服务部则包括学校事务服务部、学生工作服务部、课程与信息资源服务部、质量管理服务部等，机构设置与学校具体实际和新课程改革相吻合，并强调为教师和学生服务。此外，学校还成立了一个专业性学术团体——专业发展委员会，负责开发各种课程资源。"以前教师把主要精力放在教学上，很少有能力潜心搞研究的，学校成立这个委员会的目的就是鼓励老师多进行业务的研究、积累和总结，开发学校自己的课程资源和教辅材料。"明年 9月份，学校将全面使用自己编写的校本课程教材和教辅材料。

案例 2.2　北京十一学校教育改革：破除组织结构的障碍，让教育自由呼吸 [①]

20 年前开始实施的《中华人民共和国教师法》第十七条规定：学校和其

---

① 李斌. 让教育自由呼吸 [N]. 中国青年报，2014-04-15.

他教育机构应当逐步实行教师聘任制。十一学校落实了这一条，因而催生了一句话："聘任是最好的评价"。该校实行的是学部（年级）与教师之间的双向聘任制，每年一次。

学校把教师的聘任权放在了学部，校长首先确定学部主任的权力，然后就是学部主任与老师双向选择的过程。高三学部主任于振丽不希望自己的权力过大，她只选备课组长，请组长再去组建各自的小团队。一般来说，高三学部优先选择，但有条条框框限制它不能为所欲为把最好的老师"一网打尽"，而必须搭配各种层级的老师……

"这种双向选择的过程很刺激。"副校长田俊说，口碑好的老师会被学部主任争抢，碌碌无为者则会遭到冷遇。全校300多名教师中每年都有几位落聘，他们或者离开学校，或者转岗至非教学岗位，或者在学校的交流中心学习，等待机会。

如果学部主任给众人的印象是"不好共事"，或者"没水平"，到第二年双向聘任时，他可能会因为聘不到足够的教师而下台。

以年级为单位的"学部"，在十一学校的改革中，获得了前所未有的自主权，集教育、教学、科研、管理于一身，终于扬眉吐气。

从2007年开始，该校用了约三年时间，把10多个中层部门压缩至4个，他们不再行使管理权，只作为职能部门与年级以协商的方式进行合作。让企业界受益匪浅的"扁平化"组织结构在这所中学扎根。

"谁都不会否认以学生为本，以教学为中心，但真正让这样的追求落地，并非易事，原因就是组织结构存在严重障碍。"李希贵在一篇文章中写道。在一般的学校里，普通师生与校长之间隔着四五个层级，"这样的结构会生出诸多繁文缛节，真的能够以学生为本实在只能靠碰运气"。

几年前，当刘笑还是学校的年级主任时，教导处是她的上级，"我们按照它的各种指令行事，不用动多大脑筋。年级的自我设计与管理，是不可能发生的事情"。现在，她转身成了教导处主任，却已经没有了前任的那种权力，属于她的关键词是"服务、规划、协调"。有老师开玩笑说：见到教导处的不害怕了。

但从理念到行动，有一段艰难的路要走。不少教导处的职员依然怀念在办公室发号施令的工作方式。"服务？那岂不是比学部低一等，伺候别人？"他们这样说时，刘笑只好领着他们重新认识"服务"：不是伺候人，而是要给教育教学一线以有力的支持，为他们创造更好的工作环境，归根结底"是为学生提供更好的服务"。

但刘笑也没想到，连装黑板那种原本属于总务处的活儿也落到了他们头上。刘笑找到校长说："实在忙不过来，装黑板这个活儿能不能让总务处干？"校长反问她："只要跟一线的教育教学有关系的事情，你认为总务处和教导处谁更了解？""这句话点醒了我。"刘笑说。她在2013年暑假心甘情愿地待在学校，与黑板为伍。

自从学科教室出现后，每间教室都在追求各自的特点，"需要个性化设计"。不过，当老师们绞尽脑汁布置学科教室时，并没有想到它们有一天会成为高考考场。教导处去年布置考场时，把几间教室墙壁上的东西都摘了下来，把书柜搬了出去，"老师们在一旁心疼得直跺脚"。学校只好暂停这项工作，向海淀区教委申请用大白纸盖住教室四周，教委派人来到学校，四处看了看后，终于点头。

今年，十一学校早早递交了报告，申请把考场挪到体育馆、篮球馆、羽毛球馆、报告厅等地，不再使用学科教室。刘笑说："这样一来，布置考场的任务就变得更复杂了，但作为教师文化象征的学科教室不会再受牵连。"

事实上，如果刘笑不能保护好老师的学科教室，可能会影响到她的满意度测评。从1988年开始实行的对校长信任投票制度、对干部满意投票制度仍在进行。当前者的信任率低于51%时，他将主动提出辞职；后者的满意率低于70%，将不适合承担干部职能。2013年8月28日，教代会公布了有贾祥雪等6位监计票人签字认可的"校长信任票统计结果通报"：正式代表105人，信任103票，不信任1票，弃权1票，信任率为98.1%。

魏勇是老师们选举出来的教代会代表，他说，投票是无记名的，根本不知道是谁投的票。"从校长到各个部门，如果服务不好，我们就会给差评"。

案例 2.3　适应课改：武汉四十五中调整学校管理机构 [①]

（一）设立课程管理部、课程研发部、课程服务部

为适应新课改的要求，充分体现学校教育的育人功能，充分提高职能部门的管理效率，学校本着积极探索，不断创新，及时总结，加强调控，逐步完善的工作思路，进行职能部门管理机构的改革。

1. 将原政教处、教务处合并改为课程管理部。其主要职能是组织实施国家、地方及校本课程，负责德育及教学常规管理工作，组织校本教研工作。

2. 将原现代教育处改为课程研发部。其主要职能是负责组织校本科研和校本课程的开发工作。

3. 将原总务处改为课程服务部。其主要职能是为课程实施、课程研发提供后勤服务。

4. 新成立课程协调办公室。其主要职能是代表校长室负责课程管理部、课程研发部、课程服务部的组织协调工作，完成校长室的对外联系工作。

（二）课程协调办公室主任岗位职责

课程协调办公室主任在校长室的领导下，代表校长室负责课程管理部、课程研发部、课程服务部的组织协调工作。

1. 协助校长处理学校日常行政事务工作，负责和上级部门联系，及时传达领导意见，协调平衡学校各部门工作，及时向校领导反馈信息。

2. 负责并组织学校的工作计划、总结、规章制度和各种请求报告等文字材料的起草工作。

3. 负责组织各部门的工作计划、总结报告等材料的汇集及整理工作。

4. 负责学校公文、函电报表的审批、拟办和催办工作。

5. 负责打印材料的审批工作，加强办公室的管理。

6. 做好来访、参观的接待和来信处理。受校长委托出席有关会议及活动，处理与社会各界的公共关系。

---

① 李曜明. 现代学校制度与治校方略 [M]. 北京：开明出版社，2005.

7. 安排每周工作日程、会议及其他活动。

8. 协助校长做好课时、岗位津贴的审批以及奖金、加班费的汇总。

9. 及时了解、汇集各部门情况，为校长的各项决策提供参考意见和材料。

10. 做好对外宣传和通讯报道工作。

（三）课程管理部主任岗位职责

课程管理部主任在学校分管教育教学工作的副校长的直接领导下，负责学校课程实施的日常工作。

1. 认真贯彻国家的教育方针，努力学习基础教育课程改革的理论和组织实施《课程标准》，执行学校计划，认真学习和掌握教育教学管理理论业务，领导本部门的各项行政管理工作和业务工作。

2. 负责本部门各职员岗位工作安排，做好督促、检查、协调及思想政治工作。

3. 负责制订学生管理工作和课程实施工作的计划，并组织实施、检查落实，及时总结。

4. 深入课程改革和教育教学第一线，了解情况，听取意见，发现问题，反馈并及时指导。

5. 负责安排和核定班主任和教师任课课程和工作量，对教师进行工作量和业务能力的考核工作。

6. 负责审批教师的学期课程实施计划，负责各项考试、考查的安排和实施工作。

7. 审订教材、教学参考书，核定仪器、教具、挂图、资料等各种物品的采购计划，报校长审批。

8. 安排图书馆、电教室、实验室、专用教室、教具室的教学业务工作。

9. 负责组织班主任及教师开展与课程实施相关的校本教研活动。

10. 负责学校校园文化建设，组织学生参加社会实践活动。

（四）课程研发部主任岗位职责

课程研发部主任在学校分管课程研发工作的校长领导下，负责校本科研、校本课程的开发及校本教师培训工作。

1. 根据学校发展规划和教育教学改革的需要，研究制订学校教育科学研究发展计划并组织实施。

2. 组织和指导教师学习教育理论，开展教育科研和教学研究活动，提高教师的教科研意识和教科研水平。

3. 负责科研课题的申报、审批、论证和研究过程的管理，直接承担有关重大课题的研究。

4. 负责对教育科研和教学研究成果的鉴定、评价、奖励及教育教学科学研究、先进集体先进个人的评选。

5. 收集、管理、评审并推荐教师论文著作。

6. 设计、审定学校教育教学改革实施方案，组织实施并总结推广经验。建立教师业务档案，会同有关部门考核教师教育教学质量。

7. 组织教师学习新课程理论，指导教师参与并实施校本课程的开发工作。

8. 负责组织教师完成上级布置的各种教师培训工作。

（五）课程服务部主任岗位职责

课程服务部在学校分管行政工作的副校长或校长的直接领导下，负责课程改革与实施的一切后勤服务工作。

1. 制订服务部工作计划并组织实施，对职责进行合理分工并管理好本部职员。

2. 组织职员会，总结工作，布置工作，研究工作。

3. 负责精神文明建设工作。

4. 按照有关法规制度管理学校财务，并负责年度经费预算和月报。

5. 组织本部职员为师生提供教学及生活服务。

6. 组织本部职员增收节支。

7. 组织本部职员管理好学校财产和教学设施。

8. 负责学校安全保卫工作。

9. 负责组织采购工作。

[案例分析] 以上三个教学管理组织变革的典型案例集中反映了当前我国学校管理者对教学管理组织的现状及存在问题进行变革的基本方向。通过对案例的认真阅读和分析，我们大致可以从体制改革、制度建设以及人员安排三个方面来总结当前我国教学管理组织变革的基本措施，以了解我国教学管理组织未来变革的基本趋势。

（1）大力推行学校管理体制改革，优化教学管理组织结构。

学校管理体制是指学校管理组织机构与管理规章制度的结合体或统一体，它是学校组织有效运行的重要保障。随着我国教育事业的不断发展及基础教育改革的深入推进，旧有的学校管理体制已经不能完全适应我国现代学校教育的发展。教学处作为我国中小学教学管理的中枢系统，更应设置科学合理的组织结构以发挥其在教学管理与教学改革中的重要作用。根据新形势的发展，目前我国诸多中小学校都开始针对教学处自上而下的层级组织管理结构进行改革，以优化教学管理组织结构。案例 2.1 中的大连四十四中对学校管理体制进行改革，新成立的"民管会"成为了学校的最高权力机构，负责学校重大事情的决策与管理，与此同时，在四十四中新一轮的学校管理体制改革之中，又撤销了教导处，成立了"六大学年部"，将校务管理权下放到各个学年部，有效减少了学校管理层级，提升了学校组织管理的效率。案例 2.2 中的北京十一学校和案例 2.3 中的武汉四十五中也积极开展学校管理体制改革，通过成立学部将管理权力下放的方式来破除组织结构障碍，提高组织运行效率。

（2）积极加强学校机构制度建设，强化教学管理人员的权责意识。

学校制度是学校管理者根据学校发展的目标与需要，以文字的形式制定的规则体系。用规章制度来规范师生的行为以解决学校办学中存在的各种问题，从而实现学校的办学目标，是现代文明社会人们逐步形成的基本模式。科学合理的规章制度是学校正常运行的必要条件，也是学校实现可持续发展的制度保障。尤其是为了实现我国学校教育的现代化目标，建立一种现代的学校制度已成为摆在政策制定者和教育研究者面前的一项重要任务。而在学校所有的制度中，教师的教和学生的学应该是学校制度最为关注的问题，其他的相关制度都是为其服务的。从这个意义上来说，要推进我国现代学校制度建设，首要任务是不断加强教学管理组织的制度建设，强化教学管理人员的权责意识，促使教学管理组织实现从传统管理组织模式向现代管理组织模式的转换，从而更好地促进学校发展。

案例 2.3 中的武汉四十五中对教学管理组织的变革很好地体现了这一点。为适应新课改的要求，充分体现学校教育的育人功能和提高职能部门的管理效率，该学校管理者对学校职能部门进行了深层次的改革。一方面是通过机构合并以减少管理组织层次，如将原政教处、教务处合并改为课程管理部。另一方面通过制定各种相应的规章制度来规范管理部门的行为，如对课程管理部主任岗位、课程服务部主任岗位的具体职责都进行了详细的明文规定。这些改革举措不仅有利于学校管理权力的下放，充分提高学校职能部门的管理效率，同时又有利于强化管理者的责权意识，充分保障学校管理权力的正确行使。

（3）合理安排学校教学管理部门人员，稳步推进学校民主管理。

教学管理组织的正常运行除了科学的组织管理结构与正确的规章制度之外，还离不开人员的合理安排。在我国教学管理组织逐渐从传统的自上而下的权威命令式管理转变为现代的服务式民主管理的过程中，学校管理者应该高度重视对学校管理组织人员的合理安排，稳步推进学校民主管理，真正发挥教学管理组织对教师教学与学生学习的服务功能。对教学管理组织人员的合理安排应贯穿在整个人事计划流程之中，从人员的招聘到解聘都应进行合理安排。首先，应该根据学校发展的目标，设置合理的岗位，招聘具备岗位职能要求的人员。其次，对招聘人员进行系统的、有计划的培训以提高教学管理组织人员的能力和素养。最后，对于不能有效胜任岗位的教学管理人员进行解聘。学校管理者应始终强调教学管理组织对教学工作的服务职能，积极培养教学管理人员的服务理念，这是未来我国教学管理人员变革的重要趋势，也是真正发挥教学管理组织促进学校发展的基础。

案例 2.1 中的大连四十四中根据学校具体情况和新课程改革的需要，成立了学校事务服务部、学生工作服务部、课程与信息资源服务部、质量管理服务部等六大服务部门，其主要职能是为教师的教学和学生的学习服务；案例 2.2 中当刘笑老师成为教导主任之后，她已经不能按照以前那种行政命令的方式来管理学校教学事务，属于她的关键词是"服务、规划、协调"；案例 2.3 中的武汉四十五中调整学校管理机构也充分体现了学校教学管理组织的服务职能，如将原总务处改为课程服务部，其主要职能是为课程实施、课程研发提供后勤服务。由此可知，由命令式的管理转变为民主式的服务将是我国未来教学管理组织变革的基本趋势。为此，学校管理者将更加重视对教学管理组织人员的招聘和培训，通过合理安排具备服务理念和服务能力的专业教学管理人员，以充分发挥教学管理组织的服务职能。

四、中小学教学管理组织变革趋势

大连市四十四中学为了建立现代学校制度，在学校管理体制的改革中，大胆地废除了教导处，将其权力与事务下放到六大学部；北京十一学校为了营造自由宽松的教育环境，使学校组织结构扁平化，把十多个中层部门压缩为四个，教导处虽被保留了下来，但其权力相比改革之前小了很多，更多的是体现服务的职能；武汉四十五中为了适应新课程改革的需要，将原政教处与教务处合并为课程管理部，其主要职能是组织实施国家、地方及校本课程，负责德育及教学常规管理工作，组织校本教研工作。

从这三个教学处改革的典型案例中我们发现，教学处在学校进行教育管理体制改革的过程中，将会出现三种不同的结果：被撤销（大连四十四中），被合并（武汉四十五中），被调整（北京十一学校）。这三种结果，也代表了教学处在我国中小学管理体制变革中的最终去向。从以上三个典型案例中，可以窥探未来我国教学处变革的基本趋势。本部分将结合我国中小学组织管理体制的变革，主要从教学处的组织结构、人员要求与工作职责三个方面来探讨我国教学管理组织变革的基本趋势。

（一）教学管理组织结构的扁平化

学校管理组织结构的扁平化是当今学校组织结构最可预见的变革趋势，它是指随着信息技术在学校中广泛而深入的应用，学校通过破除自上而下的垂直结构，减少管理层次，增加管理幅度，裁减冗员而建立一种扁平化的横向组织。扁平化组织的特点包括以工作流程为中心而不是部门职能来构建组织结构；纵向管理层次简化，削减中层管理者；学校资源和权力下放于基层等。

教学处作为学校管理的重要职能部门，其未来变革的重要趋势便是组织结构的日益扁平化。从上述三个案例中，我们发现不论是教学处被撤销，抑或是被调整与合并，都是学校为了减少层级结构，使教学管理组织变得更加灵活敏捷，富有柔性和创造性，更加强调系统和管理层次的简化、管理幅度的增加与分权。扁平化的结构组织更加机动、灵活，任务清楚，目的明确。教学处组织结构的扁平化不仅有利于教学管理工作人员更好地沟通、融合，把自己的工作与部门的整体工作联系在一起，为攻克难关、解决问题而献计献策；还有利于加强不同部门之间的配合和信息交流，克服了直线职能结构中各部门互相脱节的现象，使教学管理处能及时与年级组、教学组等部门进行横向联系，保障教学处更好地发挥其职能。

（二）教学管理组织人员的专业化

随着教师专业化研究的深入开展，教师将日渐成为一个专业性很强的职业。教学处作为对教师教学行为与活动进行指导的机构，对其工作人员的素质和能力的要求也将越来越专业化。未来我国中小学对教学处工作人员的要求除了一般的结构（数量结构、年龄结构、专业结构）合理之外，将越来越重视教学处人员的专业化水平，从而更好地发挥教学处在管理学校教学工作、促进教师专业成长中的重要作用。教学管理组织人员的专业化主要体现在专业知识、专业技能及专业情意三个方面。

在专业知识方面，教学处工作人员除了掌握教育学科基本知识和教育管理等基本知识之外，还应该掌握与教学处工作相关的基本知识，主要包括全新的教育管理理念、先进的个人学习观念和科学的教师评价知识。第一，用全新的教育管理理念来加强教学处的建设。受我国传统教育管理理念的影响，教学处注重对教师的监督和管理，忽视了教师的主体意识及专业发展需要。为了更好地适应新课程改革及教师专业发展的需要，教学处工作人员要不断掌握新的教育管理理念，用其来指导教学管理工作。第二，用先进的学习观念来加强自身的学习。教学处工作人员要能有效地指导教师教学工作，首先自身必须具备不断学习的意识和行为，因此未来教学处工作人员要掌握更多的与个体学习相关的知识与方法，不断促使自身素质的提高，更好地从教学理论的指导和教学研究的引导等方面来做好教学管理工作。第三，用科学的评价知识与方法对教师进行考核。以往关于教师的评价往往是采取终结性评价的方式，一刀切地对教师进行评价，只注重评价的结果而忽视了评价的科学性。作为帮助和支持教师完成教学工作的教学处，其工作人员应该努力学习科学评价方法的有关知识，注重对教师的形成性评价，通过评价知识的增长来帮助教师改进教学效果。

在专业能力方面，主要体现在前文所说的对教师教学理论的"指导"，对教师教学研究的"引导"，对教师教学行为的"督导"以及对青年教师的"辅导"四种能力上。教学处工作人员应具备指导全校教师学习教育政策法规、学习新的课程标准、学习新课改理论及现代教育信息技术等的专业技能，提升教师教学理论素养；教学处工作人员应具备引导教师有效开展以课堂为主阵地，以学生发展为目的，以学科教学为主要内容的教学科研活动的专业技能，提高教师科研水平；教学处工作人员应具备正确督导教师完成教学任务、实现教学目标的专业技能，让教师的教学行为科学化、合理化；教学处工作人员还应具备对青年教师进行科学、有效辅导的专业技能，帮助初任教师更好地成长。

在专业情意方面，要求教学处对学校的教学管理工作采取人性化管理方式，充分发挥教学处的服务价值。所谓人性化管理，就是在整个学校管理过程中，要充分尊重师生的人格、价值和合理利益，提供师生展示个性的机会，促使他们实现自我的价值，让教育这项严肃的工作，充满人情味，用人情激发教师的热情，进而推动学校内涵发展。具体表现为：（1）实行人性化管理，满足教师的正当心理需求。比如在新老教师结对活动中，新教师要在帮扶期上汇报课、展示课来检验帮扶效果，教学处应制定帮扶考核办法进行奖惩，以避免走过场、流于形式。通过这种办法促使年轻教师快速成长，中老年教师的经验也得以传承和发展，满足教师正当合理的需求。（2）实行人性化管理，允许教师在工作中出错。教学处在对教师的教学活动进行领导和管理的过程中，应当允许教师出错，但应该让教师知道错的危害，应该怎么做会更好。这样既原谅了教师，让教师无心理负担，也利于激发教师的工作热情，使他们明确工作目标，大胆工作。（3）实行人性化管理，教学处应该秉持"领导就是服务，管理就是协调"的理念。一所优秀的学校不是单靠"管"管出来的，因为"管"只能管住人的身，而管不住人的心。

因此，教学处工作人员在对学校实行科学管理的同时，还必须摆正自己的位置，树立为他人服务的理念，自觉处理好与其他行政人员和教职工的关系，主动疏通与协调校内各部门间的关系，使他们围绕学校工作的总体目标积极努力地高效工作。案例 2.2 中，从刘笑成了教导处主任之后的感受中，我们也可以看出，教学处今后的管理将在教学处内部及学校内部都变得更加人性化。

（三）教学管理组织工作职责的明确化

通过查阅我国中小学教学处网站的相关职能分工发现，现在学校对于教学处的责任分工越来越明确化。教学处主任的具体职责包括以下六种：（1）协调。对各部门、各教研组、各年级、各班、各科教师进行协调，凝聚各种有利因素，形成合力。（2）组织。做好师资培训、课时调整、计划制订、资料配备、教师会议、教学调研、教学活动及成果检测等组织工作。（3）指导。

对教育教学全过程有效地控制与引导。通过参与备课、听课、检查批改作业等情况，给教师提出建设性意见，用于改进教学。（4）实施。实施关键性步骤，要求对课时计划、课程计划等的执行情况以及对教学活动全过程进行调控与督察，确保计划的高效实施和高质量完成教学任务。（5）考核。考核是过程和结果的检测手段，要公正、客观地对教师的绩效进行考核，对学生的学业成绩进行考核。（6）评价。包括教育系统动态测评、教学工作评估。评价应当具有导向作用。

案例 2.3 中，课程研发部、课程管理部和课程服务部三个部门都有相应的职责条款，明确规定了具体的职能和职责。从中我们可以看出，明确的职责分工将成为我国教学处变革的一个重要趋势。今后的教学处及其工作人员将有着更为明确的职责分工，教导主任与普通的教务人员分别承担不同的职责。与此同时，未来教学处为了高效地管理学校教学事务，教学处工作人员将更加注重在分工基础上的团队合作。教学管理是一项非常复杂而系统的工作，对其进行分工是工作有效开展的前提和基础，教学管理人员只有明确了各自的工作职责才能正确地开展各自的教学工作。但与此同时，教学处作为一个整体，需要所有教务人员团结协作。

（四）教学管理组织管理系统的信息化

随着世界计算机技术、网络技术发展的突飞猛进和教育思想、教育理论的进一步现代化，教育领域中引入计算机技术并广泛运用于教育的各个方面已成必然趋势。[①] 因此，教学处管理系统的信息化也理所当然地成为了我国教学处变革的重要趋势。现代社会是信息社会，现代学校也处于复杂多变、信息丰富的大社会环境之中，缺乏信息化的封闭式管理已经不能很好地适应学校及社会发展的需要。作为负责学校教学事务的教学处更应重视管理系统的信息化，建立完整的信息管理系统，能够清晰地反映学校的发展历史、现状，能够预测学校未来的发展变化。

---

① 毛文生. 大庆市第五十六中学管理信息系统分析与设计 [D]. 哈尔滨工业大学，2010.

为做好教学管理工作，教学管理人员应该深入学校教学活动中，直接获取各类教学信息，从而获得生动、丰富的第一手资料。教学处应建立畅通的信息反馈渠道，如建立常规性的容纳各种层次人员的会议汇报制度，及时了解教学中存在的情况、问题和动态，及时征求教师的合理化建议；应该建立一个高效的反馈信息的分析系统，对各类信息进行及时的分析和整理，以作为校长决策及教师教学的重要参考依据。除此之外，教学处还可以建立一个专门的网站，及时将各种教学相关信息公布到网站上，同时设立教师留言处，及时回复和解决教师的各种问题，将一些教育教学管理的新成果、新方法及时制作成各类语音材料发布到网站上，供全校师生参考和学习。

第三章　学校课程组织建设

北京教育学院　陈　丽

新中国成立以来很长一段时间，中小学课程建设都是由国家与地方教育行政部门负责，中小学只负责课程实施即教学。因此，在中小学的组织结构中，也只有教学处（或称教务处、教导处），中小学校长、教师也只有教学意识而没有课程意识。随着我国课程改革的推进，中小学一线教师的课程意识开始加强，都在不同程度地进行课程建设。为此，不少学校在课程组织建设方面采取"职能增加"原则，在教学处或教科室的职责中增加了课程管理与研发职责。但是随着课改的深度推进，学校课程改革与建设任务越来越突出，尤其是在课程改革成为教改的深水区的背景下，许多学校发现，依托教学处或教科室来进行课程建设与变革越来越力不从心，所以一批学校开始进行课程管理与研发的专门组织建设探索。

一、中小学课程组织建设的重要性

（一）课程改革深入推进对学校课程组织建设提出专业要求

我国新一轮课改始于 2001 年，15 年的课程改革，调整着人才培养目标，改变着人才培养模式。对于中小学一线的课改实践来说，学校课程建设一般经历了三个层次：国家课程与地方课程的校本化建设、校本课程的体系化建设与学校课程体系建设。

尤其是进入学校课程体系建设层次，需要学校在分析国家与地方课程改革要求、本校办学理念与育人目标、本校课程建设基础上，进行系统化思考与研究，形成具有特色的学校课程体系，如北京十一学校亦庄分校的"全课程"体系、清华附小的"1+X课程"体系、北京一六六中学的博雅课程体系、北京一零一中学的自我教育课程体系[①]、北京汇文中学的全人教育课程体系[②]等等。学校在进行整体课程体系建设时，如果还简单依托学校号召与个别教师自觉进行已经力不从心，需要从组织层面系统规划如何更好地进行学校课程体系建设问题。如北京小学在进行"四季课程"体系建设过程中，成立了三个重要的推进组织[③]：一是成立了以校长为组长的学校课程建设领导小组，领导小组成员涉及学校各个方面的负责人（包括家长代表），以实现课程建设中的价值一致、组织保障、及时沟通、相互支持。二是成立了学校课程建设专家指导委员会，聘请课程、教学、德育、管理等方面的专家听取意见，予以指导。三是组建课程开发小组。学校确定以三、四年级为课程改革实验试点年级，由校长、课程与教学主任、科研主任、德育主任为核心，以两个年级负责人和教师为组员的课程开发小组。北京小学的课程组织建设为"四季课程"体系建设提供了有力的组织保障，目前已经开发、实施了六个年级的"四季课程"，促进了学生的个性发展、教师的专业成长、学校的特色建设。

当前，课程改革已经进入深水区，各省市都在进一步推进课改，这对学校要求越来越高。如北京市教委2015年发布《北京市实施教育部〈义务教育课程设置实验方案〉的课程计划（修订）》（京教基二〔2015〕12号），出台了令人震撼的课改新要求：义务教育阶段九年一贯整体设置课程；关注课程的整体育人功能及学科内、学科间的联系与整合；进一步下放课程自主权

---

① 郭涵.北京一〇一中学特色发展的思考与实践[M]// 陈丽.建构个性，追求品质——首都高中校长的特色建设之旅.重庆：重庆大学出版社，2013：10—19.

② 陈维嘉等."全人教育"彰显汇文中学独特的精神[M]// 陈丽.各美其美，美美与共——首都高中校长的特色建设之旅.北京：北京出版社，2015：2—16.

③ 王铮，李明新等.学校组织变革实践：校长的探索[M].北京：教育科学出版社，2013：183.

到学校，鼓励学校根据学科、课型等积极开展长短课、大小课相结合的课程实验；各学科平均不低于10%的学时用于开设学科实践活动课程；等等。课程的实践性、选择性、综合性加强，这就需要学校进行更加深入、系统的课程变革，创新学校课程结构，进而形成自己的学校课程体系。这样，学校原有教学组织很难胜任这些变革要求，就需要校长从组织层面整体思考学校如何更加有利于推进课程改革的问题。

（二）我国中小学课程组织建设存在的主要问题

伴随着课改的深入，许多学校开始进行课程组织建设，如几乎所有学校都成立了课程领导小组，不少学校成立了校本课程开发小组等，在取得一些成绩的同时，也存在一些共性问题：

一是对课程管理认识不足，课程组织机构专业性不够。有的学校没有认识到课程建设及其管理的重要性，将课程建设与管理的职能和责任归口于教学处或教科室，而在实际运行中，由于教学处或教科室人员的专业性不够等原因，课程组织建设并未得到有效重视。

二是课程组织建设的系统性不够，作用发挥不充分。有的学校虽有独立专门的课程组织，但对于设计哪些课程组织机构，这些组织机构的职责与运行机制，与学校其他组织的关系等缺乏系统的思考与设计，导致设计的课程组织职责不清，不能有效开展相应的课程建设工作，作用发挥并不到位。

三是课程组织管理制度建设不够，难以保障课程及其建设的持续发展。有的学校对课程开发标准、课程开发奖励制度、课程开设流程管理、课程实施管理规定等研究不足，相关规章制度建设不够，影响学校课程开发本身的质量与可持续发展，也影响课程组织的专业化发展。

二、中小学课程组织建设的典型案例

案例 3.1　浙江宁波四中课程组织变革 ①

学校成立课程评审委员会。校课程评审委员会是深化课程改革的决策机构，负责制定有关政策和规划，宏观把握课改的发展方向，并审议、确定开发的课程。

教务处负责全校的教学工作，统筹协调各类课程的安排和师资配置。教务处成立课程资源与管理中心，具体负责各类选修课程的开发，学科拓展类、职业技能类、兴趣特长类选修课程的开设，负责选修课程实施的日常管理工作以及课程资源的收集、整理、存档等。

德育处成立学生服务指导中心，负责社会实践类选修课程的实施，负责学生人生规划、选课指导等工作。

学校成立学分认定委员会，负责学生的学分审核与认定工作。学分委员会由教学副校长、校学术指导委员会主任、各有关职能处室负责人、年级组长、教师代表、家长代表等组成。

[案例分析] 浙江宁波四中的课程组织建设注重课程评估与管理两大功能，在组织建设方面采取了新增组织与原组织新增功能两种策略。

案例 3.2　北京十一学校的课程研究院 ②

为了推进课程改革，北京十一学校专门成立了课程研究院，进行课程研发，构建了一套多样化、可选择的课程体系，即分层、分类、综合、特需的学校课程体系。

---

① 宁波四中深化课程改革实施方案 [EB/OL].http：//wenku.baidu.com/link?url=Cx3IVFlC5UlYdV z3KVgkXhJelL1hUUUKnB2uJ3F80OR1ocNdEe1tiKD5k0-sXWmvht3I6KXu9ay5o8As-iFrBFpU-4U1-45fhWdhT9QPPdO，2015-03-07.

② 李希贵等.学校转型：北京十一学校创新育人模式的探索 [M].北京：教育科学出版社，2014：36—73.

表 3.1　北京十一学校分层、分类、综合、特需课程体系

课程类型	科　目
分层课程	数学、物理、化学、生物
分类课程	语文、英语、历史、地理、政治、体育、技术
综合课程	艺术、高端科学实验室、综合实践、游学课程
特需课程	书院课程、援助课程、特种体育

北京十一学校在课程实施上，打破行政班模式，全面实行学生选课走班。北京十一学校于 2011 年开始全面取消行政班，实行学生选课走班，根据学生自主选课，全校初高中 4000 多名学生，共有 1430 个教学班。教室、实验室、办公室三室合一。取消行政班后，学校根据不同课程的要求设计教室，将与课程相关的教学资源全部融入教室，建设专业教室。同时，实行小班化教学，注重过程性评价。学校根据学生选课情况设置不同的教学班级，班级人数不设最低限制，但最高不超过 24 人。由于人数少，学生每堂课上的问题基本能在课堂上解决。教师要对学生每节课的课堂表现作出评价，在网络平台上登记，作为平时上课表现，占该课成绩评定的一定比例。

北京十一学校在学程管理上进行小学段设计。一般学校每学期分为上下两个半学期，中间是期中考试，而北京十一学校则将每学期 20 周划分为三段：大学段＋小学段＋大学段。每个大学段为期 9 周，小学段为期 2 周。小学段安排在期中考试之后，主要是学生自主规划，可以自主学习、社会实践、研究性学习等。

这一系列课程改革的组织支撑是学校课程委员会与课程研究院。学校课程委员会是学校最高学术机构，由校长李希贵兼任主任，负责对课程建设方向的把握，协调课程建设重大问题。课程研究院属于学术的、民间的组织，具体组织学科委员会进行课程研发，由副校长秦建云兼任院长。

在实际运行中，北京十一学校形成了学校课程委员会领导下的课程研究院—教导处—学部三位一体的组织架构，各司其职，共推课程研发与实施

管理。课程研究院是学校研发技术部门，负责研发课程；学部是课程实施部门，主要负责各课程的具体实施，立足各学科教研组长带领下的教研组和各分布式领导项目组开展课程实施工作；教导处是服务部门，主要负责全校课程的实施督导和推广，为课程研究院课程研发工作和学部课程实施工作提供服务保障。

各学科课程研发由学科委员会负责。学科委员会由各学科主任和学科下各课程开发小组负责人组成，以岗定职，动态构成，岗位变动，人员自动调整。学科委员会主要负责学科课程的整体规划与课程模块的设置，各课程模块之间的协调，课程模块研发人员的组成，课程模块课程标准的研制及有关课程资源建设，课程模块实施过程中的听评课，以及课程模块的修订完善等。

学科委员会下设课程负责人项目组。学校实施课程负责人制，课程负责人对本课程和相关课程资源研发的质量全权负责，职责主要有：确定本课程的目标和课程内容，紧密联系课程服务对象，及时听取学生以及相关专家的意见，准确把握这门课程的定位；负责本课程新任教师的培训；有计划地组织任课教师进行课程教学诊断；组织本课程任课教师完成相关课程资源的编写工作，包括课程指南、学习读本、相关拓展阅读材料、自学检测、阶段诊断实体，并在教学工作开始前完成。为保证这些任务的完成，课程负责人牵头组建项目组，各成员合作完成。

[案例分析] 北京十一学校的课程组织建设是其整体学校组织变革中的重要部分。首先，学校成立专门研发课程的学术性组织——课程研究院，由对课程改革与研究有很高造诣的副校长秦建云兼任院长，具体负责学校课程研发事宜。其次，建立课程研究院功能发挥机制，成立了三级课程研发组织，即课程研究院院级指挥、协助、引导组织，中间是各学科委员会，负责本学科课程研发，下面是具体课程研发小组，由小组长带领课程研发团队进行具体的课程研发。再次，注重课程的领导决策组织建设，成立了学校课程委员会，对学校整体课程发展进行规划指导、方向引领。最后，注重明确课程研究院与教务处、学部的职责关系，保障横向组织的合作与独立。

案例 3.3 北京汇文中学的汇文学堂 [①]

北京汇文中学为了进一步推进课程改革，探索课程研发、实施、管理模式，成立了"汇文学堂"。

北京汇文中学从学校整体管理出发，建立由学校教学处所属课程中心领导下的基于学生自主选择的理科、工科、社会科学、语言、艺术与体育五个基本方向的学堂课程开发和管理模式。五个学堂分别聘请首席学科教师，赋予其高度的课程开发和实施的自主权，实行学堂内学科教师课程开发模式。如：课程中心负责各学堂特色课程开发和实施的指导、管理与监督职责。理科学堂负责对数学、物理、化学、生物等学科进行课程开发和实施；工科学堂负责对通用技术和信息技术进行学科课程开发和实施；社科学堂负责对历史、地理、政治等学科进行课程开发和实施；语言学堂负责对语文、英语和第二外语等学科进行课程开发和实施；艺术与体育学堂负责对音乐、美术、体育与健康等学科进行课程开发和实施。

学校给予"汇文学堂"充分的实验空间，在发展中逐步建立学长制、辅导员制、首席教师制、家长委员会制和导师制。通过学校推荐、本人申请的方式聘任学堂负责人、学科首席教师、学堂辅导员、任课教师、导师团队。建立学堂岗位责任制，包括：学长权利和责任制，学科首席教师负责制，学堂辅导员责任制，学科教师负责制等，明确教师的教育责任和教学责任。

学长的职责主要是承担学堂特色活动和学堂文化的传承；辅导员主要承担学生健康、学业、生活和活动辅导；首席教师主要负责针对学堂内部特色课程的开发；家长委员会是实现学生家庭与学校互联的桥梁，是学堂活动开展的支持团队；导师主要帮助学生完成研究性学习，指导学生的生涯规划，是学生发展的领航人。

---

① 陈维嘉等."全人教育"彰显汇文中学独特的精神 [M]// 陈丽.各美其美，美美与共——首都高中校长的特色建设之旅.北京：北京出版社，2015：6—12.

汇文学堂制

- 家长委员会制 —— 家校互通的桥梁，学堂活动开展的有力支持团队
- 学长制 —— 学堂特色活动和学堂文化传承
- 学科首席制 —— 拥有高度的课程开发和实施的自主权
- 辅导员制 —— 学生全方位的诊断专家，包括：健康辅导员、学业辅导员、生活辅导员和活动辅导员
- 导师制 —— 帮助学生完成研究性学习，指导学生的生涯规划，是学生发展的领航人

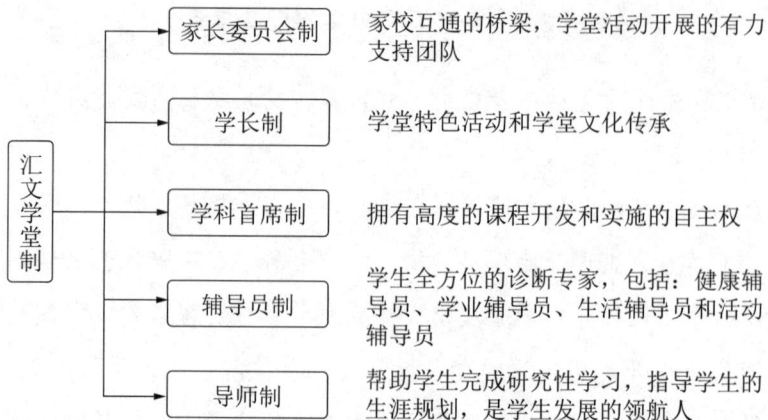

图 3.1 北京汇文中学"汇文学堂"管理模式示意图

　　课程实施上，采用学校编排课程班与学生自主择课走班相结合的方式。语文、数学、英语、通用技术、信息技术、音乐、美术、体育与健康等学科，学生按照学校以学生自主选择的不同方向的学堂班为基础编排的课程班学习。学生无论选哪一个方向，必须完成国家课程和教学大纲规定的课程、课时，取得相应学分。物理、化学、生物、历史、地理、政治，以及校本课程，学生可根据自己的兴趣、爱好、能力等自主选择课程进行走班上课，并完成相应的课程、课时，取得相应的学分。此外，综合实践活动课程以学生自主选择的"汇文学堂"为单位分方向有针对性地开展。

　　[案例分析]北京汇文中学分领域设置五个学堂，分别负责理科、工科、社会科学、语言、艺术与体育方面的课程研发、实施、诊断与管理，对汇文中学的课程及其教学质量起着关键的组织保障作用。这是一种综合性课程组织设置方式，不同于北京十一学校课程研究院（其主要职责是研发），也不同于浙江宁波四中，课程组织分散在不同部门与组织中。这种综合性课程组织作用发挥的好坏与相应的制度建设有很大关系，汇文学堂建立起了较为完善的制度，保障了研发、实施、诊断、管理功能的发挥。

案例3.4　三大书院助推校本课程建设 [①]

湖南株洲一中是湖南省示范高中，学校按照"立足现实、面向未来、整体规划、分步实施"的思路全面规划学校课程，构建了"尊重个体差异、适应学生需求、促进和谐发展"的新型课程体系，着力培养德行高尚、学有所长、和谐发展、智慧生活的社会中流砥柱，即具有健全的公民素质、卓越的学业基础、突出的个性专长和必需的生活智慧的未来优秀人才。

学校课程由国家课程和书院课程两大部分组成。其中，国家课程是学校核心课程，书院课程为校本特色课程。书院课程设置尊重株洲一中的历史和现实，借学校创始名、区域位置设置"建宁书院""徐家桥书院""庆云山书院"，组织开发、实施、评估三大校本课程体系。"建宁书院"因学校坐落于三国时期东吴所设建宁郡所在地而得名，着力开设"传承"课程与"经典"课程，注重我国经典教育，传承世界文明，力争做到兼容并蓄。"传承"课程着眼于"国"字号校本课程研发，重在传承中华民族的文化精华，即国医、国球、国韵、国语、国术等内容，"经典"课程侧重于继承世界经典，吸纳其他文化精髓，目前有世界经典戏剧10台、世界著名演讲100篇、经典电影对白100段等；"徐家桥书院"取"桥"连接此岸到彼岸的作用，着眼于学生兴趣的培养和内驱力的激发，帮助每位学生自主、和谐、个性发展，牵引学生走向成功，分设"援助性"课程和"引航性"课程。"援助性"课程旨在帮助学生在文化学科上纠偏补短扬长，即奠定学生核心共同学力，"引航性"课程则重在培养和发展学生在专业领域的兴趣和特长。两类课程针对学生不同的能力和水平层次，分设了基础夯实、能力提高和个性化提升三种层次的课程，形成了系列课程。"援助性"课程目前有高中英语语音（初级、中级和高级）、高中英语口语（初级、中级和高级）、高中语文写作（初级、中级和高级）、高中语文古诗词导读与鉴赏（初级、中级和高级）、高中物理解题思维训练（初级、中级、高级）等，"引航性"课程主要有金庸小说人物导读（初

---

① 本案例由湖南株洲一中陈嵩校长提供。

级、中级、高级）、多米诺骨牌课程（初级、中级、高级）、高中信息奥林匹克竞赛课程、传媒课程（初级、中级、高级）、英语口译课程（初级、中级、高级）、摄影课程（初级、中级、高级）、金融管理（初级、中级、高级）、旅游地理等。"庆云山书院"更是立意"山"与"人"的关系，着眼于学生成长意志力和人生规划能力的培养，培养其不畏险阻、勇攀高峰的坚韧品质和登高望远、不断进取的精神，由"攀登类"课程和"望远类"课程组成。"攀登类"课程包括体育俱乐部课程（如徒步、攀岩、篮球、足球、羽毛球、击剑、游泳等）和主题实践课程（军事训练、学农活动、社区服务、志愿者服务、行业岗位体验、十八岁成人礼、青年党校和系列主题德育活动等）；"望远类"课程主要指生涯规划课程（自我认知、职业分类指导、高校专业介绍、高中生活规划反思、时间管理、青年创业等）和国际视野课程（网络信息、中外文化比较、国际游学课程等）。下图为学校课程架构图：

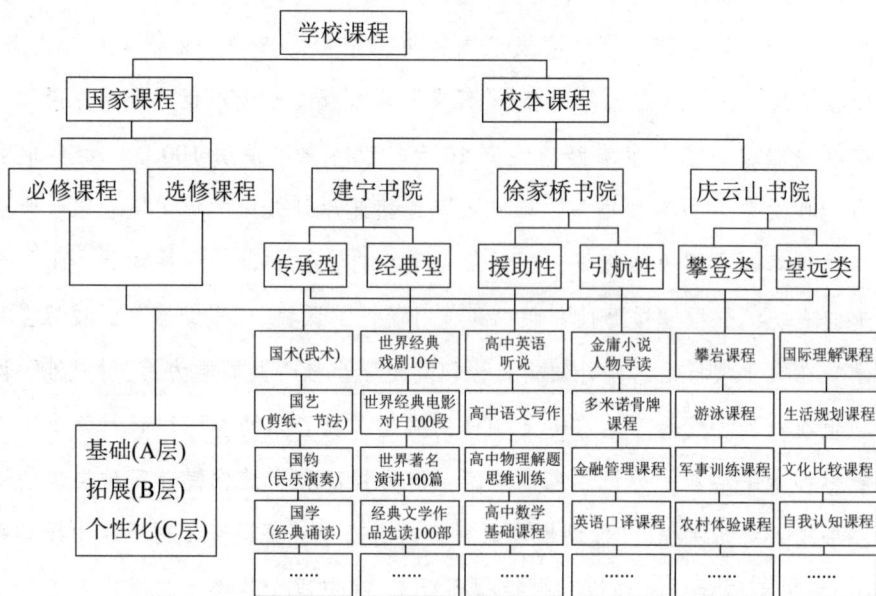

图3.2　湖南株洲一中学校课程体系

在新课程体系下，三个书院负责各自书院校本课程研发与实施指导，主要履行如下职能：本书院校本课程的确立、开发与丰富；精品校本课程的培育与推广；校本课程实施的指导与评估。因此，书院实际是推动学校特色发展的集研发、指导和评价的"课程改革综合体"。每个书院均设一位院长、一位院长助理，根据课程研发需要，组建课程研发核心小组。书院院长和院长助理由学校学术委员会与校务会联席商议聘请，核心成员由书院院长聘请。

为更好地推进学校课程改革，学校还改革原有行政化特色明显的校内组织机构，组建了能有效推动学校课程的组织机构体系，形成了"一部二室四中心直达式"学校组织机构体系。"一部"为高中学部，"二室"指校长室和学校督导室，"四中心"即校务服务中心、学生发展指导中心、教师发展中心、后勤服务中心；"直达式"意为所有部门，特别是高中学部，直接受校长室领导、对校长室负责。架构图如下：

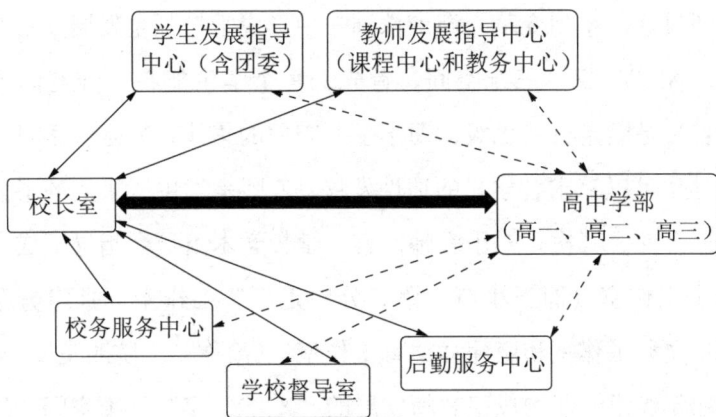

图 3.3　湖南株洲一中学校组织结构图

图中箭头均为双向，表示决策、服务和意见反馈的双向直达；校长室和高中学部位于整个组织体系的中心轴上，双向箭头加粗，同时所有其他部门的箭头都指向校长室和高中学部，表示学校所有工作以执行校长室决策和服务高中学部教育教学为中心；实线箭头表示该部门功能既对内也对外；虚线箭头则表示此为对内功能，更着重于其他部门服务于高中学部，同时高中学部对于各部门的工作进行监督和评价。

新组织体系改变了原来的"校长室→各职能部门→年级组"的多层级结构，让校长室决策可以迅速直达高中学部，高中学部的需求直接反馈到校长室或其他部门，迅速解决问题成为了可能和现实。

[**案例分析**] 湖南株洲一中通过组建三个书院来推进本校校本课程体系建设。非常难得的有以下几点：

一是系统整合设计，整体设计三大系统六方面的校本课程体系，并以三个书院名称来统领。

二是利用书院式组织结构来推进学校校本课程研发、实施，强调了组织的学术性与专业性，并且授予书院院长人事权，充分调动书院院长与教师的积极性。

三是在课程及其组织建设的同时，进行了学校整体组织结构变革，形成了网络式直达管理组织结构，对于一所大规模的中学，便于沟通和快速反应。

四是通过这一系列变革，湖南株洲一中形成学校师生发展新形态，即师生发展的"X、Y、Z"三维空间。首先，每个学生能在三维空间中找到自己的位置：X是固定行政班级，即学生所归属的集体；Y是各学科不同的教学班级，学生可以追求各学科的适性发展；Z则是学生所隶属的书院，学生在这里彰显个性。其次，对于教师而言，学校学术委员会指导下成立的三个书院和四个工作室（即王小苗英语"分层走班"工作室、张建勇理科工作室、吴同秋文科工作室和唐建祥德育工作室）（简称"三院四室"）与原来所在教研组和年级组一起构成了教师发展的"X、Y、Z"三维空间。X是教师所在的书院或工作室，这是有共同研究兴趣、跨年级、跨学科的横向研究集体；Y是教研（备课）组，此为同学科的纵向研究集体；Z为教师所属年级和班级，那是教师日常教育教学的落脚点。有了这样的三维发展空间，学生有特质、教师有特点，进而学校有特色。

案例 3.5 清华大学附属小学围绕课程变革进行学校整体组织变革[①]

清华大学附属小学在推进"1+X课程"改革的过程中，以课程整合研究为导向，调整学校组织结构，实施组织整合，以课程变革带动学校整体组织变革。

---

① 窦桂梅. 清华附小——围绕课程变革进行组织整合 [J]. 中小学管理，2014（9）.

一是整合校级职能部门。学校将德育处、大队部整合为"学生中心";教务处、教科室整合为"教师中心"（后根据教师建议，将"学生中心"和"教师中心"合并为"教育教学研究中心"）；总务处、人事处、校办整合为"服务中心"；党团工会组成"党工团中心"。工作的整体性增强，使得要事更加分明，有关人员能够根据轻重缓急、要事第一的原则有序安排各项工作。

与此同时，清华附小成立了"1+X课程研究中心"，专职进行课程研发，服务于学校的科学决策。

"1+X课程研究中心"，是集清华附小战略研究、课程研究、科研项目研究于一身的部门。该部门紧跟国家政策和教育形势，围绕学校中心工作，为学校重大决策提供建设性意见。论证学校课程开发与研究的各种可能性，为学校课程改革和重大活动，特别是百年校庆工作，提供创意。紧跟国内外学术研究的前沿，对学校课程研究进行整体设计与全面跟踪。为学校各项出版物和报送上级的文件材料把关，提高学校各级与科研相关奖项的获奖率。全程跟踪学校各项课程研究工作，保存学校科研的过程性资料，提升学校和教师的整体科研水平。总之，通过部门全体同仁与教职员工们的一道努力，共同落实《清华附小办学行动纲领》中对"1+X课程"的要求。

学校还在所有部门的命名中都加入"研究"二字，比如：将校长室改为"学校研究中心"，"服务中心"改为"综合服务研究中心"，意在强调各个部门的主要职责不是"做事"，而是"谋事"。

二是实施学段负责制。校级机构合并精简之后，各个年级及学科组也开始进行结构化变革。学校将原有的六个年级整合为低、中、高三个学段，各学段自主安排作息时间、课时、人员、教学内容、教学组织形式，形成独立的小整体。学段负责人"段长"如同"小校长"，全权负责所辖学段的教育教学及科研质量，"1+X课程研究中心"和"教育教学研究中心"为他们提供指导与督导。

三是转变工作内容与方式。除了"1+X课程研究中心"负责整体规划学校的课程结构与课程设置之外，"教育教学研究中心"研究的重点，不再仅仅是围绕师生的成长搞活动，而是围绕学生的成长需要，将原有的一个个独立的活动设计成系列课程；围绕教师的发展需要，重点考虑如何提高其作为学校课改参与者的课程研发、课程设计、课程实施的能力。

四是改革聘任方式。首先，由学校和教师根据实际情况，商讨学校核心部门的设置。核心部门确立后，各研究中心根据相关条件聘任所属部门负责人，只有被聘人员愿意加盟，方可最终确定部门负责人。接着，学校和各中心负责人共同商定年段"段长"的人选，然后由"段长"聘任两个年级的班主任、副班主任及学科教师，这同样需要双方"两情相悦"。

[案例分析] 清华大学附属小学以课程改革带动学校整体组织变革就是学校组织整体优化的典型案例。为了推动"1+X课程"体系建设，单独成立了课程研究中心，专门进行课程研发，凸显了学术性；同时以学校工作模块为逻辑整合中层机构，成立了教育教学研究中心、服务研究中心、党政工团研究中心，凸显了整体性与研究性；进行学校组织结构扁平化变革，改革了年级组，实行学段制与双向聘任制。从而使学校组织结构扁平化、组织机构学术化、工作方式研究化、人员管理互动化，达到组织运行的整体优化，保持学校的活力。

三、中小学课程组织建设思考

中小学课程组织建设可以从三大方面思考：一是学校设立哪些课程组织机构，二是这些机构的结构如何及其在整个学校组织中的结构问题，三是课程组织管理制度建设。

（一）学校课程组织机构设计的科学性与适切性

1. 可运用职能分类法进行课程组织设计

从组织职能角度来看，中小学课程组织职能有领导职能、研发职能、指导咨询职能、评价职能、管理与资源支撑职能。理论上，可以采取职能分类法来进行中小学课程组织机构设计：课程领导组织、课程指导与咨询组织、课程研发组织、课程评价组织、课程管理组织与课程资源组织。这些组织如何命名目前并没有统一的官方与学术规定，各学校可以根据自己的理念自主命名。

（1）课程领导组织：规划与保障。

学校课程领导组织一般称课程领导小组或课程领导委员会（课程委员会）。

在进行课程改革过程中，上级教育行政部门要求中小学成立以校长为组长的课程领导小组。学校课程领导小组一般由校长、教学副校长、教学主任、年级组长、教研组长、学科骨干等人员构成。一般来说，许多中小学课程领导小组人员构成是封闭性的，主要由学校内部人员构成，优点是便于协商、易达成共识，但最大的缺点就是易受个人与团队的局限性。因此，在当今开放社会，学校课程领导小组在成员结构上的变革趋势是突破学校局限，把专家、家长代表、社区代表纳入其中，使领导小组构成呈现异质化、丰富性，从而开阔眼界与思路，拓展课程建设资源。

学校课程领导小组的主要职责有：确定学校课程建设（变革）的价值取向、目标与原则、规划学校课程建设框架、设计课程建设的组织机构与运行机制、配备课程建设的人力资源、为课程建设与改革提供制度保障等。

如宁波华茂外国语学校课程改革领导小组的主要职责如下[①]：领导、推进全校课程改革，统筹、负责全校课程改革规划；制定各学部课程规划的阶段性实施意见，指导、管理、督查、评价校处室和学部课程改革的实施；探索、优化新课程背景下民办全寄宿十二年一贯的课程体系和育人模式；探索、提出新课程背景下的学校管理改革和机制改革的意见；指导校课程评审委员会、学分认定委员会、选课指导中心按各自的职能和要求开展工作。

在规划学校课程建设框架方面，很重要的就是根据国家与地方课程改革精神、学校育人目标、办学目标与办学理念、整合的资源条件，对学校课程

---

① 宁波华茂外国语学校深化课程改革与建设规划 [EB/OL].http：//www.huawai.net/articleview.aspx?id=10390，2015-03-22.

结构进行整体建设，从而塑造学校育人模式特色，前述案例 3.2 中北京十一学校分层、分类、综合、特需的课程体系构建就是典型体现。

很多学校都在进行课程体系构建探索。如北京海淀五一小学围绕奠基幸福人生的办学理念，构建了幸福素养奠基课程体系（见图 3.4）。

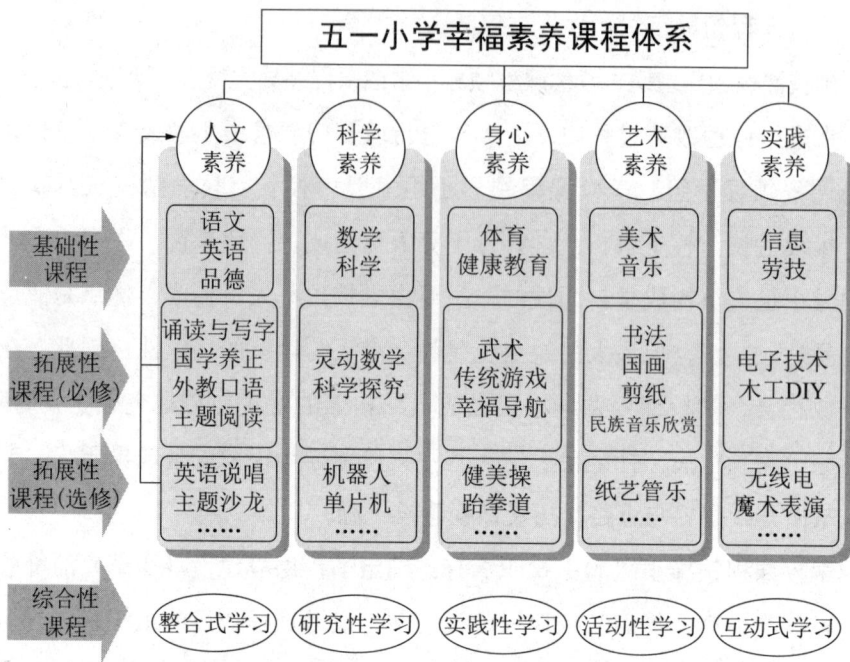

图 3.4　北京海淀五一小学幸福素养课程体系

北京汇文中学根据全人教育理念，对整个课程体系进行结构化规划，构建了基础类、潜能激发类和个性类三个层次的课程结构（见图 3.5）。其中，基础类课程，包含国家必修课程、国家必选课程、校本必修课程以及地方课程；潜能激发类课程，包含依据学生兴趣、爱好、发展方向开设必修课程、综合实践活动、兴趣选修课程；个性类课程，包含适合特长突出学生的选修课程、翱翔课程、遨游课程、生涯规划课程、项目研究类课程、社团活动以及科技人文大课堂等。北京汇文中学还对三层课程结构进一步进行纵横分解，形成"横纵结合的汇文自主课程"体系。这个课程体系注重"整体设计，有机衔接，分段落实，关注个性"。"横向课程"是从"横向"设置使同年级学生在不同方向、不同兴趣上得到满足和发展的校本选修课程；分为理科类、工科类、社科类、语言类以及艺术体育类五大校本课程类别，有些类别的课程根据学生需求程度分Ⅰ、Ⅱ两个等级。等级Ⅰ是指满足选择此方向所提供的考察类和基础类校本课程；等级Ⅱ是指在等级Ⅰ的基础上，提供给有更多、更高需求的学生的校本课程，包括：方向等级选修、方向项目研修以及兴趣发展等课程。"纵向课程"是从"纵向"设置以利于有一定特长和发展潜质的学生成长的课程，即与小学、初中、高中、大学多学段合作建立相互有机衔接的，使有特殊兴趣和一定专长的学生的知识、技能在不同学段、不同程度纵向拓展的课程。此类课程具有阶段性，从低学段的培养兴趣，发现专长，到中期的拓展知识、技能，至最后以应用、实践、研究类为主的课程体系。[①]

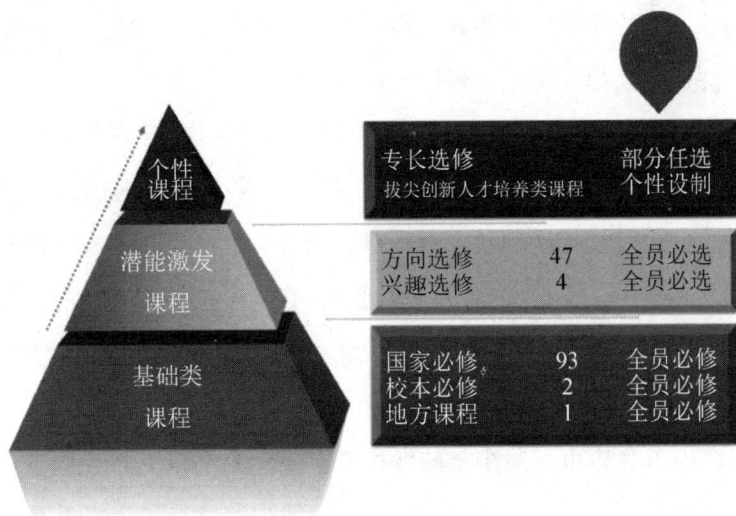

图 3.5　北京汇文中学全人教育课程结构

　　在学校课程领导小组中，组长一般由校长兼任。因此，校长的课程领导力直接影响学校课程建设的方向与水平。校长课程领导力主要包括课程规划力、课程指导力、课程资源开发力、课程文化引领力等方面。所谓学校课程

① 陈维嘉等."全人教育"彰显汇文中学独特的精神 [M]// 陈丽.各美其美，美美与共——首都高中校长的特色建设之旅.北京：北京出版社，2015：6—12.

规划力是指校长不仅是国家课程、地方课程的执行者，更是学校课程建设的规划者，要对国家与地方课程体系进行校本化改造，对学校课程体系进行整体的顶层设计，这种对学校课程体系的整体顶层设计能力就是学校课程规划力。这是校长课程领导力的宏观设计要素，影响着学校课程建设的基本框架与方向。二是课程指导力。校长要能够指导学校课程建设的方向、构建课程结构等，要能够指导教师的课程实施。这是校长课程领导力的专业引领要素，影响着学校课程建设的水准。三是课程资源开发力。校长要有开发课程资源的能力。这是校长课改领导力的执行要素，影响着学校实施新课程的资源基础。四是课程文化建构力。学校的课程改革最终会走向学校文化的重构，校长要能够在课程中审视学校原有文化，进行学校文化价值引领。这是校长课程领导力的精神引领要素，影响着学校实施课改的核心价值观。

（2）课程专家指导组织：咨询与指导。

学校课程专家指导组织一般称课程专家委员会，属于课程建设咨询与指导组织，一般由学校外部的课程专家、学科专家与学校内部的优秀教师构成，主要职责是对学校课程建设过程进行指导，解决课程研发中的标准、流程、内容及其结构、课程实施评估等问题，直接影响课程研发的质量。在没有专门的课程评审委员会的学校，学校课程专家委员会还有审议与评审学校课程的职责。

例如，山东青岛市实验小学的课程专家委员会不仅有指导职责，还有课程审定与评审职责。青岛市实验小学设计的课程专家委员会的职责主要有三：一是评审、认定新开发的学校课程，为学校课程的建设与开展提供指导性意见。二是组织并保障实施学校课程的开发、认定、开设以及过程管理。三是讨论、评定学校课程的星级，对现有课程进行全面评价，并反馈给执教教师。

课程研发与实施是一项专业性极强的行为，直接影响学校育人质量，因此，为了提升课程研发的系统性、科学性、可行性，除了需要提升本校课程研发人员的研发能力外，还需要借助组织力量进行研发过程的指导与评审，因此，成立课程专家指导组织机构非常重要。成立之后，学校要善于进行机制建设，确保课程专家指导委员会发挥作用。

（3）课程研发组织：研究与开发。

各个学校根据自己的情况对课程研发组织进行命名，如北京十一学校的课程研究院，北京广渠门中学的课程部，杭州师范大学附属中学的课程研究所，北京汇文中学的汇文学堂等，但一般叫课程研发中心，其主要职责就是组织相关人员，建立有关机制，进行学校课程研发，它是学校课程组织中的中间层与执行层，是学校课程建设的"作战部队"。往往还针对每一门具体的课程研发，成立具体的课程研发团队（如北京十一学校的课程负责人项目组），负责本门课程的研发。具体课程研发小组主要以本校优秀教师为主，适当聘请外部优秀的一线教师或者专家参与。在开放的当今时代，也可以由来自多所学校的感兴趣的教师成立课程联合开发小组，共同对某一课程进行开发，这样可更好地实现资源共享、智慧共享。

（4）课程评审组织：评估与改进。

有的学校没有专门独立出来的课程评估组织，其职责有的归于课程领导组织，有的归于课程专家指导组织，有的归于课程研发组织，还有的归于教学处（如北京十一学校）。但也有不少学校独立出来，有的叫课程评审委员会，有的叫课程评审中心。其主要职责是对课程开发、课程实施进行评估，并提出改进建议。如宁波华茂外国语学校的课程评审中心的主要职责有[1]：评审选修课程的价值和意义，确定课程是否符合学校的培养目标、办学特色和学生需求；审查选修课程的目标和内容，确保课程的教学纲要和教材的科学性、时代性，为学生提供多样性、多层次的选修课程；审核开设选修课程的社会机构的资质，确证社会机构符合国家相关规定，依法办学、优化教育；指导校教务处评估学部及教师开发开设选修课程的情况，指导校教务处和学部提高教师开发开设选修课的能力，评选精品选修课。

---

[1] 宁波华茂外国语学校深化课程改革与建设规划 [EB/OL].http：//www.huawai.net/articleview.aspx? id=10390，2015-3-22.

案例 3.6　浙江海宁中学课程评审委员会预审新学期选修课程 [①]

正午时分，青年路在炎炎夏日下被炙烤得浮起了阵阵热浪，与此相去不远的海宁中学政德楼的一间会议室里热闹非凡，里面不停地传来阵阵讨论声："这些欣赏类的课程需要看过课程纲要后才能通过""这一课程实施的物质条件不具备""这一课程所体现的新课程理念不太清晰"……

这是海宁中学课程评审委员会正在预审新学期的选修课程。深化课程改革以来，海宁中学紧紧抓住创建特色高中的契机，逐步培育了以学校崇雅办学理念为灵魂的课程体系，出现了各个类别选修课程均衡发展的良好态势。这一成果的取得离不开 2012 年学校成立的课程评审委员会的监督和评鉴作用。该委员会由主管教学校长、教科室、教务处、学科教研组长等相关人员组成，是一支将理想与现实融合、对学生负责的本土专家团队。他们认为选修课走班教学已成为当前高中课程改革的一道亮丽风景线，但由于缺乏有效的开课审核机制，"只要报，就能开"的现状导致一批质量不佳的课程进入教学环节，浪费了学生的学习时间。做好开课审核有利于从源头上提高学校选修课程的质量，是打造具有学校特色的课程体系的重要环节。本次为期一天的审核是该校选修课程开课审核三审制中的第一环节——申请表审核阶段，申请表审核着重从理念的宏观角度，预估课程投放的可能性。为了鼓励教师积极开发课程，学校最初只要求教师上交申报表，主要阐明课程的设计理念，从中可以初步排除一些游离于学校办学理念之外的课程。如基于"崇雅"的办学理念，学校要求所有选修课程都要紧密围绕把学生培养成"知识博雅、行为文雅、身心悠雅、情操高雅"的四雅学子而设计。此外，理念还需要考虑新课程理念和深化课改精神。凡是不利于学生全面而又个性发展的课程，即使教师水准再高，也不能让其通过。第一阶段审核合计通过的课程包括知识拓展类 42 门、兴趣特长类 24 门、职业技能类 9 门、社会实践类

———————————

① 夏日审课忙：海宁中学课程评审委员会预审新学期选修课程 [EB/OL].http：//www.zjhnedu.com/news.asp?table=xxdt&n_id=26742，2013-7-26.

066　赢得未来的学校教学组织变革

10 门，审核不通过的 1 门，需要修改后重新提交的 5 门。接下来委员会还将在 8 月 20 日和 9 月初分别对这些第一阶段通过的课程的纲要和资源进行审核。

[案例分析] 从上述案例可以看出：一是海宁中学的课程评审委员会主要由校内学术骨干力量、教学相关的领导组成，如主管教学校长、教科室、教务处、学科教研组长等相关人员组成，其优势是对学校的办学理念与培养目标非常了解，人员具有权威性，一般来说，这些教学相关部门的领导也是学校的学术骨干，可以较好地担负课程评审工作。但是由于课程评审是一项专业性极强的学术活动，为了避免内部人员的局限性，建议可以把外部课程专家、学科专家纳入委员会中，如果可能，也可把家长代表、学生代表纳入其中，让不同主体从不同视角提出评审建议。

二是海宁中学建立了课程开课三审制，即申请审核、课程纲要审核、课程资源审核，该制度的建立与执行，能够从制度上保障课程开发的质量。一般来说，课程评审委员会除了对课程申请审核、课程纲要审核、课程资源审核外，还需要对已经开设的课程实施效果进行评审，对学校精品校本课程进行评审。

三是海宁中学建立了以学校办学理念与育人目标为导向的课程评审标准，避免了因人设课的情况发生，更保障了学校校本课程建设的方向，为塑造学校育人特色奠定了良好的基础。

四是海宁中学课程评审委员会注重发挥指导作用，对不符合标准与要求的课程进行具体的指导，还发挥了课程专家委员会的咨询、指导作用。

(5) 课程服务组织：资源支持与管理服务。

无论是课程研发，还是课程实施，都需要组织层面的资源支持与管理，因此，需要设计这方面的组织机构。有的学校依然把这方面的职责归入教学处或后勤处（如北京十一学校），有的学校是单独成立课程资源中心、课程管理中心。是单独成立组织机构，还是整合现有组织机构，需要学校根据自己的情况综合考虑。

2.课程组织机构设置的适切性

但学校在进行具体的课程组织机构设计时，还需要考虑适切性。学校可以根据课程组织职能要求、学校整合到的人力资源、学校发展战略与办学理念等综合考虑，进行适合自己的学校课程组织机构设计，如北京十一学校成立课程委员会负责课程规划，成立课程研究院负责课程研发，而课程评估与管理则由教导处负责等。北京广渠门中学成立课程部，下设课程开发中心、课程管理中心、课程资源中心，分别负责课程研发、课程管理、课程资源提供等。北京小学成立学校课程建设领导小组、学校课程建设专家指导委员会、课程开发小组，分别负责课程领导、课程评价与指导、课程开发等。如案例3.1的宁波四中成立课程评审委员会（相当于课程领导小组）、教务处成立课程资源与管理中心，负责课程的开设与管理等等。

（二）学校课程组织结构设计的科学性

从课程组织职能角度进行组织机构设计，提供了一种组织机构设计的理论视角与实践视角。但在实践中，到底要设计哪些机构、这些机构的结构关系、课程组织在整体学校组织中的结构关系等问题需要系统思考。

1.课程组织机构自身内在结构设计的合理性

在进行课程组织机构设计时，还要考虑其自身内在的结构问题。根据亨利·明茨伯格的组织五分法，课程组织结构可以分为领导层、中间层、执行层、管理支持层、技术支持层。那么，课程领导组织（如课程领导小组）属于领导层，课程研发组织（如课程研发中心）属于中间层，具体课程研发团队（如足球特色课程研发小组）属于执行层，课程管理组织与资源组织（如课程管理中心、课程资源中心）属于管理支持层，课程咨询与指导组织（如课程专家委员会）、课程评估组织（如课程评估中心）、学分认定组织（如学分认定委员会）、学生选课指导组织（如学生选课指导中心）属于技术支持层（见图3.6）。

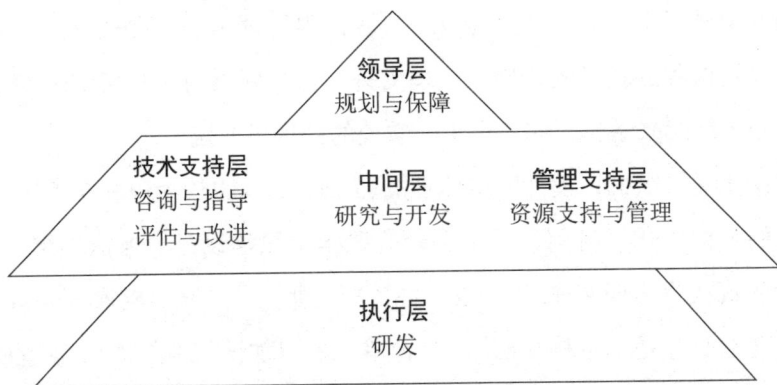

图 3.6　学校课程组织结构

这样的课程组织结构有两大特点：一是层级的扁平化结构，便于沟通，有利于各课程研发小组直接把握学校课程领导小组的思想；二是凸显了专业性与学术性，在这种组织结构里，课程研发中心与研发团队，作为专业组织，其专业性与学术性得到尊重，由学校课程领导小组直接领导，由技术支持组织提供专业的咨询、指导、诊断与评价，由管理支持层提供资源与具体的管理。

同时，在这样的学校课程组织结构中，不少学校还较为注重开放性建设，整合学校外部的专家与基地等资源，突破本校人力与物力资源的局限。

2．学校课程组织机构设计的整体性

从课程组织职能分解角度进行各个课程组织机构的设计，是一种分析性思维方式，其优势是职责清晰，不足是组织细分可能过多，易出现人员力量过于分散的局面。

因此，在实践中，仅仅这样考虑还不够，还需要把课程组织作为一个整体来设计。在现实操作中，不少学校整合有关职能于一个组织机构中，如课程技术支持组织，不少学校就只有课程委员会，兼具咨询、指导与评审功能，不单设课程专家委员会、课程评审中心；再如有的学校整合课程管理支持组织职能，只设立课程管理中心，兼具管理与资源支持职能。有的学校把课程中间层、执行层与管理支持层职能整合在一起，如北京广渠门中学成立课程部，下设三个中心：课程开发中心、课程管理中心、课程资源中心。还有的学校把课程的技术支持层、管理支持层、中间层与执行层的职能进行整合，由一个组织来承担，如北京十一学校的课程研究院。

学校课程组织机构设计的整体性的另一个更大胆的视角就是考虑学校组织结构的整体优化。目前，不少学校的课程组织建设是"加法思维"，把课程建设职责放进教学处职责内是一种"职责加法"，设学校课程领导小组、课程研究中心等是"机构加法"，这种单一的"加法思维"很容易造成学校组织结构臃肿，扯皮推诿，效率不高，或专业性不强等。鉴于此，很多学校对组织结构进行整体构建。案例3.5中清华大学附属小学以课程改革带动学校整体组织变革，使学校组织结构扁平化、组织机构学术化、工作方式研究化、人员管理互动化，从而达到组织运行的整体优化，保持学校的活力。本书第二章中提到的武汉四十五中调整学校管理机构的案例，也是学校围绕课程建设重心工作，对传统的中层组织进行体系化整体重建，这是学校整体组织结构优化的一种方式，使学校以课程建设为核心进行中层组织变革，保障了学校重心工作推进的力度。

3.凸显课程组织在学校整体组织结构中的学术性

课程组织是一个专业性相对较强的学术性组织，要考虑课程组织在学校整体组织结构中的位置。课程组织在有的学校是具有一定"行政级别"的学术性组织，如北京广渠门中学的课程部就是其学校三个中层组织（其他为资源部、学生部）之一，是一个兼具学术性、具有一定"行政级别"的组织。而在有的学校是作为没有行政级别的学术性组织，如案例3.2中北京十一学校的课程研究院就是一个没有行政级别的学术性组织。如何考虑课程组织在学校整体组织结构中的地位需要校长结合学校具体情况确定，但总体应注重其学术性。

（三）课程组织建设的制度化

课程组织建设的制度化是指课程组织运行机制的程序化和规范化，即建立健全、完善的合理制度体系。

制度化是组织规范化发展的重要保障，单凭文化引领与个人魅力导向的组织，很难发展强大与久远。"有道之君，行治修制，先民服也。"（管子）学校要保障课程建设，单纯建立相关组织机构远远不够，还需要建立有关规章制度，保障组织的有效运行，从而更好地推动学校课程建设。

课程管理制度包括课程开发、审定、开设和运行评价制度，学生选课、选修课教学管理和学业评价制度，教师教学管理和教学绩效考核制度，教师参与选修课程建设和校本研修管理制度，校外选修课程资源的利用与学分管理制度；课程资源利用与管理制度（如专用教室管理制度），课程组织管理规定（如课程领导小组规定、课程专家委员会规定、学分认定委员会规定、课程开发小组规定等管理办法），课程组织运行的制度建设（如案例3.3中北京汇文中学的"汇文学堂"建立了家长委员会制、学长制、学科首席教师制、辅导员制、导师制）等。

如案例3.1中的宁波四中在进行选修课程改革与建设过程中，出台的制度性规定有宁波四中选修课程实施方案、宁波四中选修课程建设规划(2012—2015)、宁波四中选修课程管理办法、宁波四中选修课程学校选课与学分管理办法、宁波四中选修课程评审办法、宁波四中学生选课指导与选修课程修习记录手册。[①]

首先，课程组织管理制度要注意可操作性。由于课程改革提出很多新的要求，对于这些要求学校层面如何操作，要有较为详细的规定，这样才能起到具体的指导、规范、引领作用。比如，新课程改革强调研究性学习，但很多老师与管理者根本不知道如何开展研究性学习，这时就需要学校制定相关管理办法来发挥指导、规范与引领作用，如广东省惠东县惠东中学建立的研究性学习课程管理制

---

① 宁波四中深化课程改革实施方案 [EB/OL].http：//wenku.baidu.com/link? url=2179iTV1IPLfuxzVNqc hTEp64o8iVlx2sI6lufix-gYQLD7Zcg-NJQRrWsr83Za-dOIUWrGSlvg5WnVC0_7vUybk8GncPJDlOy2Jx3Agp kW，2015-03-07.

度①非常详细，具备可操作性，对学校研究性学习课程管理制度的目的、制度涵盖方面、研究型课程的特点、考核方式、学校奖励等基本问题进行了说明，对学校研究性学习课程领导小组的组成与职责进行了界定，对教务处、教科室、教研组、年级组、指导教师、班主任、图书管理员、实验室管理人员、学生课题组组长、学生等方面的职责与要求进行了规定。

其次，课程组织管理制度要注意激励性。学校课程建设是一项挑战性的变革，参与者要投入更多的时间、精力，要承担改革的风险与压力。因此，在制定课程组织管理制度时要注意激励性，鼓励学校教职员工进行课程变革实践探索。

再次，课程管理制度与学校其他规章制度的协同性。学校工作具有整体性，任何一个新的规章制度的出台都需要学校其他制度的协同互补。

最后，任何组织变革都是在一定价值取向指导下进行的，课程组织管理制度旨在体现学校价值追求。

总之，伴随着课程改革的深化，校长需要从顶层探索学校课程体系建设问题，这种顶层探索既包括对学校课程体系的构建，也包括建立有助于这种课程体系建设的组织结构与机制。

---

① 惠东中学研究性学习课程管理规章制度[EB/OL].http：//wenku.baidu.com/link？url=_ptEEVrF_ LukeogluywZ_ KHS_IdESwrvfemYnvFU6Jb9nHgW4ciRYTtS9p8-0GnXcdzxO3i7qqHrzKk-EZaSzE14wL6Uowbe7NENS-NMWz7，2013-05-09.

第四章 学校教研组织变革

北京教育学院 吕　蕾

学校教研组织是指学校基层负责教学和科研的学术支持性组织，其主要任务是为学校教育教学研究服务，是教师专业成长的平台，是提升教育教学质量的重要组织，因其教研理念、功能定位、运行机制不同而在学校教育教学中发挥不同的作用。

我国中小学常见的教研组织主要有教研组、备课组、教科室、名师工作室等。从组织功能上看，教研组是面向全体教师，以学校教学工作为研究主题的组织形式，主要以跨学科、同学科的教学研究为主要活动内容。备课组是教研组的子组织，以年级为单位的学科教研组织形式，主要以同年级、同学科教学研究为主要活动内容。教科室是以课题研究为主线，打破学科和年级的界限，组织教师个体和教师群体进行教学研究的组织。名师工作室是以"名师"为组织核心，以师徒传授为教研方式，处于非正式与正式组织之间的教研团体。

总体而言，学校教研组是学校主要的教研组织。备课组、教科室、名师工作室作为学校教研的重要组成部分，从组织方式、组织活动内容和组织活动效果上对学校教研组活动进行呼应和配合。本章从组织分析的层面对学校各类教研组织的组织定位、组织特性、组织运行机制和发展趋势进行研究和讨论，目的是为了廓清在当前教学改革的背景下，学校基层教研组织如何更好地发挥效能，为课堂教学改革服务，为教师专业发展服务，为学生学习服务。

在当前学校课程改革和教学模式创新的推动下，学校教研组织面临组织结构更新、组织任务扩展、组织活动方式创新的挑战。

一、我国中小学教研组织的演进过程与发展现状

（一）我国中小学教研组织的演进过程

1. 学校教研组的发展过程

教研组又被称作"学科教研组"，新中国成立后，急剧增加的学生数量和教师人数不足，师资水平良莠不齐的矛盾使得短时间内提高教师教学质量成为新中国教育发展的紧迫任务。1952 年 3 月 18 日，教育部颁布了《中学暂行规程（草案）》和《小学暂行规程（草案）》，明确提出了中小学要建立学科教研室和学校教学研究会议制度，首次对中小学教研组的设置作出了规定，这成了我国教研组成立最早的法规依据，也标志着教研组以国家文件的形式在中小学正式确立。

研究者认为[①]，我国区域性教研组织的形成有三个标志性的事件：第一个标志性事件是在 1954 年，北京市针对全市教育质量差、学生学习成绩不好的情况，作出了《关于提高北京市中小学教育质量的决定》（当时简称为《五四决定》）。此决定提出"必须把主要精力迅速地、坚决地放在教学研究和教学领导上去……市教育局应设立专门机构或专人负责管理教学研究与指导工作"。当时，这个决定被中央人民政府教育部向全国各大行政区教育局、各省市教育厅、局进行了通报。教育部在通报中指出："各级教育行政机关必须加强对教学工作的领导，有计划有重点地检查教学工作，给各校以具体指导；有条件的地区应建立专门机构，管理教育研究与教学指导工作。"此后，全国各地先后设立了教学研究室。第二个标志性事性是《人民教育》评论。1955 年 11 月，当时的教育部官方杂志《人民教育》发表了《各省市教育厅局必须加强教学研究工作》的短论，这被认为是官方的声音。第三个标志性事件是苏联考察报告的下发。1956 年，教育部代表团具体考察了苏联的教师进修学校等教研机构以后，回国后形成了报告，并整理了大量的专题报告及

---

① 赵小雅. 教研制度：理直气壮的中国特色 [N]. 中国教育报，2014-03-05.

有关资料，印发给各地，要求全国中小学、师范院校等结合我国实际进行学习研究并运用到工作中去。以《五四决定》的转发为正式标志，全国各省级教研室先后成立。

1957年1月21日，教育部颁布《中学教研组工作条例（草案）》，其中第三十三条指出：中学各学科设教学研究组，由各科教员分别组织之，以研究改进教学工作为目的。每组设组长一人，由校长就各科教员中选聘之。这个条例催生了部分省、市、县专职教研组织的建设，另一方面，明确了教研组的主要任务，规范了教研组的性质、定位和工作内容。[①]

从组织建设的角度，区域性教研组织和学校教研组织形成我国教学研究组织的体系。学校层面的教研组和区域层面的教研室对保障我国基础教育的质量和水平持续提升具有重要的意义。

进入21世纪，我国基础教育质量堪称走到了世界前列，尤其在我国上海学生于2009年和2012年参加经济合作与发展组织（OECD）组织实施的"国际学生评估项目"（PISA）测试，两次都以明显优势位居榜首后，引起了各国的瞩目和重视。学者们认为，PISA考试的高成就与学校教研组作为"基层教研单位"关系密切。上海市教委巡视员尹后庆介绍说，在2009年首次参加PISA之后的整整一年中，他大概接待过上百批世界各国的教育同行，其中也包括很多国家的记者，他们往往都到学校蹲点一周，结果也大都聚焦在教研制度上。具有中国特色的教研制度，就这样以惊艳的方式走到了世界面前。

2. 学校备课组的发展历程

随着人口增多，学校规模逐渐扩大，中小学学科教师的人数越来越多，学科教研组对不断增加的教师个体影响力逐渐降低，年级组作为缓解学校行政压力的基层组织并不能有效地完成"学术沟通"和"教学研究交流"的功能。因此，以年级为单位组建具有"教学和研究"性质的组织变得非常重要。

学校备课组形成和发展的另一个重要的原因是，20世纪90年代末学校

① 赵小雅. 教研制度：理直气壮的中国特色 [N]. 中国教育报，2014-03-05.

层级的校本研究越来越成为学校教学改进与质量提升的关键，学校需要以更有效的组织方式进行课堂教学层面和学生学习与个性培训方面的研究，同一年级集体备课日益成为学习基层教研活动的主流。教育部于 1999 年在《关于实施"中小学教师继续教育工程"的意见》中就明确提出"各中小学都要制订本校教师的培训计划，建立教师培训档案，组织多种形式的校本培训"。校本研修的核心要素是"教学反思""同伴互助"以及"专业引领"。基于此，隶属于学校教研组之下的年级备课组应运而生。

备课组是在教研组领导之下，定位为"同伴教研"的非行政性的教学研究组织，备课组的集体备课是开展教学活动的基本保障。根据学科教学的需要，备课组活动可以是同一年级同一学科的备课活动，也可以是同一年级不同学科的集体备课，这样更加符合贴近教学需要，最大限度地为教师的校本研究服务的目的。

备课组从 20 世纪 90 年代末明确功能定位至今，已经成为学校保障教学活动标准、培养青年教师、提升教师教学能力水平、开展校本教研的重要平台。

从教学管理线上看，教研组是备课组的上级组织。从教学研究线上看，教研组与备课组是统整和分类的关系，教研组是学科纵向为主线的教学研究，是"条"的概念；备课组是年级横向为主线的教学研究，是"块"的概念。

3. 学校教科室的发展历程

我国中小学从 20 世纪 90 年代初开始在校内陆续设立"教育科学研究室"（简称"教科室"）。我国共经历八次课程改革，前五次改革学校机构中并没有教科室的设置，课题研究在教学处或其他机构的指导下，以各种教学研究组织的形式展开。[①]

1985 年中共中央颁发的《中共中央关于教育体制改革的决定》和 1986 年全国人大通过的《中华人民共和国义务教育法》拉开了第六次课程改革的序幕。其中前者从根本上改变课程内容陈旧、教学方法死板、实践环节

———————————

① 祝成林，张宝臣 . 中小学教科室发展脉络及启示 [J]. 教学与管理，2013（12）.

不被重视等状况。在这个背景下，中小学组织教师学习教育方针政策，钻研教材教法，定期开展教育研究活动。这一时期，开始有学校设立了教育科学研究室。[①]

1992 年教育部颁布了《九年义务教育全日制小学初级中学课程计划》，开始第七次课程改革，中小学更加重视教育科学研究，全国中小学开始在校内陆续设立"教育科学研究室"。

从组织功能分析，教科室是从教研室衍生并逐渐独立的组织。随着我国课程改革的深入，2001 年 6 月经国务院批准，教育部颁布了《基础教育课程改革纲要（试行）》，标志着我国新一轮基础教育课程改革全面启动。教科室逐渐成为中小学践行"科研兴校""教师即研究者"理念的重要组织。国务院办公厅 2001 年 10 月转发中央编办、教育部、财政部的《关于制定中小学教职工编制标准意见的通知》和 2002 年 7 月下发的《关于进一步加强机构编制管理工作的通知》后，各省均出台了相关政策，要求中小学设立教科室。[②]虽然至今尚未有政策明确规定中小学设置"教育科学研究室"的依据，但教科室已经成为中小学内设机构的标准配置。

从组织定位上看，学校教科室是负责带领学校教师进行教学科研，组织和管理学校"科研课题"相关的组织，是省、市、县、校四级教育科研管理的基层单位，承担省、市、县、校级科研课题的校级管理任务。

教科室是在全校发展高度上进行教学和课程研究的定位，指导教研组和备课组进行研究和教学。主要职责如下：制订学校科研工作计划，完成学校科研工作总结。普及教育科研基础理论知识，提高教师的教育科研素质。指导教师申报区级以上课题立项，指导并协助课题组开展各类研讨活动。督促课题组将有关资料及时上传至上级科研部门市课题管理平台，做好学校课题研究资料的建档、归档工作。制定学校教科研奖励办法，组织全校开展教科研成果的评审、奖励与交流工作，及时完成上级教科研机构交办的有关工作。

① 学校管理学编写组.学校管理学 [M].福州：福建人民出版社，1987：32.

② 祝成林，张宝臣.中小学教科室发展脉络及启示 [J].教学与管理，2013（12）.

（二）学校教研组织运行现状和存在的问题

从教研组、教科室和备课组的定位和发展历史来看，三者在当前学校教学研究中的职能和定位既有各自清晰的职责定位，也存在着功能交叉的问题。教研组是以学科为线索的研究组织，侧重学科知识和课程的组织与整合，教师将知识转化为课程；备课组以课堂教学为线索，侧重课堂中如何实施，教师如何将课程转化为教学。教研室、教科室和备课组是随着教育教学改革和学校发展的需要而设置的，理想的状态是三类教学研究组织在教学、研究及管理实践中逐渐形成互补合作、共促发展的态势。随着课程改革的深化，学校在发展过程中探索教育教研资源整合和教师专业发展途径的路径也越来越丰富，三类教学研究组织在既有的组织框架之下逐渐出现不能适应当前教育科研发展的问题和阻力。让我们先反观当下学校教研组织的运行现状：

1. 教研组织定位不清晰：是学术研究还是行政管理

中小学基层教研组织的功能定位不是非常清楚。教研组织定位研究或者管理都言之有理，但如何兼顾两者功能发挥则需要从教研组织本质出发思考和讨论。

一种观点认为，教研组织，如教研室、备课组和教科室等，定位为学术专业组织，但不少学校教研组织的管理还停留在上传下达层面。教研组没能完成从组织管理到知识管理的转变，学术性不强。[①]"科层式管理模式下的教研组，从上级教育行政部门到学校校长再到学校教科主任、教研组长层层管理，集权、分层、委任、对上负责"，使教研组"研究教学"的基本功能逐渐淡化。自上而下的管理模式使教研组成为"上情下达"、考核审查、完成指标的工具，教师在教研组里受到束缚，无法自由地参与教研活动。[②]

第二种观点认为，教研组织的确需要具备管理职能，通过教研组织的领

---

① 孙焱，孙朝仁. 教研组生存危机及知识管理 [J]. 教育科学研究，2011（12）.

② 李营. 教研组管理扁平化的"三个有利于"[J]. 文教资料，2010（9）.

导和管理，引领教师专业发展。这种专业管理职能的定位是学术管理。而对于这种管理职能的发挥，研究者对其现状并不满意：当前的专业管理权在科层组织中被束缚，没有发挥应有的功能。教研组长作为教务处和教师之间的桥梁，很多教研组长只有事务执行权，没有专业培训人选权和教研活动经费使用权，仅靠自身威信维持工作。[①] 在教研组织中，形成学习研究型学科教研制度文化需要的是赋予研究者更多的学术自主权，而不是对行政命令的执行和服从。[②]

第三种观点是前两种观点的综合：在备课组、教研组和教科室三种不同教研组织之间，管理职能互相交叉的现象也时有发生。在实际运行中，有些学校的教研组一支独大，包揽组织、管理、教研的大部分职责。教研组与学校教学处、教科室的组织管理功能交叉重叠，在行使教研活动的组织管理功能时出现"管理权责边界不清"的尴尬局面。教研组上有教学处，下有备课组，缺乏独立的目标任务和工作要求。[③] 基于这样的组织层级设计，教研组很容易越位和缺位。

教研组织的学术职能和管理职能如何界定、如何分层、如何行使，这既是学校教学研究实践中的现实问题，也是学者争鸣的焦点问题。

2. 不同基层教研组织之间的职责不明

在中小学，教研组、备课组和教科室都主管学校的教学和科研活动，这些活动本质是一致的，但是在实施过程中，由于缺乏必要的功能定位的规划和设计，不同教研组织之间就会出现"越位""缺位"和"标准不一"的现象。

"备课组能否取代教研组？""教研组与备课组之间是怎样的关系？""备课组正在取代教研组？"出现这些声音是因为在实践中出现了如下现象："有些学校每周安排一次备课活动，并安排行政人员定点参与，但对教研组活动却很少

---

① 孙焱，孙朝仁. 教研组生存危机及知识管理 [J]. 教育科学研究，2011 (12).

② 叶本刚. 教研组管理的三个层次 [J]. 教学与管理，2009 (10).

③ 徐惠仁. 教研组和备课组的功能与运行 [J]. 人民教育，2010 (22).

关注，甚至无人问津。"①

对于教研组的活动，有研究者指出"教研组的组织形式也逐渐显得单一、陈旧，越来越多的教师们抱怨其活动效益不高，收获不大"②。

在学校实践中，教研组是同一学科不同年级的教师之间的教研合作，而备课组则侧重于同一年级的学科教师之间的教研活动。很显然，日常的教学研究活动因为缺乏两类组织教研任务的分配和功能界限的厘清，而导致学校中出现"重备课组，轻教研组"或者"重教研组，轻备课组"的现象。事实上，虽然是两类不同的教研组织，但在进行教学研究活动时，参与者是同一人群，都是学校的学科教师。所以，对于学校组织而言，首先要对学校组织中的"教研组"和"备课组"的功能进行界定，然后教师明白不同的组织承担的组织功能的差异，就会在日常工作中有针对性地履行不同组织所赋予的任务。

如果说教研组和备课组是由于各自对教育教学工作的界限不清纠缠在一起而导致的活动冲突，当前教科室的现状则是由于与教育教学实践的疏离而导致了"有位而无为"的尴尬局面。由于学校科研管理的视野所限，很多学校的教科室定位是"收收论文"和"管管课题"，将重要的科研引领和科研实施过程拱手放任，使教科室成为科研功能缺位但在学校有着重要地位的"门面部门"。

3. 教研组织承担基层教研活动，但形式重于内容，效果不佳

学校教研内容泛化，缺少针对性和系统性，活动低效，缺少活力，逐渐丧失对教师的吸引力。教研活动成为教师配合学校的"面子活动"，教研活动的重点在行政管理上引导教师走向统一规范，但在业务管理上引导教师走向个性和创新还远远不够。③

作为教研组的下属机构，备课组在独立行使"演练"和"合作攻关"的

---

① 徐惠仁. 教研组和备课组的功能与运行 [J]. 人民教育，2010（22）.

② 陈骁. 教研组：提升教师实践智慧的重要阵地 [J]. 现代教学，2007（3）.

③ 孙焱，孙朝仁. 教研组生存危机及知识管理 [J]. 教育科学研究，2011（12）.

功能时缺乏必要的组织支持。多数的集体备课活动"走过场"，深度不够。学校每周一次的备课组活动，往往只是对教材和课堂教学中的一些问题简单议议，随便扯扯，缺乏深层次的研究与探讨，许多集体备课活动，对优化教与学的设计并没有发挥理想的作用。备课组的"实战指导"功能在整体策划、活动连续性和实效性上效果不甚理想。①

教科室是学校的科研管理组织，但由于其在学校组织层级中非常特殊，"在某个特定的时间，教育科研是重中之重的工作，科研兴校工作开展得热火朝天；在其他大部分时间，教育教学工作按部就班，教科室就只能'靠边站'"②。教科室的组织定位是学校为"科研兴校"而设置的科研部门，但是由于在人员设置、功能定位和制度设计方面的欠缺导致教科室的工作亦是"形式大于内容"。

4.教研活动在打破界限实施跨学科教研、跨学校教研、跨时空教研操作上具有局限性，资源整合机制亟待突破

同学科教研活动有助于教师的专业成长，但在课程整合的改革背景下，单科性的教研活动对于教师成长的作用逐渐趋于弱化。鉴于此，跨学科的教研活动在影响教师成长这方面发挥着越来越重要的作用。

学校基层备课组、教研组层面的学科融合活动需要指导开展，追溯这个问题，学校针对学科融合和多学科资源整合的教研活动需要有顶层设计，从课题设计、课例研究和小课题设计等方面激发教研组、备课组和教科室等基层教研组织变革教研方式，完成由传统教研向新形势下创新教研的转变。

在信息技术支持的环境下，跨时空教研已经成为借鉴优势资源、整合区域优势的必然之路，目前在利用信息媒体完成资源整合的理念、操作和制度层面还处于保守和等待变革阶段。

---

① 徐惠仁.教研组和备课组的功能与运行 [J].人民教育，2010 (22).
② 刘福泉.中小学教科室的现实处境与发展途径 [J].天津教育，2010 (4).

二、学校教研组织变革的典型案例

案例 4.1　教研组织定位：由研究"教好"到研究"学会"[①]

针对当前教研活动注重"教"而非"研"，效果不能令人满意的现状，北京市一七一中学砥砺前行，探索出"标准导向教研模式"。

"用教材教、编教材教、教案变成学案"首先要解决课标、教学内容与学生三者之间的针对性、有效性。备课活动不仅要解决好教什么、怎么教，而且要解决好学什么、怎么学。不仅如此，还要通过团队备课"集智攻关"，集中团队力量做好一件件实事、要事，克服团队成员的"短板"。

2009年，学校推出"'课改'从'改课'开始"，打造具有一七一特色课堂的要求，提出"五步自主高效课堂"的行动研究命题。在暑期的封闭培训中，教师团队积极探索、研究，夜以继日地讨论、修改和演示，在继承"学案教学"基础上，具有一七一中学特色的课堂教学流程逐步明晰、课堂结构逐步完善、课堂教学方式逐步可行、课堂评价体系逐步形成，就差走进课堂进行实践和验证了。没有任何可以直接照搬照抄的模式，一切还具有失败的可能，五位干部老师勇敢地承担了具有一七一课堂教学改革里程碑意义的"样板课"实践，他们组成了敢于"吃螃蟹"的教师团队。对于这个团队，谁也没给压力，可压力重于泰山；谁都在建议，可建议需要实践来验证；第一次难免会出现意外，但只能成功不能失败。"样板课"的压力和难度可想而知。"样板课"成功了！"样板课"的教师团队成功了！在这个成功团队后方，还有各学科的备课组团队、教研组团队、年级组团队和教育教学管理团队。比如：统一备课基本流程。集体备课都做到定时间、定地点、定内容、定主讲人，并且设定备课三环节：个人初备、集体研磨、个人微调。各备课组在课堂上做到了学案、PPT、教学进度、测试内容的相对统一。"低端

① 陈爱玉，张述林．基于学习型教师团队建设的学校组织变革 [M] // 王铮，李明新等．学校组织变革实践：校长的探索．北京：教育科学出版社，2013；101—102.

统一，高端开放"的原则又使得教师能根据自己班级的特点，在落实基础之上，满足不同层次学生的需求。

[**案例分析**] 北京一七一中学对传统备课组备课进行变革的案例很好地阐释了教研组织的两个功能如何发挥：学术研究功能重在研究"如何学"，教研管理功能重在完成"如何帮助教师完成研究"。

研究功能发挥：一七一中学注重"教"是指教研主要是琢磨怎么"教好"，获得考试的最终胜利，关注结果。教学研究需要关注"研究课程"和"研究方法"，是指教学研究需要关注"过程"和"为什么要教""怎么教学更有利于学习和发展"，注重过程和方法，关键是通过标准研制和标准推广来打造和提升整个教研团队的能力。

教研管理功能发挥：一七一中学教研活动的定位是"如何帮助学生学"决定了从学习者的角度思考问题，循着这一逻辑，集体备课、磨课、说课和示范课也一样没少，关键是为什么这么做：形式是为内容服务的。如果是为了教师教的精彩，那么磨课和说课就关注老师怎么出彩。但是，转换一个视角，教研活动的定位是"研究教师如何帮助学生学好"，那么磨课和说课更多的追问就是"学生需要什么？"这样，关于课的研究就自然而然地引入了。

案例 4.2　学科组、教研组与课程组里的分布式领导

北京十一学校基层教研组织包括学科组、教研组和课程组。学科组是纵向的以学科为线索的教研组织（传统意义上的教研组），教研组是本年级的学科教研组（传统意义上的备课组），而课程组是课程委员会的实施机构（专门负责课程开发的基层教研组织），主要负责课程开发和相关的课程研究。这三类组织彼此之间是联盟关系，他们与年级组也是联盟关系。[1]

过去我们仅仅把学科和年级的六个教研组看成一种上下级的学术关系的

———————————

① 李希贵演讲《危机的学校与繁荣的教育》。

时候，学科很茫然，它管不了那么多事。年级在教研组很迷茫，它没有更多的权力。课程组要开发课程，要诊断这个课程实施当中的问题，但它也没有更多的权力，事事受制于学科主任。[①]

现在北京十一学校不同层级的教研组织之间的权责如下表所示：

表4.1　北京十一学校学科组织责权边界

	课程开发	课堂教学	考试评价
学科主任	规划学科课程方案，设计课程结构	学科课堂改进方向	提出评价命题质量标准，分析诊断结果
年级教研组长	课程实施质量	课堂教学有效性	分析教学质量状况，评价命题质量
课程首席教师	课程开发、完善、评价	是否有效落实课程目标	组织命题
教　师	课程实施	课堂教学创新	对教学质量负责，反思改进教学工作

北京十一学校将理不清的上下级关系，转变成了"联盟"关系，"学科更多要负责整个学科的课程规划、学科教师的力量配置和学科教师的专业成长；年级的教研组更多要关注课程的实施和对教学质量负责；课程组就负责课程本身的设计、开发、实施过程的诊断评价"。经过这样的分析，三个基层教研组织的职责就分得很清楚了。

[案例分析]（1）北京十一学校的教研组织结构实现了创新，学科组、备课组分别对应传统的"教研组""备课组"，但学校里没有所谓的"教科室"，而是以"课程组""课程研究院""教育家书院"等不同形式的组织来完成教科研课题。从某种意义上说，十一学校对于围绕课堂教学的研究还有着基本稳定的组织，即存在于年级和学科之中的"年级学科组"和"班级教研组"，但是对于学校教科研规划而言，已经呈现为在顶层设计规划之下的

---

① 笔者于2015年8月访谈北京十一学校来凤华老师的笔录。

多元化实现。

（2）在任何一所学校，学科研究、课程研究和教学研究是学校校本研究的三类研究方向。无论是本地学校还是国际学校，作好顶层设计的教研规划后，就是基层教研活动的支撑和实现。对于教研而言，行政科层的上下级管理并不适合，教师完成教研活动更需要个体之间的思想交流与智慧碰撞。所以，教研组织之间和组织内部的人与人之间更多的是合作关系，是相互支持的关系。

（3）对学校不同类别的教研进行甄别和定位，不是订立行政级别，而是针对学校教学工作所涉及的范围与规模，根据学校教学的时间和空间具体设计和规划教科研课题的类别和层级。

（4）不同类别的研究所承担的职责在学校基层教研组织的划分要依据学校的整体统筹和学校教师的基础与能力而定。

（5）在学校组织结构框架中，教学研究组织在学校整体架构中的位置和功能发挥体现出学校教学研究的领导方式和教学研究的合作方式。主要有三种模式：

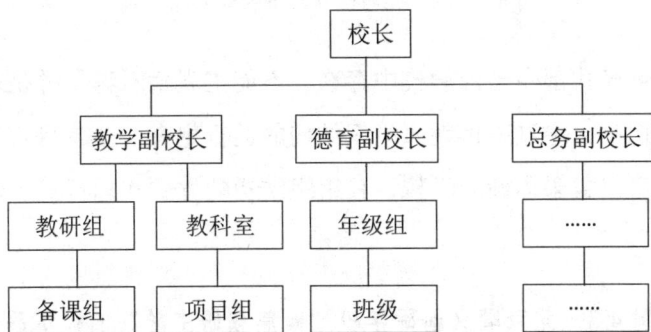

图 4.1　隶属于教学副校长直接领导下的教研组与教科室模式

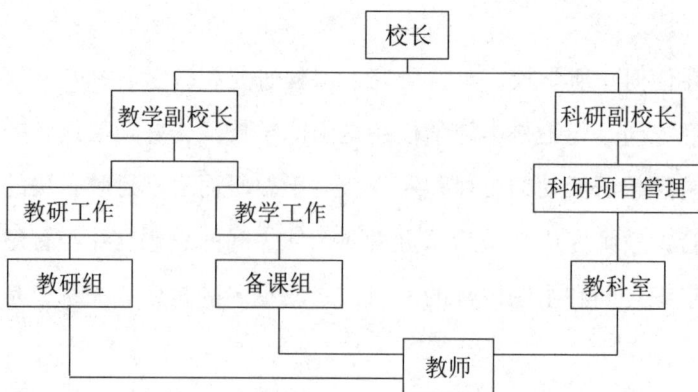

图 4.2 分属两位副校长主管下的教研组和教科室模式

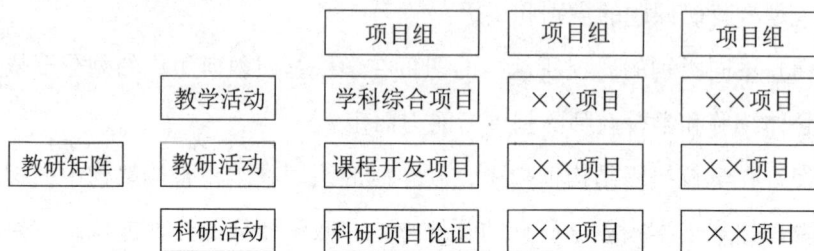

图 4.3 扁平化组织模式下的教研项目组

以上三种模式都在当前学校中存在，不能主观臆断哪一种是最好的教研组织模式，但是，在这三种教研组织结构的运行中有一个趋势：越是学校教研活动和教科研成果丰硕的学校，其组织结构的方式和运行机制越趋向于第三种模式。

案例 4.3 北京顺义国际学校"聚焦教研主题"的校本研修

在北京顺义国际学校，学校专门设立了一个部门 Professional Development Department（简称 PD）为全体教师专业发展提供学习的机会，该部门有专业人士为学校全体教师搜集各类学习信息和内容，组织教师进行校内外各种学习活动。该校的教师学习活动分为两大类，一是校外（outside school），另一个是校内（in school），校外分为国外学习和国内学习。"请进来的教研活动"是指校内的教研学习的形式：一是 PD Day（专业发展学习日），另一种是每周三下午 2:30 到 4:55 的教学研讨。每学年该校有四次 PD Day，每次历时两天，全体学生放假，教师参加集体学习，学习内容是当前学校正在使用的教学理论与方法，教师间的经验交流等，讲课人有外请专家、校长、学科主任，也有普通教师。学校每周三下午 2:30 到 4:55 为教师提供业务学习与讨论机会，通过调研得知，学校 PD 部门教师首先通过学校教学网络系统调研了解教师们的学习需求，然后制订计划和内容并放在系统里供老师们选择学习内容，周三例会有时是学校统一学习教学新理论、新方法，有时是教师代表交流最新学习所得，有时是教研组活动，有学科教研组长带领教研组成员讨论不同阶段的教学内容及教学方式的实施，更有教师沙龙，大家各抒己见、畅所欲言，沟通思想、交换意见。

2014 年，顺义国际学校主要的教研活动围绕的专题如下：Standards of 21 Century Skills（21 世纪课程目标），是学校课程体系的建设和修订的教研活动；Understanding by Design（逆向教学设计模式），是学校所推崇和实施的教学模式；Theory of ESL（英语二语教学理论），是国际学校针对英语为非母语学生所开展的教学辅助教研活动；Project-based Learning（项目学习模式）与 Experimental Learning（体验式学习模式），此两种教研活动是针对主题教学和 IB 课程而开发和实施的教学模式和学习模式。Future Academy（未来学院），这是学校在 2014 年度启动的实验班项目，为了让学校老师都能了解这个实验项目的运行及教学模式而做的教研活动。

[案例分析] 加拿大组织管理研究专家亨利·明茨伯格认为[1]，在组织中，按照功能定位和分工，组织分为五个部分：战略层、中间层、执行层、技术支持层和管理支持层。从组织结构的视角来看，学校教研组织是科层组织中的"技术类组织"，它是提供智力支持和策略支持的力量。与教学处和德育处等职能部门的"管理支持类组织"关系应该是"合作"与"服务"，而非

---

[1] 亨利·明茨伯格. 卓有成效的组织 [M]. 北京：中国人民大学出版社，2007.

指挥与控制。

顺义国际学校的教研活动可以从以下几个方面给我们以启示：

第一，学校教研活动是一个系统思考的工作，战略层的顶层规划、技术支持层的设计与分解、操作层的演练与实践是一个前后连贯、相互支持与呼应的逻辑。

亨利·明茨伯格认为战略层是指学校的决策层；执行层是指学校基本的工作面，以班级为单位的教与学的子系统；而技术层就是指进行技术创新的组织和团队，学校教研团队就是学校里的技术层；支持层是指学校里为教育和教学服务的职能部门；对于学校而言，中间层比较弱，或者说，在学校组织中，以教师为核心群体，学校组织的活动更多地依靠教师在课堂教学的执行层和教育教研的技术层，而作为中间层的中层管理者在扁平化组织变革中逐渐融合到执行层和支持层中。

第二，教研活动的设计要符合教师与学生的现实发展需求，形式为内容服务。

教研活动的顶层设计决定在相当长的时间周期里，每位教师在课堂教学、学生管理、教研活动或者个人专业发展方面的做法和效果。

教研活动的内容与形式的完美结合才能促成教师专业发展的路径和动力。

首先，教研活动的顶层设计要进行学校教学研究的需求分析。以对学生学习、学科发展和当前教学研究课题进展的评估为基础，对全校下一个战略周期的发展目标和发展策略进行分析，获得学校下一个发展周期需要在教学和科研方面的支持。教研活动设计既是学校层面的宏观设计，也需要跟教师的实际发展需求相结合，不是为了硬性规定的执行，而是在恰当的时候给予最合适的支持。

其次，选择合适的方式发起和带领全校老师讨论教研活动和教研课题的框架。一般而言，教研规划设计需要自下而上和自上而下的双管齐下，让每一位老师都能充分发表建议，利用头脑风暴、思维导图、六顶思考帽等思维工具进行充分讨论，获得学校教研活动的地图和路线图。教师教研活动的自主性和能动性一方面表现为能够正确地认识研究对教学的重要性，另一方面，方法论的学习和研究也是教研活动得以有效进行的保障和基础。

再次，学校教研工作的顶层设计既包括教研内容的范围，也包括教研活动的轻重缓急和教研活动所需资源的配给，因此要在进行教研工作规划时有步骤、有层次地分配资源，将资源放到离教师和学生最近的地方去，也就是说将重点关注放到课堂上，这既是教研规划的导向，也是教研活动顶层设计的重要策略。

案例 4.4　学科教研走向融合：基于跨学科的教学与教研

北京市八一学校物理、化学、生物和地理老师一起进行了 STEM 课程的教研培训。以下是培训课程中所研讨的课程实施步骤。

第一个项目主题是"研究蘑菇"。教师不讲什么，学员首先通过观察实物及图片来描述蘑菇，描述视角完全没有限定，写出来、说出来进行分享，再分类整合。而后再进行分析、讨论蘑菇对人体可能的好处等一系列活动，丰富和深化学员对蘑菇的各种认识。再通过实验发现蘑菇的孢子下落到滤纸上的形态，教师从科学的角度讲解菌类的分类、构造、有无毒性等。之后，教师进一步引导学员思考并讲授菌类的成分、应用以及工厂加工方法等问题，从学习科学知识延伸到了解技术、工程等问题。

这一项目让学员感受 STEM 的课程性质：教师根据学生的实际，从学生的兴趣和需要出发设计课程，使学生作为课堂的主体，围绕一个学习主题开展学习活动，激发学生兴趣，充分体现 STEM 课程理念，保护学生的好奇心，本着"失败也是科学探究的一种结果"这样的理念，充分发挥学生在 STEM 课程学习中的主动性、主体性。

第二个项目要求学员分组拼装出一个完整的装置。培训教师给每个组一包材料，但没有说明书，也没有讲解，只要尽可能地将散件组装成具有某项功能的装置。学员会在过程中发现任务具有挑战和障碍，通过分析、对比教师给出的图片，进行对比讨论，解决组装问题。组装好之后就要想办法让成品工作起来。最后每组做出展板展示介绍自己小组完成的项目，并且把评价规则制定出来，对过程和展示进行评级，经历了"提出问题""查找资料""猜想与假设""设计装置""现象与分析""评价与反思"等一系列科学探究过程。教师在过程中基本不讲解，只是深入到小组中提问题，提供工具，不提供解决问题的办法，办法要学员自己分析原因加以尝试。学员体会了从已有学科知识到工程的转化过程，涉及的工程、技术问题，着实让学员们费了一番心思。以化学学科为例，学员经常在学生面前讲授的经典原电池装置不能使用电器工作，从组装过程、材料、原理经历了一系列反思、质疑、检查和修正，但始终不能达到目的，直到连接电解池才使用电器正常工作，经物理、化学学科学员讨论，才逐渐领悟其中的原理，解决方法简单却蕴含着重要的实际生产、生活中的技术问题，也充分体验了学科融合来解释解决问题的好处。

[案例分析] 分科教研是指聚焦一个学科的学习与教学，无论教师还是学生，教的过程和学的过程只关注一门学科知识的学习和应用，这是传统教研的主要方式。实施方式为：一个学科、一个年级的老师在一个备课组里相互研讨，共同完成一个单元的课程备课。一般而言，先由主备人准备详细的教案，然后大家研讨，形成共同的教案，每位老师在此基础上根据自己学生的特点进行微调。在当今学科融合的课程改革背景下，单一学科的备课受到挑战，跨学科教研已经成为每位老师必须胜任的素质。

上述案例是由北京八一学校教师记录的一次 STEM 课程培训的教研活动，通过以上文字，可以看出跨学科教研与单学科教研相比具有以下特点：

（1）跨学科教研要求更多地关注学生学习与生活实践的关系。一门学科的学习局限于学科知识的传授与获得，因而学科是重点。当教学的重点由接受知识转化为实践运用的时候，教研的方式也需要改变。

（2）多学科融合的重点不是学科的融合而是为什么需要融合。当教师为学生准备的学习素材是生活中的问题时，教师必须从解决问题的思路出发，用多种学科融合的逻辑与知识结构解读和解释。

（3）案例中教师进行的是跨学科教研的培训，当教师需要转化教学方式的时候，我们发现：事实上，教师也需要进行学习的革命。教师教研方式的转变意味着教师对学科整合知识框架的掌握、对学科整合教学模式的了解与掌握、对学科整合教授方式的设计与事实的理解与掌握。

案例 4.5　跨学区教研：门户融合与打破界限

在北京市教育资源均衡发展的战略推动下，北京市东城区史家胡同小学充分发挥优质教育资源辐射作用，2014 年在与北京市东城区东四七条小学多年成功深度联盟的基础上，按照北京市东城区学区制改革部署，新增深度联盟校——东城区史家小学分校、西总布小学，新增九年一贯制学校——史家实验学校，新增优质资源带学校——遂安伯小学，在盟、贯、带多校区相互集成的基础上形成史家小学教育集团式管理模式，即：依托品牌名校的带动作用，依据共同的办学理念和章程组建学校发展共同体，在战略规划、日常管理、课程建设、教师发展、设施使用、学段衔接与联合育人等方面实现资源共享、品牌共创、教师交流、跨校选课等，进而实现共同体内优质教育资源品牌的辐射推广与合成再造。

在教学研究方面，史家小学在各校区一体化建设的战略推进下，实现大学区教研的组织形式，在管理模式和实施方式上进行资源整合和合作。史家小学教育集团的"大学区教研"的特点如下：

一是打开各校区原有的教研边界，实现教师专业发展的融合。在联合教研中定方向、定标准、定重点，规定各学科每周开展一次组内教研，每月开展一次学区教研，每月与区教研中心对接开展一次学科活动。同时，规定学区教研要做到有主题、有内容、有记录、有反馈。联合教研融汇了比传统教研更多的研修要素，有效沟通了各校区教师的智力资源，有效促进了各校区教师的共同发展，参与活动的教师们普遍感到"有所获、有所得、有所悟"。

二是打开各校区原有的培训边界，实现教师职业成长的融合。史家集团依托区教师研修中心的专业力量对入选学区"专家名师工作室"和"骨干教师工作室"的教师进行"双导师制"培养；并与国家博物馆签订了三年合作协议，依托"导师制"的人文培训项目为教师提供专业化成长的深度引导和高端引领；与中国教育学会、国子监等专业机构共同兴办史家教师培训学院，全面提升学区教师的专业品质、职业素养和职业幸福感。

三是打开各校区原有的活动边界，实现教师团队建设的融合。史家小学教育集团为各个学区教师设计和推出"史家讲坛"等一系列教师活动，有效地打开了各校区教师的沟通边界，增进了各校区教师的理解互信。

[案例分析] 在教育资源均衡的政策推动下，发挥名校的辐射和带动作用，不仅是挂牌和换校名就能将优质学校的资源和知名度转移到一所新的学校，关键是制度创新和文化的融合。教研制度创新打破既有的制度藩篱和地域界限，实现资源共享，制度优化，观念更新，最终为实现教师研究能力提升服务。史家小学集团的教研融合表现为如下几个层次的融合与创新：

第一，首先实现了本部校区的学科教研的融合创新，史家小学的戏剧课程、读书课程和社会实践课程都具有特色，整合课程资源、社区资源、教师资源和家长资源，完成课程的设计和实施。这是学科融合、优质资源形成的第一阶段。

第二，史家小学作为北京市优质资源校，发挥优质资源的辐射效用，必须从顶层设计完成带动周边学校发展的功能和社会责任。因此，门户融合就从组织结构调整开始，建立史家学区，将周边学校进行结构重组，完成组织形式上的融合；然后，本质的融合是优势提升和文化融合，关键是理念和做法的互补和共促。因此，通过制度设计和实际的教研活动，将学校和学校之间的差距缩小，差异互补。

第三，从门户融合的结构重组到教研融合的差异互补，这个过程不是优质资源学校对需要扶持学校的吞并，不是强势对劣势的压制，而是基于各自发展需求和学习特色的借鉴和互动。

如果仅从融合的角度看教研，我们看到的是能力提升和方法优化，但是当我们从区域教育的发展角度看教育均衡化和教育民主化的推进，融合就是资源的整合和基于各自教研特色的借鉴和合作。

三、学校教研组织变革发展趋势

从上述五个变革案例中，我们可以看出学校教研活动为学校教学服务经历了以"提升教学质量"为本到以"提升师生发展素质"为本的历史转变，这其中的本质性的变化是基于"人"的需求而作出的改革和创新。未来的教研组织改革的趋势依然是以"人"的需求为导向，关注教研组织的定位，关注研究什么和怎么研究。

（一）学校教研组织定位：科层组织中的基层管理组织到专业组织中的"技术支持组织"，需要专业的技术支持

亨利·明茨伯格认为[①]，组织的类别有创业型组织、机械性组织、专业型组织、事业部组织、创新型组织、使命型组织和政治性组织。对于学校而言，其组织类型介于专业型组织和创新型组织之间。其特征为以团队为单位进行合作，但标准化的程度正在由专业型组织向创新型组织转变，由固定的、程式化的标准向多元标准转变，强调每个团队和团队成员的自主性和能力发挥。

案例 4.1 中的一七一中学的教研改革，就是将以往"如何教好"的标准转化为"如何帮助学好"，这种变化的实质就是扬弃人为的套用"标准"而教研，从实践出发，从学习者的角度出发，实施教研。案例 4.3 主要关注学校教研的层次和内容，主要揭示教研活动是系统的和有逻辑连贯的合作。学校学科层面数量最多的、最普遍的教研活动，就是学科教研组教研，包括如下三个层次的学科教研：首先是集体备课，这是关注教师能力提升的教研活动，是最基础的教研活动。其次是标准研究，学校课程改革经过"国家课程规范化实施""国家课程校本化改造"和"校本课程标准化"三个阶段。无论哪个阶段，对于课程标准的探索和制定都是学校教研组织需要重点关注的工作。第三是个性化教研，这是基于教师个性发展的教研。集体备课、听课

---

① 亨利·明茨伯格.卓有成效的组织 [M].北京：中国人民大学出版社，2007.

和评课、试卷研制和试卷分析等都属于学校教研组织的常规活动。个性化教研有两层含义，其一是基于个性化问题的教研，其二是基于每位教师研究倾向性的具有个人特色的教研活动和教研内容。

（二）学校教研组织结构：从科层组织到扁平化

学校教研组织的定位是学术性专业组织，在学校扁平化改革进程中，缩短指挥链，减少行政干预，赋予教师专业自主权是教学组织发挥专业研究功能的组织保障。

学校教研组织除了在学校教研组和备课组所做的常规传统的教研活动之外，项目研究、学术沙龙、专题研究工作室等新型的教研组织的出现体现了去行政化、凸显学术特质的趋势。学校基层教研组织建设基于类别的专业分类建设要比基于行政层级的科层分类建设更适合教师完成学术研究工作和教科研工作。

案例 4.1 分析中所指出的学校教研矩阵（图 4.3）意在表明阐释教研组织扁平化的概念，学校教研活动是在一个相对松散和扁平化的组织架构中完成的。学校的教科研活动包括教学活动、教研活动和科研活动。传统的教研管理是在某个特定的"组""室"的管理下，获得研究主题，推进研究，完成研究，获得资源的方式是自上而下。矩阵式的教研组织则是在"项目组"的边界内完成教研活动。学校教研作为一块重要的"蛋糕"，在教科研顶层设计之中要告知每位老师教研和科研的方向和范围。项目组的成立、实施和评价一定是依据顶层设计的方向和范围方能获得资源支持。

项目组实施分布式管理，每个在某个方面具有更多研究成果或经验的教师都可以作为项目组的首席领导，带领项目成员完成项目，获得支持，完成每位项目组成员的专业发展。这是自上而下与自下而上进行学术和科研管理的组织机制。

案例 4.2 所提出的基层教研组织分层分类已经从科层的理念转为任务驱动的理念，就体现了机构扁平化的思想。年级组、学科组和课程组不是上下级关系，而是合作与互补的关系。

在北京市二十一世纪国际学校，最基层的教科研活动是每位教师发起的课程研究。在学校"全课程"开发研究的背景下，每一位教师都根据自身的学科背景申报子项目课题。全课程是在 IB 课程标准框架下的学校课程的二次开发。为了能够使课程更适合本校学生的需求，每位老师都参与到"全课程"的开发中。"自组织教研"是指一位老师为主要发起人，与三四位老师一起组成研究团队，共同开发一个系列或者一个主题的课程。课程开发项目的评估也是以集体研讨的方式进行，每位老师讲述自己的研究成果，从理念到框架到实施步骤都细致陈述，并随时接受听者的质询。这就是"分布式领导"在基层教科研活动中的体现。

北京市二十一世纪国际学校的教研活动的组织方式非常有年轻人的特点，自信、充满激情。因为这所学校是一所年轻的学校，学校里的教师也都是年轻人，专职教师的平均年龄为 30 岁。在这样的群体中，让每位教师发挥自身的优势，成为项目的主导者，就符合当今时代年轻一代有创新精神和原创动力的特点。结合时代特点，推进分布式教研管理方式适合于具有自主意识和创新理念的年轻一代。北京市二十一世纪国际学校教科研课题研究围绕学校的发展需求，确定"全课程研究"这个全校的课题框架，每位教师在这个框架之下确立自己的研究课题，然后研讨每个课题之间的衔接与对应关系，确保课题之间的逻辑呼应，这是自上而下和自下而上结合的过程。

（三）学校教研时空创新：跨界教研

打破传统学校教研的时空界限是实现多向度教研的重要路径。

案例 4.4 所提到的北京八一学校的教研培训旨在打破学科界限，实施 STEM 课程，需要教师从教研理念和教研方式转变的角度为学生的学习服务。打破学科界限，跨学科教研。当前课程改革所提倡的"综合实践课程""主题教学""项目学习"和"研究性学习"都需要在学科融合的背景下完成教学研究，通过设计多任务活动帮助学生树立认识框架，探索学习方法和发现重要观点。打破学校、地域界限，跨校、跨区教研，实现地理边界的突破。

案例 4.5 所提到的史家学区在发挥名校优质资源、完成建立联系、打破界限整合资源上作出前瞻性的尝试与创新。

打破中小学与大学界限，进行跨界教研也是未来教育研究的一大趋势。如北京市教委正在实施的 UDS（university：大学；district：区域；school：学校）协同创新项目就是打破边界，实施大学、区域和学校的协作与联合。北京教育学院 2016 年所进行的"协同创新整校改进计划"正是在探索一种打破界限的研究与合作，即打破不同组织之间的界限，大学不同学科和领域的研究者与学校教师一起打破学科和领域的界限为学生的学习服务，为学校的组织发展与变革出主意、想办法。单个院校与一个区域的多所学校展开合作，协同创新的平台既建立了院校之间的关联，同时也在跨界合作这个领域里打通了不同区域之间学校与学校之间的合作。UDS 协同创新项目是一种尝试，这是真正实现跨学科教研、跨学校教研、跨领域教研的前瞻性的尝试。信息技术为跨界教研提供了技术支持。在网络空间寻找和建立可以资源共享的网络研究平台，与校内外、国内外的教育同行切磋交流。

（四）学校教研内容创新：从单一任务到多元融合

在当前课改背景下，单学科教研已经不能满足研究者和学习者在探索作为整体的社会发展和作为全人的学生发展的需求。以上的所有案例可以说最终的指向都是帮助教师完成转变：完成从学科知识教授到综合素质提升的教学转变，完成教到学的转变。

单学科视角教研转变为多学科融合视角教研的益处在于在内容上更加丰富，用更多的事实材料揭示和解释教学内容；在方法上，多学科、多任务研究使研究者的视野更开阔，避免单一方法带来的局限性；在呈现方式上，单一学科教学内容很容易割裂教学内容和真实社会的关系，而多学科、多任务研究可以有机地将社会生活及人文世界结合在一起，具有真实性和应用性。

北京顺义国际学校在初中七、八、九年级实施"Future Academy"（未来学院）实验，这个学院中有七位任课老师，他们在原有的中学年级中分别教授人文、科学、语言、数学等学科。在未来学院，他们以"项目"整合课程，打破原有的学科界限，将学生的学习任务与学科结合在一起，所以，目前七位不同学科的老师在一起备课，完成学生学习的项目。2015年夏季学期，七位老师共同研究备课完成一个被称为"identity"的学习项目。

七位老师经过研讨，要求学生从个人和家庭、生活与社会、人类和自然关系的角度完成关于自我的认知作业（identity）。教授社会人文类（social）课程的老师要求学生完成运用文章撰写、音乐或者艺术作品展示自己对自我、社会和各关系的理解；教授科学类（science）课程的老师要求学生通过数学模型和概率知识计算和推导某种特定人群的特征和对某个区域的矿产资源进行规划和开采等等。

单一任务教研向多元融合转变的本质是追回教研的本质，研究真实世界的问题，目的是为了学习者胜任社会中的真实任务。创新之处在于以下几点：

第一，跨学科教研打破学科界限，从问题出发设计学习。不仅是打破现有的学科框架，将学科知识融合，而是基于有挑战性的命题和任务，将学生先从问题和任务入手，摒弃学科知识学习的认知路径依赖，建立新的任务驱动的学习路径。这需要教师教研的着眼点是社会和生活中的真问题，从真问题和问题解决的意图出发，设计学习和教学的计划。

第二，跨学科教学帮助学生树立新的认知价值框架和视野。从"identity"项目来看，帮助学生认识概念并不是这个项目学习的主要教学目的，这个项目学习的教学目的至少有三层，而且是层层递进。第一层次，了解作为"identity"的概念。对于初中一年级的学生而言，他们仅有 12～13 岁，可能对于身份和自我的概念觉得抽象，这个概念的了解需要从"我"展开。所以，老师要求先从"我"身边的人和事说起。第二层次，关于"身份"并不只是"我"那么简单，"我"背后的人文环境、社会环境乃至资源环境都与"我"有关。这样学生就学会了"关系"以及什么样的关系。第三层，也是最关键的一层，"identity"不仅需要思考，还需要以某种可与人叙述的方式展示出来，这就涉及如何将具象思维转化为抽象思维，同时又将抽象思维以某种逻辑的方式展示出来。这三个层次之间的关系是步步深入，当学生以某种自己设计的方式展示出来的时候，他们或者是设计一本书，讲述自己家中的历史，或者是设计一个矿产开发提案，内容是有关当地矿产资源开发以及环境保护意见和实施方案。这是一个训练学生基于可信服的价值观来思考问题和解决问题的教研和学习。

第三，这样的教研方式提升教师的成就感和学生的学习兴趣。学科融合的教研方式对于教师是一种挑战，挑战对社会问题体察和感悟的能力、挑战设计问题和分析问题的能力、挑战引导学生思考的能力、挑战集体协作的能力。这样的课程设计和教研相当于作战部队的实战演习前指导员的"运筹帷幄"，将需要解决的问题和学生已有的学习资源想清楚、将学生的能力和可能遇到的困难想清楚。有了充分的研究就会有好的结果，学生会饶有兴趣地进入到研究的项目中，教师也在整个过程中获得成就感。

跨学科教研倾向于对学生认知、情感、态度等综合素质的全面培养，引导学生学会运用多种观点去分析问题，能主动将所学的知识加以贯通和串连，并应用到实际生活中去，促使学生实现多元发展。因此，跨学科教研的综合性不仅表现为对某一主体学科或边缘学科知识的综合与统整，而是致力于对学生的情感、态度价值观等方面的综合考察与培养，它试图引导学生要用整体的思维去看世界，要全面、正确地认识和处理周围的各种现象与因素之间的联系、制约关系。

教研组织是学校里的组织系统的子系统，学校教研活动是学术型组织活动，这是本文对学校教研组织的定位。进入 21 世纪，学校组织变革的呼声越来越强烈，其价值导向是"关注人"和"发展人"，学校教研组织的变革也不例外。本文通过国内外学校教研组织的案例介绍试图分析由接受各级管理的"科层的基层组织"到实施"分布式领导"的专业组织，我们还需经过哪些转变。

本文认为，首先是对学校教研工作的"研究定位"的认可，即学校教研活动不是在执行行政指令而是基于对学校发展全面规划后的"研究"。其次，是对教研活动内容与方式的重新理解。方式为内容服务，只要教研活动内容是符合发展需要的，方式就可以多元化，不拘形式，实现过程与结果的统一。第三，学校教研组织的创新功能通过每位教师的创新与能力提升实现，学校组织需要从组织结构、组织管理机制和组织文化改进的层面推进学校教研组织变革，让所有的资源都为教师的教与学生的学服务，打破界限，打破藩篱，解放思想，最终实现学生和教师的真正发展。

第五章　逐步成为学校中间力量的年级组

年级组是随着学校规模扩大而出现的以年级为单位的学校基层管理组织。同时，年级组也是学校的教学组织系统的组成部分之一，在学校的日常教育教学中具有重要意义。

广义上的年级组是指由学校中同一年级的师生组成的组织，狭义上的年级组则仅指由学校中同一年级的教师组成的组织。但随着学校的不断变革，家校互动程度的提高，越来越多的学校将家长也纳入年级组这一组织中。因此，在一定程度上可以说，年级组是由学校中同一年级的教师、学生及其家长组成的担负教育教学职责的教学组织。

一、当前我国中小学年级组的基本情况

年级组并非现代学校与生俱来的，其出现不是偶然的，而是历史发展的产物。年级组在产生和发展的过程中，对学校工作的开展起到了一定的积极作用，但同时也出现了一些问题。

（一）年级组的产生

随着学校规模的扩大，班级数量急剧增加，学校班级管理的跨度随之增大，管理复杂性大大提高，管理效率受到影响。而与此同时，教研组形式已经不能适应学校对学生进行全面育人管理的发展需要，阻碍了教育教学任务的完成。年级组正是在此情形下产生，虽然增加了管理层次，但较窄的管理

跨度有利于控制和监督。[①] 可以说，年级组是学校发展到一定规模，为了便于执行学校决策层和管理层的管理决策而形成的执行层的管理组织。

1. 年级组的雏形

20 世纪 80 年代之前，我国中学基本未设"年级组"，更没有年级组制，国家教育主管部门仅对教研组的职能进行了定位和规范。但是我国教育先后对年级组进行了四次尝试，试图以任务型的"学年组织"，来弥补教研组的不足。[②] 这些尝试构成了年级组的雏形。这些由同一个年级共同组织开展活动的年级组的雏形，均出现在"文化大革命"前后、恢复高考初期。

(1)"文化大革命"前，人们已认识到年级组存在的必要性。有的中学虚设了年级组，用来组织同年级班主任开展活动。这实际上就是班主任的联合体。

(2)"文化大革命"中，年级组以整体的教学联队形式出现。它是在"极左思潮"影响下，组织师生进行学工、学农、学军以及开展所谓"革命大批判"等活动的产物，这和我们今天提倡的年级组管理有着本质的区别。但客观上，它也能反映出年级组织具有开展各种活动、对学生进行思想政治教育的作用。

(3) 高考制度恢复后，以追求升学率为目的的临时的教学管理组织——高考辅导小组在毕业班教师的组织下成立。虽然其目的在于追求升学率，但这说明了要提高教学质量，靠某个学科单干不行，必须全体教师协同作战、互相配合的道理。可见，年级组织对于教学质量的提高也具有一定的作用。

(4) 农村经济体制改革后，教育战线的改革者在对年级组否定之否定的基础上，又一次提出建立学年组。它是以学生为中心把教师组织起来的中学基层教育教学组织。它既管年级的教学，又管年级的思想政治教育、文体活动以及年级教师，从而使中学基层教学管理组织的改革同领导决策层的改革保持了同步。

---

① 冯克诚.21 世纪中国中小学新概念管理百科——内部管理模式与教师管理手册 [M]. 呼和浩特：内蒙古大学出版社，2003.

② 同上。

2. 年级组的正式产生

到 20 世纪 90 年代前后，接近通常意义上的年级组开始在高中陆续出现，年级组获得了在我国学校中的合法地位。不过，年级组最初是被视为中学的德育管理组织而正式提出的。

1988 年 8 月，原国家教委颁布的《中学德育大纲（试行稿）》规定："年级组是实施德育大纲的重要环节。年级组应定期组织年级组教师分析研究本年级学生的思想品德状况，制订有针对性的教育措施，沟通信息，协调各方面的关系，组织本年级教师共同贯彻德育大纲的要求。"1995 年 2 月，原国家教委正式颁发的《中学德育大纲》进一步规定："学校要加强对年级组和班主任工作的指导和管理。年级组应定期组织年级教师分析研究本年级学生的政治思想品德状况；制订实施本大纲的分年级要求；沟通信息，交流经验，开展年级性的教育活动，组织本年级教师共同完成本大纲的任务。"从此，就正式确立了年级组作为学校基层德育管理组织的合法地位。

3. 年级组的发展

进入到 20 世纪 90 年代末期，随着高中入学人数高峰的到来以及学校布局调整，高中的办学规模不断扩大。学校规模的扩大，必然会导致学校的教学、管理产生变化。正是在这样的情况下，部分高中开始将年级组的设立提上日程。

最为传统的学校内部组织是在学校决策层下，分设教学处、总务处等功能型组织。虽然分工精细，但将整体任务分割，整体效能受限。随着学校规模的扩大，这种缺陷愈加凸显。学生人数的增多和行政班数量的大幅度增加，使得由学校统一管理班级、学生的难度提升。在此种情况下，如果沿用原来的管理方式，学校正常的教学工作和行政工作均会受到不同程度的影响。因而，有必要在学校内部重新调整各部门工作。

在学校中，不同年级的教学任务和管理工作实际上具有很大的差异，即学校教学、管理工作的年级特征非常明显。如果以年级为单位进行管理则会带来很多便利。在这样的背景下，年级组的产生就成了必然。为了提高整体管理效率，年级组作为一种任务型组织在学校内部应运而生。可见，办学规模的扩大促成了年级组的产生。此时的年级组重在提高管理效率，偏重管理职能。

与此同时，教育思想的进步也催化了年级组的产生。素质教育不断推进，很多学校开始把育人摆在学校工作的首要位置，不断探索、变革学校管理。在这样的形势下，学生的课外活动、社会实践、个性化课程、综合课程、家校合作等等越来越丰富，将教师按照年级组织起来协同开展教育教学活动，才能够更好地协调开展这些教育活动。

随着学校布局的进一步调整，规模办学的进一步发展，以及年级组管理的优势不断体现，年级组管理的模式也渐渐为初中和小学所用。越来越多的中小学都开始设立年级组。

（二）年级组的功能

年级组从产生至今，已约有 20 年之久。很多教育工作者早已对年级组的功能进行过论述，而且随着教育改革的进行，年级组的职能也在发生相应的演变。但无论如何，其基本功能却不应改变。我们可以从年级组的产生来探寻其基本功能。

从我国年级组的产生来看，学校对年级组的需要基本上出自这五点：联合同一年级的班主任；各学科合作提高教学质量；对学生进行德育；管理的便利；育人的要求。而官方文件则将年级组作为学校的德育管理组织而提出。因此，年级组的设立实际上是为满足管理之便利、教学之效率、教育之效果所提出的要求。因而，管理功能、教学功能和教育功能就成为了年级组必须具备的三大基本功能。

管理功能，是指年级组具有管理所在年级的班级、教师、学生的职能。教学功能意味着年级组承担着组织、实施和评估（不含研究）年级各学科教学的职责。教育功能则意味着年级组对所在年级的学生人格培养负有不可脱卸的责任，在不同时期、不同学校，年级组的这三大功能所占的比重并不相同。

在年级组正式产生初期，年级组被视为德育管理组织，但在实际工作中，重管理而轻德育，更与教学功能无关。因而最初的年级组功能集中在管理功能上，而且发展至今，管理功能仍然是年级组三大功能中最为凸显的功能。随着年级组的不断发展，教学功能也渐渐为各学校所重视，尤其是在毕业年级。而随着教育理念的提升、素质教育的推广、教育改革的推进，年级组的教育功能、德育功能又被凸显出来，而且日益加深。

（三）年级组在学校组织结构中的地位

通常来讲，年级组是学校的基层组织。但同时，年级组作为管理与联系学校中数量最多的行政组织——班级的机构，又是重要的中介组织。

当前我国很多学校实行了年级组的管理模式，但是由于不同学校的做法不同，实施的水平不同，发挥的作用不同，在学校组织结构中的责任与地位也有着鲜明的差异。传统的年级组在学校组织结构中有两种情形：管理执行层与德育执行层。

1. 管理执行层

在一些学校中，年级组只负责年级教师的集体学习，上级会议精神传达等。在此种制度中，年级组实际上不从属于任何部门，但需要服从与执行所有中层管理机构的要求。只不过，年级组不负责具体的教育、教学工作。基层教学工作由教研组来管理，教育工作则由学生处或教学处来组织班主任实施。因此，年级组的设立较为简单，只设年级组长，通常为该年级的某一班主任兼任。目前在一些规模较小、人数较少，不需要太多管理工作的学校多半实行这种管理模式，并且以小学居多。

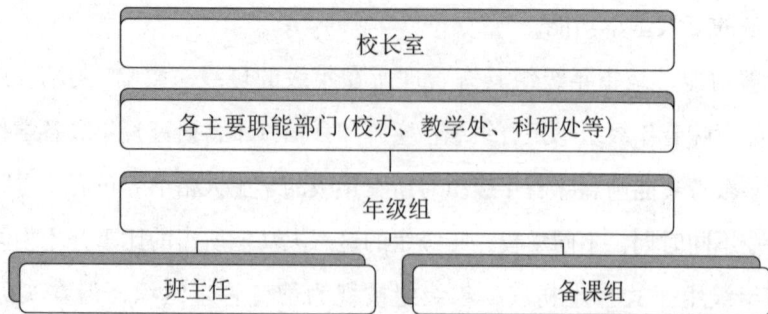

图 5.1　年级组作为管理执行层的学校组织结构图

2. 德育执行层

还有很多学校，年级组会负责一定程度的德育工作，隶属于学生处或政教处。此时，年级组承担了一部分德育职能。教师的办公室也大多以年级组为单位来设置，方便教师之间的沟通。与之相对应的是，教研组隶属于教学处，如此年级组并不具备教学职能，它在教学方面可以发挥的作用亦无法发挥出来。规模大、学生管理负担重的学校，较多实行了这样的年级组管理。

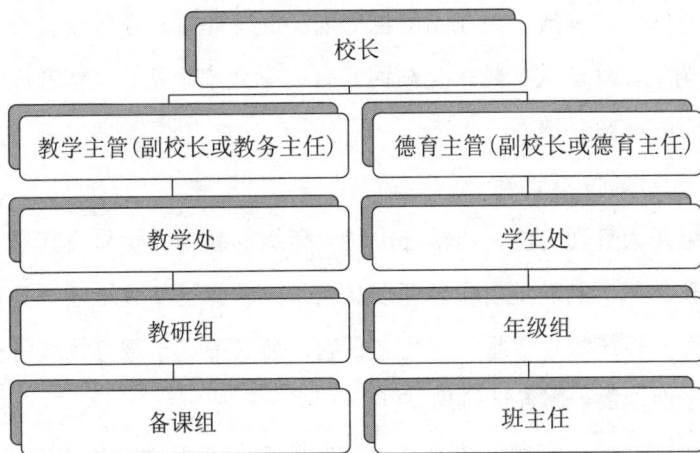

图 5.2　年级组作为德育执行层的学校组织结构图

（四）年级组内部组织架构

传统的年级组内部组织架构简单，往往只设年级组长（有的还有副组长）。而年级组长的职责则与年级组的构成有关。较为常见的年级组大抵可分为以下两种类型：

一是由同年级的班主任构成，或者以同年级的班主任为主，同时吸收该年级任课教师参加组织活动。在此种情况下，通常会从班主任中选一人为年级组长。年级组长的职责范围是，协调本年级的教学安排，传达学校精神，负责本年级的纪律、卫生等常规工作，以及筹划本年级的集体活动等。

二是由同年级全体教师组成，年级组长大多有班主任工作经验。这种类型的年级组中，年级组长相比前一种担负了更多的职责。除前述种种职责，年级组长还需要组织本年级的教师研究班主任工作、分析学生的思想情况、讨论学生的思想教育问题等。也有不少学校，将全年级的学生也纳入年级组中。此时年级组承担的开展全年级共同举办的活动的职责范围就会扩大。

（五）当前我国中小学年级组存在的主要问题

年级组在一些规模较大的学校设立得较为普遍，到现在已成为一种比较成熟而实用的管理模式。但在当前也出现了一些弊端，在行政管理取向和任务驱动影响下，管理效率越来越高而教育教学效率堪忧。[①] 作者认为主要有以下几方面的问题。

1. 年级组定位不明确

年级组是为管理之便，由学校中同一年级的教师、学生及其家长组成的担负教育教学职责的教学组织。管理、教学、教育是年级组应该具备的基本功能。然而，传统的年级组从产生之日起，名义上属于德育管理机构，在操作中则更多地侧重于事务性管理。

学校如何定位年级组，势必会直接影响到年级组在开展工作中的取向。在实际工作中，大多数学校仍然实行校长领导下的"三处一室"的组织管理机构。年级组与三处一室之间的关系就决定了年级组工作的重心。然而，这种关系往往在组织结构设置与工作规划安排中存在一定的差异。而在这样的组织管理机构中，年级组处于中层偏下的位置，它与中层机构之间在机构设置上的关系和工作安排上的关系不一致，很容易造成年级组在学校中的地位模糊，职能不清晰。

将年级组置于政教处（或德育处）之下，将会忽视年级组的教学职能，德育职能也会因政教处直接面向各班级和学生开展德育工作而淡化。而同时受几个部门管理的年级组，则会出现疲惫应付的问题，往往会顾此失彼、无所适从，造成工作混乱。而当前有些学校把年级组作为与教学处、德育处等

---

① 周彬. 年级组：要管理效率还是教学效率 [J]. 教育科学研究，2005（10）：16—18.

处室平行的组织，容易出现工作重复的问题或工作盲区。

2. 对年级组的授权不足

有些学校没有专门的年级组制度，对于年级组的权利没有明确的界定。还有一些学校，年级组只是一个形式上的组织，没有实际的人权、财权、奖惩权。

可以这样说，传统意义上的年级组并没有实权，因此，容易造成执行力不足。对于大多数普通学校而言，年级组作为连接一线教师与中层部门的中间组织，主要承担上传下达的任务。[①] 因为承担的责任主要是上传下达，所以年级组只能作为执行层来执行上级布置的任务，而在自身运行以及关乎教师切身利益的事务上没有多少权力。也正是因为年级组没有什么权力，其他部门都可以干涉年级组的事务，哪怕他们与年级组平级。

3. 年级组负责人定位低

既然对年级组的授权不足，年级组主要承担上传下达的任务，那么年级组长也不例外。传统的年级组长不过是偶尔转达下上级的要求、通知，临时调整个别教师的课程安排，最多再组织下示范课、学生活动之类，没有其他权力。而对于关乎教师切身利益的评优、职称评定等，起不到多少作用。传统的年级组制对年级的负责人——年级组长的定位太低，因而出现了负责人无责任可负、内驱力不足的现象。

在传统的年级组中，大部分年级组长只是被动地接受任务，应付完成上级安排的任务，很少会主动规划本年级组的未来发展。虽然年级组长在学校的待遇较普通教师高一些，但仍然是过多地负担一些行政上的工作，没有真正参与到实际教学工作中，反而成了学校领导或者各级部门之间的办事员。

此种情形也导致了年级组长的内驱力不强。在行政上，年级组长的发展前景处于较为被动的地位，由于实际权责较低，缺少前进的动力，年级组长工作的主动性和潜力较难得到发挥。在教学上，由于责任没有明晰，年级组长一般会把精力放在自己学科的教学管理上，认真地做好自己本学科的教学，

---

① 李政涛.转型性变革中的"学校中间组织"[J].中小学管理，2005（7）：4.

对其他学科相对忽视。如此，也就缺乏了对整个年级组的管理的积极性。

在很多学校，年级组长是个费力不讨好的角色，实际作用也不大，常常会出现无人愿意担任年级组负责人的场面。而对那些年级组制正在变革中的学校而言，年级组长则处于另一种无人愿意担任的情形：当年级组开始承担教学、德育与管理多种职能时，虽然年级组长相当于中层干部，但实际上要接受德育处、教学处的双重指导，并且承担了比其他中层干部更多、更繁琐、更复杂的事务。2007年，正在变革年级组制的北京某中学的年级组长的日常工作有："制定年级计划，组织家长会，召开学生会，年级月考、期中、期末考试事宜，做好'三结合'工作、沟通家长与学校关系，文件、资料学习，参加行政会议，参加主管部门会议，到各办公室了解情况，与教师谈话，与学生谈话，担任一定教学课任务，备课、上课、批改作业、听课、评课、参加教研活动，各种奖励制度制定与执行，偶发事件的处理，个别生管理，对学生卫生、仪表、守纪养成教育，协助德育、教学做好各方面的工作，协助资料室、实验室的工作安排等等。"[1] 看似这种变革中的年级组提升了年级组负责人的地位，但实际上视其为各项具体工作的执行者，相对于赋予年级组长的职责而言，这种定位并不高。定位较低，而工作繁重，使得年级组负责人工作压力很大。

4. 将年级组封闭起来

传统的年级组还在一定程度上造成了学校的封闭。学校在各种事务的安排上将各个年级划分为相对独立的部分，教育教学活动的安排也大多以年级组为单位，这就割裂了不同年级之间的联系。另一方面，由于年级组没有实权，无法自主决定与校外的合作，因而在活动的安排上难免会忽略学校外界的教育元素。而学校对校外教育资源的引进通常都是在学校整体活动的安排中进行，缺乏对各个年级的针对性。这就使得年级组制在提升学校管理效率的同时，限制了学校教育教学职能的发挥。

---

① 张丛伟.普通高中年级组发展策略的研究 [D]. 首都师范大学，2007.

二、我国中小学年级组变革的典型案例

针对传统年级组制度带来的种种问题，各学校陆续开展变革，以提升教育教学质量。当前年级组变革的最主要的措施是赋权与提升地位。但由于学校规模各异，各学校在变革上有所不同。与此同时，一些学校跳出年级组制的视野，开始打破年级的界限，以一种超越年级组的变革来弥补当前的年级组制存在的问题。

案例 5.1　首师大附中永定分校的"年级主任制"①

首都师范大学附属中学永定分校实行校长领导下的年级主任负责制。年级主任由校长直接聘任，两名副校长直接兼任年级主任。学校明确规定，年级主任是年级教育教学、教师聘任与管理、学生安全的第一责任人，可自行组建团队，聘任教师，在年级主任聘任教师的过程中校长无权干涉。年级主任还具有很大的财政自主权，可决定本年级预算内的经费使用。

在组织变革中，首师大附中永定分校的组织结构朝着扁平化的方向发展，去除管理的中间层，年级组由校长直接领导。原来的教学处、学生发展处、特色处和总务处已经不是传统意义上对年级具有领导的行政机构，而是要对年级进行服务，保障年级教育教学工作更好地开展。年级主任进入到校务委员会中，享受副校级待遇，通过校务会对学校的重大事项具有参与权和决策权。

因为这样的组织结构，年级组的地位大大提升，它不再处于权力金字塔的底层，直接接受校长的领导，是各处室服务的对象，成为学校工作的核心和重点，这就突出了教学的核心主体地位。年级组具有了充分的自主权，同时也承担了更多的责任，年级组最大限度地发挥主观能动性，倾尽全力培养学生，突出学生的主体地位。

---

① 本案例由首师大附中永定分校校长徐骏提供。

[案例分析] 几年前，首师大附中永定分校把年级组负责人从金字塔底层的年级组长提拔为年级主任，成为中层干部。在现有的学校制度中，年级主任的地位再次提升，直接对校长负责。首师大附中永定分校的年级主任制形成过程，实际上代表了一种渐进式的年级组变革方式：从最初的从属式年级组变革为平行式年级组，再进一步改革成为主管年级德育、教学、管理工作的副校级组织机构。不少学校采取了类似的变革，将年级组长的地位提升到中层或中层以上。这种在原有的年级组制基础上，一步步进行年级组变革，为年级组赋权，提升年级组地位的做法是大多数中小型学校可以借鉴的。

当前还有很多学校将年级组置于与教学处和政教处平行的位置，全面承担年级的教育教学管理工作。虽然同为中层机构，但年级组仍要接受教学处、政教处的指导，安排年级的工作。教学处、政教处负责与上级联系，而年级组则负责向下执行工作。相对而言，这种年级组制度分工不是很清晰，它实际上是正在变革中的年级组形态。

案例 5.2　清华大学附属小学的"学段负责制"①

清华大学附属小学针对传统的学校管理部门划分过细（德育处、大队部、教务处、教科室、总务处、人事处、校办……每个部门都有自己的职责），进行了部门整合，校级机构合并精简之后，各个年级及学科组也开始进行结构化变革。学校将原有的六个年级整合为"低""中""高"三个学段，各学段自主安排作息时间、课时、人员、教学内容、教学组织形式，形成独立的小整体。学段负责人"段长"如同"小校长"，全权负责所辖学段的教育教学及科研质量，"1+X 课程研究中心"和"教育教学研究中心"为他们提供指导与督导。学校和各中心负责人商定年段"段长"，年段主管聘任年段班主任、副班主任及学科教师。同时，教师也自主选择适宜的年段和岗位，而在双聘中自己的选择与学段的选择不能达成共识时，则需要在学段、学科、教学岗与后勤岗，甚至学校内外进行流动。

---

① 清华大学附属小学．"1+X 课程"介绍 [EB/OL].http：//www.qhfx.edu.cn/html/course，2015-11-01.

学段负责制使学校的各项工作不再是自上而下的指挥，而是自上而下与自下而上相结合，即"规定+自选"，有利于充分发挥每一个人的潜能。

[**案例分析**] 很多小学都采取了形式上类似的学段制，但具体的职能和地位差异非常大。清华附小各学段实际上都是一个个独立的整体，自主安排作息时间、课时、人员、教学内容、教学组织形式等等，是一个个兼具教育、教学、管理职能的组织，也与年级组的变革趋势一致。正因为如此，这种学段制可以视为一种跨年级的年级组制。清华附小的学段制比较适合非特大型的小学运用，一方面因为学校规模不是特别大，没有必要分成六个年级组，加大管理幅度；另一方面，小学阶段相邻的两个阶段之间，在学生特点和学校工作重点上没有特别大的差异，分为三个学段在一定程度上更有利于学生的发展和学校工作的开展。

案例5.3 北京十一学校的"学部制"[①]

北京十一学校采用扁平化的组织结构，由副校级干部直接兼学部（年级）主任或中层部门负责人。学部（年级）作为学校的事业部门，集教育、教学、科研、人事、财务管理于一身，其他中层部门作为职能部门，按照学校工作的总体规划与学部（年级）协商、合作开展工作，不作为一级管理部门，对学部（年级）工作不享有指挥权。各学部（年级）、各部门设计各自的内部组织结构，也应当按照扁平化的要求安排，以避免过多的管理层次。

学校构建学部（年级）与学科共同对教育教学质量负责的机制。学部（年级）全面负责本学部（年级）的教育教学工作，学部（年级）设立学科教研组，接受学科和学部（年级）的双重领导；学校设立课程首席教师，具体负责课程的开发和实施，接受学科和课程研究院的领导，并定期与学部（年级）保持沟通。

北京十一学校实行教职工与学部（年级）双向选择的聘任机制，以实现

---

① 北京市十一学校章程[J]. 中小学管理，2015（1）：43—45.

人力资源的优化组合，尽可能让教职工找到适合自己的岗位。校长通过校务会确定各学部（年级）的编制，确定各学部（年级）相应的薪酬总量，确定双向选择的相关规定；学部（年级）与全体教职工实施双向选择，校长和其他没有相应聘任权的干部，不得干预聘任过程和聘任结果。

财务工作实行全面预算管理制度。每年度提前由学校和各部门根据部门新年度计划编制年度财务预算，经校务委员会审议、校长批准后实施。学部（年级）负责人为预算执行的第一责任人，财务总监负责预算内支出的审核工作，对是否符合财经纪律、是否符合预算要求予以把关。

[案例分析] 北京十一学校的级部制，是学校扁平化管理的典范。副校级干部兼任学部负责人或中层部门负责人，虽然是交叉式的结构，但在实际工作中减少了层级，实行扁平化管理。北京十一学校的学部集教育、教学、科研、人事、财务管理于一身，是主导式的年级组，其他中层部门作为职能部门为学部提供服务。当前，不少大规模学校开始逐步尝试与北京十一学校相似的学部制，赋予年级组更多的权力，使年级组全面承担起学校的教育教学管理工作。年级组在这些学校中扮演的角色越来越重要，担负的责任也越来越多，大有向"校中校"发展的趋势。

案例 5.4　华中师大一附中的"级部制管理"[1]

伴随着学校规模的扩大和教育教学管理精细化的要求，华中师大一附中在 2009 年 6 月对学校内部管理体制进行"微调"性的改革，改革原有的"年级组负责制"，实施"级部制"管理模式，即将每个年级一分为三，组成三个相对独立的级部，年级部直接向校长负责。这样三个年级共 9 个级部，各个级部之间既有横向关系，又有纵向关系。每部设主任一名，副主任一名，人选从 2012 年开始通过级部主任述职，教师民主测评与学校管理干部测评来产生。

---

① 赵丽，宋涛，王丽. 级部制管理：高效的学校管理模式 [J]. 课程教育研究，2014，(28)：1—2.

[**案例分析**] 此种"级部制"不同于其他学校的学部制的地方在于，它实际上是年级内部再分部，而非将年级作为年级部。"级部制"是对原有的"年级组负责制"的进一步完善和发展，除具备"年级组负责制"的优势外，还有其独特的特点，即同一年级平行的两个级部具有更强的可比性，更易形成良性且有效的竞争机制；将每个年级化整为零进行管理，消除了由于规模轨制的扩大而造成的管理幅度增大容易失控的隐患，有利于教育教学管理的精致化。

随着社会上对优质教育资源的不断追求，目前"巨型学校"已经成为普遍现象。巨型学校是相对于小型学校和中型学校而言的"超级航母"式学校。此时，传统的管理方式已经不再完全适应学校的管理和发展需求，于是这种年级内部再进一步划分为几个级部的新管理制度应运而生。年级内部再分部，是当前学校为应对规模办学带来的挑战所采取的主要措施。

案例 5.5 北大附中的"书院制"①

为培养锻炼学生关注并解决身边公共事务的热忱与能力，北京大学附属中学用跨年级学生社区实体——书院进行学生组织管理。在北大附中，书院是公共生活群体、传统赛事主体，也是文化传承载体。学校现设立格物书院、致知书院、诚意书院、正心书院、明德书院（原元培书院）、至善书院（原博雅书院）和新民书院（原道尔顿书院）。书院的划分借鉴了欧美 house 制和中国古代书院制度。作为学生行政组织，书院的意义在于"学生自治"，表现为：各书院自行制定章程，依据章程确定管理形式，民主产生管理机构。书院内各项事务均由学生自主管理，以此培养学生主动参与、沟通协商、承担责任、民主监督、自我管理等公民意识和能力。学校安排每周固定的时间和固定的地点进行书院议事会。

每个书院都拥有校方提供给各书院的公共活动空间——书院活动室，由各书院自行设计装修、管理维护。活动室同时作为书院文化传承的空间，书

①北大附中学校介绍 [EB/OL].http：//www.pkuschool.edu.cn/handbook/xuexiao_jieshao.html，2015-11-01.

院历史在活动室通过照片墙、荣誉墙等加以体现。书院活动室的设置既锻炼了学生对公共空间的管理能力，也提供了营造各书院多元文化的渠道。书院开展各具特色的书院活动，形成多样的书院文化。书院色作为书院文化要素之一，格物书院、致知书院、诚意书院、正心书院、明德书院、至善书院、新民书院依次分别为橙黄绿青蓝紫灰。红色作为北大基准色，不分至各书院。

[**案例分析**] 北大附中的"书院制"，打破了以往的年级管理的障碍，根据学生的兴趣和需要建立不同的书院，进行跨年级的学生自治。这种书院制以一种新的学生行政组织打破了传统的年级组制，学生在书院指导教师的指导下进行自我管理。而课程的管理则由学院与中心来负责，学科课程的管理实体为行知学院、元培书院、博雅学院和道尔顿学院，活动类课程的管理实体为视觉与表演艺术中心、运动与健康教育中心、信息与通用技术中心。这种变革并非完全否定了年级组制，而是对年级组制的超越与发展。诚然，并非所有学校都可以效仿这样的形式，但北大附中的探索与实践确实给其他学校的变革以一定的启发与参考。

案例 5.6 北京一零一中学的年级管理和书院管理相结合 ①

北京一零一中学实行横向行政班的年级管理和纵向教学班的书院管理相结合的经纬式教学管理模式。

"经纬式"就是继承学校传统管理模式中的以年级、班级为核心的横向管理模式，同时建立纵向跨年级的学术一体化管理模式。学校借鉴"书院式"教学模式，打破年级界限，成立"学森书院""圆明书院"和"国际书院"，以研究项目为中心，导师指导、学生自修和共同讲习相结合，开展跨年级研究。年级负责基础学习和德育，书院负责学业指引和个性发展，使横向的年级管理和纵向的书院管理相配合。

---

① 郭涵.北京一〇一中学特色发展的思考与实践 [M]// 陈丽.建构个性，追求品质：首都高中校长的特色建设之旅.重庆：重庆大学出版社，2013：3—21.

书院实行双导师制，自主管理与导师引领结合。书院以自主学习、合作研讨为主，提倡自主管理，注重个性发展。每个书院都按学科领域聘请大学教授和本校名师各一人为首席导师，另聘一或两名教师、学生助教组成导师团队。书院打通高中三个年级的年级界限，进行纵向自主式学业管理，高一年级上学期进行通识课程培训，到高一下学期再根据研究兴趣，确定研究方向，在书院中确定自己的研究领域和导师。

[**案例分析**] 北京一零一中学采用了纵向书院管理与横向年级管理相结合的方式，把两种方式的优势结合起来，更好地促进学生的发展。两种管理方式各有侧重，分别负责不同方面的内容，更有助于学生发展。

案例 5.7　北京中关村第三小学万柳新校区的班组群 ①

北京市海淀区中关村第三小学利用开放教室，把不同年级的班组成班组群，让大孩子带小孩子。

中关村三小万柳新校区打破了传统的教室设计——设在走廊两侧的封闭教室。除了占一半数量的传统教室，设计师们把教室一侧的公共区域变成开放教室。开放教室有三个教室大小，中间通过活动隔断进行隔开。教室可以根据老师的课程需要进行"变形"。全部打开可供三个班学生共同使用，学生可以在这个区域内学习、交往和游戏，也可使用隔断进行小范围教学。有了可变形的开放教室，学校在班级编排上打破传统，把三个不同的班组成一个班组群，共同使用一个开放教室及学习空间、卫生间、楼梯等，有一种家庭学习的氛围。

[**案例分析**] 班组群会将不同年级的孩子组合在一起，平时在传统班中上课，学习之余，在公共空间中，大孩子可以带着小孩子共同学习，学生们在校园中能够结识更多的朋友，锻炼自己的社交能力，不再像过去一样只与

---

① 张灵，郭莹. 新式校园超乎想象 [EB/OL].http：//epaper.jinghua.cn/html/2015-03/03/content_174302.htm，2015-03-03/2015-11-01.

同年级的同伴交往。

书院制、班组群等跨年级组织的出现是对年级组制的有益补充。年级组管理将一个学段划分为不同的年级分开管理，在一定程度上割裂了教育的连续性，不利于不同年级的教师和学生之间的沟通。正是为了弥补年级组制的不足，上述案例中的学校开始跳出原有视野，打破年级界限，成立跨年级组织。跨年级组织虽然与传统意义上的年级组制相差较远，但也可视为对年级组制的进一步变革与超越。

有必要指出的是，学段制虽然也是跨年级的，但就本质而言，它只是中小型学校采用的年级组制的变形，而非为修复年级之间的联系而建立的跨年级组织。

三、中小学年级组变革趋势

随着年级组织的发展，规模略大的高中、初中、小学都纷纷采取各种各样的年级组制，而且越来越多的学校开始对年级组织进行变革。对于规模较大的学校而言，年级组已不再只是最初的为了管理便利而建立的基层事务性组织，变革中的年级组已经渐渐成为学校的中间力量。无论是出于对学校管理效率的追求，还是年级组对教育本质功能的回归，成为学校的中间力量都是年级组变革的主要趋势。这种趋势可以从以下四个方面来理解。

（一）权力与地位不断提升

年级组逐渐成为学校的中间力量的第一个表现是，权力与地位的提升。其实，有一定的权力和地位，也是年级组能够成为学校中间力量的一个前提。当前，各学校开始尝试赋予年级组更多的权力，使年级组全面承担起学校的教育教学管理工作。正如北京十一学校、首师大附中永定分校案例中提及的，一些学校逐渐把奖惩权、人事权、财权等按不同程度赋予年级组。

令年级组拥有对组内教师的奖惩权，可以在一定程度上减少评价与奖惩脱节的可能性，同时也调动了教师对年级组活动参与的积极性。赋予年级组一定的人事权，对教师聘任的程序和制度进行调整，校长聘任年级组长，年级组长聘任班主任，班主任聘任任课教师，没有相应聘任权的干部不得干涉聘任过程和聘任结果，甚至可以在条件具备时采用双向聘任，这样有利于优化人力资源。将财权下放到年级组，让年级组拥有一定额度的财务自主权，年级负责人是财务预算执行的第一责任人，如此更便于年级组工作的开展，以充分地整合和利用各种资源。

随着年级组权力的增加，年级负责人的地位与责任也将逐步提高。首师大附中永定分校的案例充分体现了年级组是怎样一步步被赋予更多的权力的。在新型年级组中，年级负责人是领导年级教育教学活动、关注本年级学生发展质量的第一责任人。其在校长室的领导下，整合校内外资源，统领各学科教师，共同对本年级学生的质量负责。越来越多的学校的年级负责人地位大幅度提升，相当于中层以上干部，参加学校行政会议和校务会议，甚至有学校开始让副校级干部担任年级组负责人，如北京十一学校、首师大附中永定分校。

不考虑学校特定的文化背景与管理理念，年级组权力与地位提升的程度一般与学校规模有关。无论年级组如何变革，其初衷都是提高管理效率，使学校上层的每一项举措更贴近学生与教师，短周期、快反应地执行各项决定与安排，集中精力更好地进行教育教学。因而，在规模较大的学校，年级组需要更多的权力、更高的地位，以便减少学校的管理跨度，提高管理效率，甚至往"校中校"的方向发展；而在规模较小的学校，因管理跨度本就不大，没有必要赋予年级组过多的权力，相反如果一味地不断赋权，很可能会使管理更为复杂、低效。

因此，随着改革的不断推进，各学校将会根据自己学校的规模及特定环境，赋予年级组不同程度的人、财、物、教学等方面的权力与地位。一般而言，学校规模越大，权力越多，地位越高；学校规模越小，授权越少，地位越低。如果学校极小，平均每年级不超过两个班，年级组甚至没有存在的必要。

（二）成为学校的中间层

在具有一定规模的学校中，随着年级组权力与地位的不断提升，年级组将逐步成为学校的中层机构。年级组成为学校的中间层是年级组逐渐成为学校的中间力量的第二个表现。一部分学校提升年级组的地位，使年级组的负责人成为中层干部；另一部分学校直接取消原来的中层机构，实施校长—年级组（部）两级管理模式。无论是哪一种做法，在学校的实际工作中，年级组都已成为学校的中间层，在校长与教师之间建立起联结。

年级组逐渐成为学校的中间层不仅仅是年级组权力与地位提升的结果，更是为了更好地调节学校中教育、教学以及管理等职能的关系的必然要求。在原来的学校管理模式中，中层机构为按职能划分的"三处一室"，教育、教学、后勤及管理职能分别由四个相对独立的部门来承担。教育、教学、后勤及管理是学校中的四大职能，然而，这些职能之间并不是独立的，他们之间有着非常紧密的联系，尤其是在教育与教学之间。因而，为了更好地履行学校的教育教学职能，一个新的兼顾教育与教学职能的部门诞生。

一部分学校使年级组的负责人成为中层干部，让年级组兼顾教育教学职能。在这种变革中，如果学校原有的中层机构依然存在，而且它们的功能并没有实质上的改变，年级组与其他中层机构之间的关系并不好处理，可能会加重年级组的负担，也可能会经常出现分工重复或疏漏。其实这种做法仅仅是学校变革中的一个过渡阶段，在此基础上应进一步提升年级组地位，或者是重新调整中层机构，进行功能和机构的重组。首师大附中永定分校的变革充分体现了这一过程。

另一种学校的做法是，一步到位地变革学校管理结构，实行校长—年级组（部）的扁平式管理模式，年级组集结了人、财、物权，管理和教育教学职能。越来越多的学校已认识到扁平式管理的优势，试图通过扁平式的管理模式缩小校长与学生之间的距离。年级组（部）的建立则扮演了校长与学生（教师）联系渠道的角色，同时又不会把学校的管理和教育工作拆分开。因而，对于那些规模较大、班级较多的学校管理，有必要设置年级组并发挥其中间力量的作用。北京十一学校所进行的组织变革，正是此种类型。在这样的变革中，原有的中层机构大都被裁撤合并，即使仍保留原有名字，职能也与原来截然不同。以北京十一学校为例，变革后的组织结构中，教导处对教育教学不再有指导作用，而是起支撑、服务、协调作用，甚至于原来归总务处负责的桌椅、黑板的配置（搬运的工作仍然归总务处）也归教导处，以更好地为教育教学服务。换言之，在校长—年级组（部）的扁平式管理模式中，原有中层机构中的教育教学职能都由年级组来承担，而教育教学之外的其他职能则划归到不同的为教育教学提供支撑、服务的部门来履行。

其实，早在 1989 年，黑龙江省牡丹江农管局高级中学就开始了一项突破性的改革，取消政教处、教学处这些中间机构，实施与结构工资、教师聘任制相配套的校长—年级组（部）两级管理模式，以消除管理与教育教学相脱节的现象，提高效率。但越来越多的学校开始实施这种扁平式的管理则是近年来才发生的，且规模越大的学校，越适宜采取此种方式的变革。

无论是采取哪种变革方式，年级组都越来越趋近于学校管理的重心，最终成为学校的中间层，成为校长—年级组（部）—教师（学生）这一管理模式的中间环节，履行教育教学管理职能。

年级组的权力和地位不断提升，成为学校的中间层，对年级组负责人提出了挑战。作为学校的中间层，他们的领导力亟需提升，同时，新型年级组还要求他们能够协调好管理、教育、教学的关系，做到三者兼顾，共同发展。年级负责人不仅要成为教学的管理者，还要成为学生道德品质的指导者。

随着年级组成为学校的中间层，职能越来越繁重，一些学校对年级组内部治理主体结构也进行了调整。以往的年级组往往只由年级组长或年级主任一人领导，而现在一些学校开始成立领导小组作为年级组的治理主体。在江苏省较多学校采用的年级部制中，作为年级组治理主体的是由一名副校长、一名年级部主任和一名年级部助理组成的年级部领导小组。而北京小学实行的年级负责制中，年级组由副校长负责，但同时另有一位年级组长，二人共同作为年级组的治理主体。随着越来越多的学校尝试让家长和学生参与学校管理以及年级组权力的提升，家长年级委员会、学生会也渐渐在年级组的治理中发挥了一定的作用。也就是说，年级组的治理主体呈现出多元化的趋势。在这种情况下，年级组内部实行分布式领导，可最大限度地发挥每一个岗位的领导作用。

（三）更突显教育教学的专业职能

从教育学的角度看，年级组变革的最明显的趋势是：年级组在教育方面的专业性不断在增强，年级组不再是偏重管理职能的任务型组织，而是作为更加重视专业职能的教育教学单位而存在。随着年级组变革的推进，年级组作为教育教学单位的专业性将会日益突显。

随着原有年级组制问题的凸显以及提升教育质量的要求，年级组的变革强调了年级组的专业职能，使年级组的功能逐步向教育本质回归。原来教学处的职能，今后大多将由年级组来完成，变革后的年级组肩负着对教育教学进行组织、实施和评估的职能，而课程开发、教学研究则由专门负责课程、教学研究的部门（如课程研究院等）来实施。在学校中，教育、教学将不再是截然分开的两部分，都将由年级组来实现。这实际上就是年级组对教育本质功能的回归。

以往的年级组主要处理一些事务性的评比，协调各项事务，而如今作为教育教学组织的年级组，其重要的职责在于组织实施教育教学活动，并对各项教育教学工作进行指导，进行专业的诊断和评估。这就对年级组负责人提出了一项挑战：提升专业能力，提升自己在教育、教学及管理各个方面的专业素养。

（四）开放性

从结构上看，年级组变革的一个重要趋势是开放性。开放性意味着学校在实行年级组管理之时，以年级组为主体，而又不囿于年级组，能够跳出年级、学校的视野，从更开阔的眼界来看待教育。具体而言，这种开放性表现在两个方面。

一是，原有的年级组制中"年级"的界限被打破，不再受同一年级的限制，呈现出多种形式的组织。学校可以在原有年级组制的基础上，开发新的跨年级组织，使之与年级组相结合，实现优势互补。例如，北京中关村三小万柳新校区充分利用教室设计上的特点，通过班组群把三个来自不同年级的班的学生组合到一起，让他们之间有互动，实现大孩子带小孩子。北京一零一中学则把依据年级划分的年级管理和依据兴趣划分的书院管理相结合。这种年级组制与跨年级组织相结合的措施，既可以利用年级组的优势，又可以用新的模式来弥补年级组制的缺陷。而在一些变革力度更大的学校，甚至采用了完全颠覆年级组制的新模式，如北大附中的书院制。书院制实际上完全抛弃了年级组制的形式，根据学生的发展方向不同而把学生分到不同的学院和书院，把学院和书院作为教育教学组织的基本形式，实行学生自治。

在各学校开展的变革中，不仅出现了跨年级组织，打破年级的外在界限，在一些巨型学校中，年级内部也出现了进一步的划分。这种年级内分部与跨年级相结合的举措，既有利于缓解管理跨度太宽所带来的管理不便，也在一定程度上减少了年级组作为"校中校"而存在可能带来的割裂学生发展的阶段性和连续性的问题。对于大型学校中趋近于"校中校"的年级组来说，适量的跨年级组织存在十分必要。

二是，年级组开始有权引进校外资源。随着年级组的权力和地位的提升，越来越多的校外因素也进入到年级组工作的运行中。各年级组可以结合各自年级的师生特点，将形式各异的校外教育资源带进校园，带进年级，带给学生。不仅家长可以参与年级组的管理，校外教育资源也可以以多种方式与年级组的多种活动结合。这有助于年级组管理更为合理、高效地进行，也更有利于教育教学的有效进行。事实上，之所以不断授权给年级组、提升其地位，很大一部分原因是为了进行资源整合，把人、财、物、管理与教学都结合起来。显然，校外教育资源也在需要整合的资源范围内。

第六章　班级组织变革 [1]

北京教育学院　李　娜

　　班级是学校教学组织中最基层的组织类型之一，是学生在校生活最熟悉、最基本的单元，因此，它的变革与每一位师生的工作、学习、生活等各方面都息息相关。同时，作为最基层的教学组织，学校其他各级各类教学组织变革的影响力必然在班级层面有所体现。可以毫不夸张地说，班级组织变革是其他教学组织变革的试金石，反映了各级各类教学组织变革的效果，也与其他教学组织变革相辅相成、相得益彰。

　　随着班级授课制的出现，班级成了一个教育理论和教育实践领域都非常熟悉的词语。但是随着教育环境的变化，班级授课制下产生的班级，是否也会随着授课形式的改变而改变？会发生怎样的改变？当我们谈起班级，大家通常会想起的是那间属于我们的教室，还是当年的班主任，抑或同窗好友，再或是当年的老班长？作为教育研究者，需要明确当我们谈论班级时，我们到底在谈什么？班级是什么？是按照学生年龄划分的固定的传统行政班，还是在走班制改革中不断为人熟知的教学班？这两类班级又发生着怎样的变革？接下来，希望通过对班级属性的理论探讨和班级变革典型案例的分析，理解班级变革的逻辑，总结班级变革的趋势。

---

① 本章也是北京市教育科学"十二五"规划青年专项课题"作为教育性组织的班级组织变革研究与课程开发"（课题编号：CBA15047）、北京教育学院2015年度院级科研一般课题"班级组织变革研究与课程开发"（课题编号：JYYB201510）的阶段性研究成果。

一、班级组织的现状及存在的问题

（一）班级的产生与变迁

在最初的教育现象中，班级并不存在，教学的组织形式主要是个别教学。后来随着工业革命的发展，社会提出了普及义务教育的要求，教育的规模和效率都在扩大、提高，个别教学无法满足这样的需求，于是夸美纽斯、赫尔巴特等教育家提出了班级授课制。我国自清末引入班级授课制。在班级授课制度框架内，自然地形成了班级这种特殊的教学组织。学生按照年龄被分别编入固定的班级，同一个班学生的年龄和程度大致相同，并且人数固定，教师同时对整个班集体进行同样内容的教学，本章将这类班级形态称为行政班。

然而，从班级授课制确立的那天起，就因其在提高教学效率的同时造成了对人个性的压抑而不断受到质疑和批判。人们就此进行过很多改革的尝试，比如在班级规模上的小班化改革。当前的班级组织变革主要是基于两种班级组织形态的变革：一种是基于传统的行政班的变革，即没有打破行政班的编制，组织形态没有变化，但在行政班这一组织内部发生了班级管理结构、岗位角色、师生关系等各方面的变革。另一种则是从根本上改变了组织形态，打破了行政班，出现了教学班这种新型的组织形态。随着学生个性化的增强，行政班无法满足差异教育、分层教学的需求，许多学校进行了走班制改革，即原属于同一个行政班的学生可以根据自己的兴趣爱好和成绩基础选择不同的课程。本研究将这种按照学生个人意愿选课并基于学生共同兴趣爱好与能力基础进行授课而形成的新的班级形态称为教学班。伴随着教学班的出现和发展，班级的功能、内部管理结构、人员关系等也发生了深刻变革。

（二）班级属性的学理分析

本章的理论依据是组织变革，有一个不容回避但一直没有回答的问题，那就是：班级是一个组织，还是简单的一群人的集合？

班级不仅是授课的基层单位和场所，更是学生学习和健康成长的生活空间，是学生成长的摇篮，直接影响着学生的个性发展和健康成长。对班级性质的认识存在着社会组织、初级群体和"学习共同体"的争论。有学者认为班级是初级群体而不是社会组织[①]，"把班级作为一种社会组织，并按照社会组织的要求设计和实施各种班级活动，容易导致班级教学活动中的管理主义倾向"[②]。吴康宁则认为班级是社会组织而不是社会群体[③]，而且班级是一种具有自功能性和半自治性的特殊社会组织。[④] 也有学者避开社会组织与初级群体的争论，将班级称为班集体，如有学者认为"班集体是按照班级授课制的课程目标、教学结构和管理规范组织起来的、以共同学习活动和直接性人际交往为特征的社会心理共同体"[⑤]。还有学者认为"班集体乃是一个以儿童与青少年为主体的具有崇高的社会目标、以亲社会的共同活动为中介、以民主平等与合作的人际关系为纽带并促进其成员的个性得到充分发展的有高度凝聚力的共同体"[⑥]。于是"学习共同体"概念开始进入学者视野。本书认为，从管理学的角度看，从现实的班级实践来看，班级是一个组织而不是初级群体、集群。也许有极个别班级在组建之初还处于"集群"的状态，但这是极少数。至于"学习共同体"，则是班级作为一个组织发展的较高级形式，这并未改变班级作为一个组织的属性。并且，社会组织并不都是科层制组织。随着班级文化、班集体建设等的兴起，以及组织理论的发展，班级再也无法被看作是简单的社会集群或者初级群体。

班级是一个组织，而且是一个特殊的社会组织，是一个教育性组织。教育性组织是基于组织的功能和价值选择而对组织类型进行划分的结果，用于

① 谢维和 . 班级：社会组织还是初级群体 [J]. 教育研究，1998（11）.

② 谢维和 . 论班级活动中的管理主义倾向——兼答吴康宁教授的商榷文章 [J]. 教育研究，2000（6）.

③ 吴康宁 . 教育社会学视野中的班级：事实分析及其价值选择——兼与谢维和教授商榷 [J]. 教育研究，1999（7）.

④ 吴康宁 . 论作为特殊社会组织的班级 [J]. 教育理论与实践，1994（2）.

⑤ 唐迅 . 班集体教育实验的理论与方法 [M]. 广州：广东教育出版社，2000：174.

⑥ 龚浩然，黄秀兰 . 班集体建设与学生个性发展 [M]. 广州：广东教育出版社，1999：125.

对班级的组织属性进行界定时，通常是为了与一般的管理性组织相对应。班级作为一个教育性组织，教学、育人是其基本功能。当然班级还是一个管理组织，具有管理功能，管理的好坏会影响教学功能和育人功能，因此行文中会涉及班级管理问题，但班级管理问题研究的指导思想是：班级管理方法应该旨在促进班级组织更好地发挥教育性功能，并以此为价值追求，绝不能用追求"有序"替代"教育性"。

（三）班级组织的核心功能

从现实来看，产生于班级授课制下的班级组织承担的第一项职能就是教学，为了保证教学的有序进行，又产生了管理的需要，而德育工作则是贯穿在教学、管理工作中的一条红线。从教学职能来看，班级是一个业务性组织，教研组、备课组对班级如何承担教学职能有着重要影响。从管理职能来看，班级处于学校内部科层制管理权力链的最后一环，是一个科层制组织，对上负责的一个层级通常为年级组，同时还对上承接学校的各职能部门的管理权限。无论是年级组还是学校各职能部门下达的任务，都要通过班级这一最基层的组织来完成。班级同时还是一个重要的自我管理组织，通常具有班主任—班委/团委—小组长—普通学生这样的班级管理结构。从德育职能来看，班级是学校德育工作的主阵地。学校常设有德育处，凸显德育在学校中的重要地位，德育处的工作则最终落实在每一个班级的教学、学生管理和主题活动等环节。

但现实中班级的三项职能分别被强化，彼此割裂，缺乏共同的上位价值的指导，缺乏整体育人观念的统领。首先，德育与教学分离。我们过于强调德育，为了突出德育的重要地位，学校普遍单独设立了德育处，人为造成了德育与教学的分离。德育与教学，二者各行其政，德育工作的目的是育德，教学工作的目的是育智。主管德育的领导认为育德重要，主管教学的领导又认为育智更重要，在这种割裂与竞争的关系下，整体育人观念被忽视，培养全面发展的人成了文件中的口号。其次，管理工作缺乏价值指导。管理工作是为了教学，还是为了德育，或者是为了管理而管理？这三者背后的逻辑本身是冲突的，因而现实中会出现因为每所学校主管德育、教学、管理工作的领导能力的不同，三者彼此拉锯，像拔河比赛一样将重心拉向某一项职能。因为缺乏共同的整体育人为价值观指导，班级的这三项基本工作职能甚至会陷入混乱、冲突的局面。最后，教学的效果大打折扣。因为德育处与教学处的分设，普通学科教师会认为自己的主管领导是教学处，德育处的工作往往落在班主任身上，教书育人成为口号，学科教师只管教书，不问育人。那么，班级现实中承担的这三项基本职能应该以怎样的共同价值观指导呢？笔者认为，这个共同的上位价值观就是育人，而且是整体育人，不是育德，不是育智，更不是以培养一个全面发展的人为全部目标。

班级组织的上位概念应该是一个育人组织，育人功能是班级组织的核心功能。教学、管理、德育这些班级在现实中承担的基本职能是班级作为教育性组织的外延功能，而这些外延功能存在的目的应该是更好地发挥班级核心功能，也就是在发挥班级育人功能的思想下开展各项教学、管理和德育活动。

（四）班级组织的管理结构

在一个典型的行政班内，班级的管理结构通常表现为两条线，一条线是班主任—班长—班委（生活、纪律、学习等以完成学业为目的的职位）—小组长构成的权力线，我们称之为行政线。还有一条线是以思想工作为主的组织线：在高中阶段和初中高年级以团组织为主，机构设置表现为团支部书记—委员（组织委员、宣传委员等）—团小组。在初中低年级和小学以少先队组织为主，表现为大队长（通常由学校层面的领导兼任）—中队长（班主任）—小队长（学生）的机构设置。此外，还有一类被称为"科代表"的业务组织结构，这些人不属于"班委"，也不是"团委"，直接受任课教师管理。

这些组织结构的存在是否必要？它们是怎样产生和运行的？如何对它们进行变革呢？

事实上，这些组织的存在有其必要性。由于班主任一个人的精力总是有限的，因此班主任很难做到对每一个学生负责，班团组织、科代表的存在一定程度上分担和协助了班主任和任课老师的工作，从另一方面也培养了学生的自我管理能力。但由于种种原因，当班长、当班干部成了一种权力和荣誉的象征，甚至不少地方出现小学生为竞选班干部调动全家力量、进行贿选的现象。这样的现状迫切需要变革，变革可以是对机构设置的内部重组，弱化权力链关系，强化扁平化管理；也可以是对权力产生和运行方式的变革，让这一过程更加民主，让更多学生得到锻炼。

（五）当前班级组织建设的常见问题

1. 班级建设目标走偏，只见集体不见个人

班级的存在是为了其中的每一个人的成长，而不仅仅是为了班级荣誉。然而学校对班级的评价、授予班级的各种荣誉、学校的各种比赛等，依据看重的只是结果。于是，出现了为了班集体获第一，或善意或恶意地剥夺了一些所谓的"差生""个别生"参与集体生活的权利。可能是在某次广播操比赛中，明示或者暗示某些动作不整齐的学生放弃比赛；可能是在运动会中，让某些学生永远做通讯员；可能是某次重要考试中恨不得让"差生"都不要参加考试……这样的事情在班级生活中并不少见，它们不仅仅是影响那些被孤立的"差生""个别生"，其他学生也会在潜移默化中接受这样一种价值观：为了第一，可以不顾友谊、歧视他人；为了第一，可以采取所有可能的手段；为了第一，可以不择手段……

目前很多班主任，特别是一些比较优秀、喜欢思考的班主任经常会面临这样一个两难问题：班主任越是尽力关注到每个学生的发展和需要，班级取得的各种荣誉就可能越少。一个区级骨干班主任分享自己从事班主任工作近20年的心路历程："刚开始的时候，我特别拼，我带的学生也都特拼，我带的班也获得过很多荣誉。别人都很羡慕我，问我管理班级怎么那么有一套。但是，我内心并不觉得幸福，也觉得没有给学生真正需要的东西。慢慢经历

一些事后，特别是过了四十，一下子坦然了，觉得没必要那么逼学生、逼自己。现在我带的班在各种比赛和荣誉评比中并不怎么突出，但是我觉得很幸福、很充实，因为我知道我们班每一个学生的特点。"

2. 班级建设手段异化，管理主义取代育人目标

管理是达到育人目标的手段，但管理的目标并不必然指向育人，管理在一般意义上指向的目标是效率，用有序、整齐划一、规则与惩戒等管理手段达到提高组织效率的管理目标。然而，当管理变成教育管理、班级管理后，管理的目标首先要服从上位概念——教育的目标、班级的目标。教育的目标是什么？是育人！我想这个答案不会有争议性，因此，班级管理作为教育管理的一种，其目标也应该是育人。现实中却往往并非这样，我们往往用管理的手段达到管理的目标，而非育人目标。因为缺乏育人目标，所以在具体的班级建设手段上，班主任心中有成绩有纪律，但是不再有育人。在班级运行中，过于追求"有序"，而规则和惩罚是维持班级有序运行的法宝。于是出现了一些常见的现象：某学生广播操不齐，保持动作半小时；上课讲话，罚站；体育课旷课，罚到操场跑三圈……惩罚是重要的管理手段，班级是一个教育性组织，对学生的惩罚也应该追求教育的目的。那么，追求教育目的的惩罚应该怎样设计呢？有学者将这样的惩罚称为惩戒。惩戒与惩罚有着不同的含义。[1]

目前，理论界和实践界存在有关班级的管理功能、教育功能冲突与整合的争论，甚至有学者直接指出班级管理已经异化为控制主义、管理主义。当用"主义"这个词时，我们不仅是在手段、工具的层面使用，也是在目标、价值的层面来使用它。因此，当管理手段异化为管理主义时，在教育领域就是危险的，因为教育领域追求的目标不是"效率""有序"，而是育人。不应该用管理的手段追求管理的目的，忽视班级组织特有的教育性这一本质属性。

---

① 全国师德教育研究课题组. 师德突出问题典型案例评析：小学教师读本 [M]. 北京：北京师范大学出版社，2014：28—40.

3. 班级建设主体单一，班主任过累，学生和任课教师积极性不够

在当前的班级工作实践中存在着一个尴尬：教师不愿意当班主任，在岗的班主任希望能早日换岗。许多学校迫不得已只能"逼"着所有老师轮流当班主任，班主任队伍的质量更是难以保证。导致这一问题的原因有很多，笔者认为其中一个重要的直接原因就是班主任的工作太累：一是班主任既要承担学科教学的任务，还要承担班级管理的任务；二是因为学校对班主任的要求越来越多。班级作为最基层的管理单位，学校各部门的千条线最终都落在班主任这一根针上。班主任是班级的核心人物，但是从学校系统的整体来看，班主任不应该是教师群体中参与班级建设的唯一主体。班主任一人之力很难解决所有问题，需要在管理制度设计上调动更多教师群体的力量参与到班级事务中。

学生同样是班级建设的重要主体，应该调动所有学生的积极性参与到班级建设中来。然而，由于班团两条线都是科层制结构，班委团委的产生又经常是班主任的个人任命，那么绝大多数学生根本没有参与班级建设的积极性。

4. 班级教育元素单一，班级文化建设滞后

实践中，一个好的班集体通常离不开一位优秀的班主任，班主任是进行班级建设的核心教育元素，也几乎是最重要的教育元素。然而，班主任群体的素质是参差不齐的，优秀班主任又是稀缺的教育资源，因此，应该探讨如何发挥更多的教育元素的作用，促进班级建设。本研究就是要通过挖掘和变革除了班主任工作艺术这类灵活的教育元素以外的相对固定的制度元素、物理空间元素等教育元素，将其教育意义发挥到极致。目前很多学校提出了班级文化建设的做法，希望通过班级文化建设带动班级建设，这是很好的尝试。但是，在具体做法中，班级文化建设沦为了教室美化加上几句班主任贴在墙上的班规班训，对身在教室的学生没有发挥任何教育作用。

二、班级变革的典型案例

案例 6.1　山东潍坊一中："差异教育"与走班制分层教学的探索①

山东省潍坊一中实施"差异教育"，学校从生源特点和现有教育资源出发逐步推进走班教学：第一步从体艺教学开始。第二步在物理、化学、生物与政治、历史、地理学科实施走班教学。第三步将"差异教育"向纵深发展，遵循"就近走班，单元教学"的原则，将35个行政班划分为5个单元，每个单元7个班，学生在单元内进行走班学习。主要操作方法及其带来的管理方式变革如下：

第一，划分单元、科学分层。

划分单元、就近走班。

36个班（含1个美术班，单列），分为5个单元，每个单元7个行政班。

第一单元：1—7班，政道楼南区一楼。第二单元：8—14班，政道楼南区二楼。第三单元：15—21班，政道楼南区三楼。第四单元：22—28班，政道楼北一至三楼。第五单元：29—35班，隆平楼四楼。36班为美术班。

依据差异、划分层次。

分层标准：在尊重学生意见的前提下，按入学成绩、学段检测成绩、模块学分认定考试成绩划分为三个层次——AP课程班、提高班、强化班。AP课程班，10个班编制；提高班，20个班编制；强化班，5个班编制；美术班单列，不参与划分。

层次比例：每个单元7个班，按2∶4∶1的比例划分，AP课程班2个，提高班4个，强化班1个。5个单元共计AP课程班10个，提高班20个，强化班5个（不含美术班）。

名称设计：一单元命名为政道单元，7个班分别为政道1班、政道2

---

① 潍坊一中实施走班制分层教学的实验与研究 [EB/OL].http：//wenku.baidu.com/link?url=4kgPQzdrUBtg4MLal3YOtFVHKxWzjYPzvf0VTSO-SVGZd9peeBDQCrrjxYwvpcEwv8lqLzRPSd9kPYNCHYApe6PImcLCc5deK0NrLSzyvFO，2015-11-7.

班……政道 7 班。二单元命名为元培单元，包括元培 1 班、元培 2 班……元培 7 班。三单元为行知单元，包括行知 1 班、行知 2 班……行知 7 班。四单元为道元单元，包括道元 1 班、道元 2 班……道元 7 班。五单元为隆平单元，包括隆平 1 班、隆平 2 班……隆平 7 班。美术班 36 班命名为悲鸿班。

动态管理、升降结合。

各层次的学生不是固定不变的，可以根据"分层标准"，每学期调整一次，学生先提交申请表，既可以申请升级，也可以选择降级。为突出强化班，每周举行一次课外讲座，利用预备教室讲解学生学习中的问题和困难，强化教学与辅导。

第二，重排课表、调整教师。

课表编排：以单元为单位，按照"同一时间不同教师授课"的原则安排课表，例如上午第三节都安排数学课。

教师安排：结合教师的实际情况和教学特点，按照"跨单元不跨层"的原则安排教师。"跨单元"是指某一教师一定要安排在不同的单元任课，目的是为了保证同一单元内同一时间上齐同一门课。"不跨层"是指某一老师尽量安排教同一层次的学生，目的是为了减轻教师的工作量和保证教学质量。

第三，精细管理、制度保障。

学生管理：严格考勤，谁上课谁管理，任课教师每节课后把考勤情况交给教师单元长，单元长一天一上报，学部一周一汇总，周日班主任会通报，作为班级量化的一部分。

学生考勤。学生应按时到达上课或活动地点，否则将视为迟到；下课或活动结束前离开将被视为早退；迟到或早退超过 15 分钟，以旷课论处。学生如果不能按时上课，须跟班主任请假，并告知科代表，由科代表告知任课教师。学生未办理请假手续而不上课，将视为旷课。考勤分是学业成绩的一部分，考试科目的考勤分总分为 10 分（占模块综合成绩的 10%）。考勤每节课记录一次，任何科目的旷课、迟到、早退都会被扣除该科目的考勤分，每个科目的考勤分扣完为止。旷课每节扣 2 分，迟到每次扣 1 分，早退每次扣 1 分。

排位定座。为加强走班管理，防止因走班流动性太强造成同学之间产生纠纷，保证同学的财物安全，实行"定座实名制"管理。第一节课，由任课教师根据学生的高矮情况、学习成绩、学生意愿等方面排定座位，不能变更，每个学生将自己的班级和姓名贴在课桌前侧，上课时对号入座，讲桌上贴走班座次表，方便考勤和管理。

单独设立分层教学学生自主管理委员会，由学生会学习部部长兼任会长，各单元设立分部，每单元设单元长一人，帮助教师单元长管理和协调本单元的各项管理和教学工作，做好上传下达工作，单元长为分部负责人，各单元教学班的班长、科代表、行政小组长为分部成员。

设立教学班科代表。单元内每个教学班设 7 名科代表，每个行政班 1 人，选取 1 人为总科代表，总科代表即教学班班长，负责作业的收取与发放工作。各行政班科代表将作业收齐后交给总科代表，由总科代表交给任课教师，为方便起见，发放作业一般在教学班内进行。

设立行政班小组长。教学班内的每个行政班设小组长 1 名，负责教学班内本行政班同学的管理和学习，由每个行政班的科代表兼任。

教师管理：学部分层教学领导小组成员划片包干，明确分工，责任到人，强化落实。设立单元长：每单元设教师单元长一名，直接领导本单元的学生自主管理委员会，带领本单元任课教师组织好本单元的教学与管理；每天收取各班的考勤情况上报学部。

设立分层学科组长。AP 课程班、提高班、强化班各设一人为分层学科组长，由备课组长或资深教师兼任，在总备课组长的同一协调下具体负责本层次的教学安排。

实行双负责制，加强复合管理。行政班班主任不变，走班教学时，由任课教师组织教学、维持秩序、做好考勤，学生的日常组织管理工作仍然由原行政班班主任做好。

[案例分析] 山东潍坊一中结合本校实际，从体艺教学开始一步步落实走班教学的渐进措施，充分考虑了本校的生源特点和现有教育资源，对长期

以来习惯于固定班级教学的大多数高中学校来说，它的"三步走"战略无疑是有借鉴意义的。走班制也带来了班级管理方式的变革，学校在班级管理上实行双负责制，加强复合管理，既调动了原行政班班主任的力量，又发挥了任课教师的作用。在学生自我管理上，既新增了分层教学学生自主管理委员会会长、教学班班长、教学班科代表和行政班小组长等学生自我管理岗位，也保留了原行政班班长等班干部职务，两者既有交叉重叠也有相互补充。这样的做法既保证了学生能够走班进行个性化学习，同时也能使学生在固定的行政班过一种有意义的集体生活、进行稳定持续而深入的同伴交往。但是行政班和教学班的并存虽有优势，也必然面临着职能交叉等问题，因此走班后的系统化变革还是学校需要不断探索的命题。

案例 6.2　北京陈经纶中学学生干部"部委制"改革的尝试[①]

为适应新课程改革和全员德育的需要，解决班级、年级、校级学生干部之间的对接问题，提高学生干部工作效率，我校尝试进行了学生干部管理的"部委制"改革。

第一，班级学生干部管理改革。

班级学生干部设置改革借鉴了魏书生老师"人人有事做，事事有人做"的管理思想，在原来的团支书、组织委员、宣传委员组成的团支部和班长、学习委员、生活委员、体育委员、文艺委员组成的班委会的基础上，根据工作需要增加了科技委员、卫生委员、公物委员、信息委员、电教委员、图书委员、心理委员、爱心社长。这样，班级学生干部管理岗位由原来的 8 个增加到 16 个。

第二，年级学生干部管理改革。

年级学生干部是衔接班级学生干部和校级学生干部系统的中间组织，承担上下沟通的功能；同时也是年级学生进行自我管理的独立组织，要独立完成年级活动的组织和常规管理工作。在明确年级学生干部定位的基础上，我

---

① 朱洪秋，李荻. 班级发展与管理：学生干部"部委制"管理改革的实验与思考 [J]. 班主任，2009（7）.

们结合班级学生干部和校级学生干部管理改革，成立具有相对独立性的年级学生自我管理委员会，实现上通下达。年级学生自我管理委员会由年级团总支工作委员会、年级学生工作委员会、年级基础工作委员会组成。年级团总支工作委员会负责年级共青团工作，与校团委和班级团支部对接；年级学生工作委员会负责年级大型活动和社团组织等工作，与校学生工作委员会和班委会对接；年级基础工作委员会下设16个部，负责年级常规管理工作，与校级基础工作委员会和班委会对接。

表6.1　年级学生干部基本组织及管理分工表

基本组织		专业管理部
年级学生自我管理委员会	年级团总支工作委员会	组织部、宣传部、权益部、党团事业部
	年级学生工作委员会	社团管理部、志愿服务部、大型活动部、对外联络部
	年级基础工作委员会	班级工作部、学习工作部、生活工作部、文艺工作部、体育工作部、科技工作部、卫生工作部、公物工作部
		信息工作部、电教工作部、图书工作部、心理工作部、爱心工作部、书记工作部、组委工作部、宣委工作部

第三，校级学生干部管理改革。

校级学生干部管理改革的思路和原则：一是能够从组织体系上与年级和班级学生干部管理改革相对接，做到层次分明，纵横交错，上下贯通；二是能够与学校处室和专业管理部门相对接，逐步实现学校基础工作的专业化管理。为此，我们建立了校级学生自我管理委员会。校级学生自我管理委员会由校级团委工作委员会、校级学生工作委员会、校级基础工作委员会组成。校级团委工作委员会负责校级共青团工作，与年级团委工作委员会对接；校级学生工作委员会负责校级大型活动和社团组织等工作，与校团委和年级学生工作委员会对接；校级基础工作委员会下设16个部，负责校级常规管理工作，与学校各方面管理处室和年级基础工作委员会对接。

校级团委工作委员会和校级学生工作委员会由学校团委书记领导，其下属各部由校团委直接管理；学校基础工作委员会由德育处管理，其下属各部分别由校团委、德育处、教学处、物业处及体育组、艺术组、信息组、电教组、修理组、图书馆、心理室、医务室等相关专业办公室管理。

表 6.2　校级学生干部基本组织及管理分工表

基本组织		专业管理部	管理处室
学生自我管理委员会	团委工作委员会	组织部、宣传部、权益部、党团事业部	校团委
	学生工作委员会	社团管理部、志愿服务部、大型活动部、对外联络部	
	基础工作委员会	班级工作部、科技工作部、体育工作部、文艺工作部、卫生工作部、心理工作部	德育处
		学习工作部、信息工作部、电教工作部、图书工作部、	教学处
		生活工作部、公物工作部	物业处

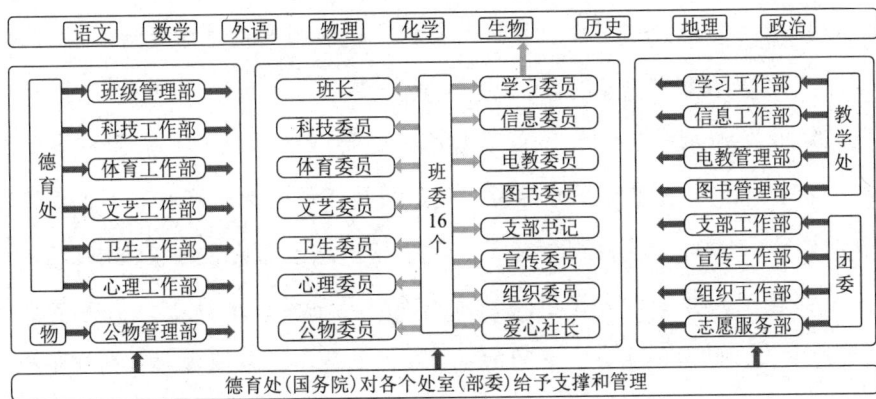

图 6.1　北京陈经纶中学学生干部"部委制"结构

[案例分析] 陈经纶中学的"部委制"班级管理改革与年级、校级层面的学生管理结构变革相辅相成，系统全面地改变了学生管理方式。这一变革

实现了班级的扁平化管理，学生成了班级管理的主体，尽可能多的学生参与到了班级事务中。在扁平化管理、人人参与管理、学生自我管理的过程中，学生也实现了自我教育。从教育学的视角看，班级管理结构以及由此产生的师生互动方式等都是一种隐性课程，这种隐性课程对学生产生的教育影响不可忽视，因此作为教育者，必须关注到这种课程形式的存在，并使之发挥积极作用。

案例6.3 北京前门小学：没有班主任，班级设顾问 [①]

前门小学在进行课程、教材、教学手段和考试制度的整体改革的同时，对班级管理模式进行了改革，构建了素质教育的班级顾问制管理模式。

从班主任到班级顾问要实现三个转向：一是教师由前台组织指挥转向后台"教、扶、放"；二是教师由直接发号施令转向间接辅导、策划和服务；三是由一切活动教师说了算转向学生们讨论了去办。要实施班级顾问制必须在教育观念和班级管理模式上有所突破。

第一，教育观念上的突破。"小学生太小，能力太差，自我管理能行吗？"教师不放心，不敢放手。为此，一是抓教师队伍的思想教育。我们在教师中提倡一种精神——敢于创新的精神，使教师明确让学生生动活泼地、主动地发展，班级管理的模式要变。教师要把原来的对学生的"管、盯、压"，改为"教、扶、放"，不但要放心，还要放手，让学生成为有自我教育、自我管理、自我评价能力的新一代。二是抓学生骨干培养。为了保证顾问制的实施，1994年，我们创建了少年干校。小干部们在干校集中四五天，生活全部自理，并参加食堂劳动，干力所能及的活，提高了他们对学生是"学校的主人、学习的主体、管理的主力"的认识和"从我做起"的自信心。

第二，班级管理模式上的突破。教师由前台转向后台。班级顾问根据学校班队干部的职责，激励和指导小干部学会履行干部职责，学会通过自己的努力管理班级。低年级边教边学着做，中年级有了困难扶一把，高年级完全

---

① 没有班主任，班级设顾问——前门小学班级管理模式改革 [M]. 北京教育，2000（7）.

放手让学生去做。班级顾问只做出谋划策的参谋工作，为学生主体意识的形成和组织能力的提高创造了广阔的时空。

由班主任说了算转向学生讨论后去办。在自我教育、自我管理、自我评价中，高年级学生能在没有老师参加的情况下，独立完成板报设计和书写，主持每周的"德育合格生"评选工作，策划、主持主题班会，组织升旗仪式，组织"自我管理日"的日常工作，写班级大事记，担任低年级的小辅导员工作，以及通过家访了解本班同学各方面的表现。

成立小参谋部。为了使学生真正成为学校的主人，学校成立了由学生组成的小参谋部。校长不定期召开会议，可以直接与学生参谋对话，听取他们的意见和建议，研究学校的大事，使他们体会到自己是学校的主人，是管理的主体。有的小参谋多方听取同学和家长的意见，有的向校长反映教师教育教学中的问题。

[案例分析] 实行班级顾问制，教师通过教育方式方法的转变，实现了从管理者向教育者身份的转变。师生间不再是命令与执行的关系，学生变成了一切事务的主体，班级顾问只是班级活动的顾问、辅导员，负责间接策划和为学生服务。班级顾问制下，教育者而非管理者成了班主任的主要身份，师生关系也更加和谐，在良好的教育环境中达到了育人目标。同时，班级管理的主角变成学生，也突出了学生的主体地位，培养了学生的民主精神。

案例 6.4 北京十一学校：不一样的功能教室 [①]

如果有学生把兔子、斑鸠这样的小动物带进课堂，您会不会觉得扰乱了学习秩序？可在北京十一学校，却成了很正常的现象，这究竟是怎么回事？

在北京十一学校的生物教室，一只长耳朵的大兔子在试验台上悠闲地散步，仿佛它才是这间教室的主人。仔细一看，嘿，居然还有两只小兔子、一

---

① 北京十一学校：不一样的功能教室 [EB/OL]. http://www.centv.cn/news/world/2014/03/2014-03-0768773.html，2015-11-7.

只斑鸠、一棵棉花、整架子的植物，高中生物教室俨然变成了一个自然生物园。原来这是由北京十一学校师生共同打造的生物功能教室，只要学生喜欢，不会发出较大声响，每个学生都可以把这些生物养在教室里。

北京十一学校高中生物教师徐澜说："就是希望通过各种途径，不仅是课堂上，然后在教室，全方位地调动起学生的积极性，热爱这门课。"

和传统的高中不同，北京十一学校各科的老师在自己的教室里，等着那些选这门课的学生登门上课。这样，每位老师都在自己的学科教室里办公、上课，还可以根据自己的学科特点随意地布置教室。北京十一学校英语教师边然说："想放一些什么书可以跟学校说，然后自己定这个书架的内容，还有就是这些白板上面展示的内容也是可以自己定的，随时都可以更新。"

在十一学校的化学功能教室，课桌的旁边多了一圈实验台，这样，课堂的理论学习和实验室就紧密地结合在一起。像化学功能教室一样，在十一学校，教室真正成为学科的领地。从图书、挂历到药品仪器，从作品张贴到学习方法介绍，每一个角落都彰显着专业和学术。在这样的环境里，学习也变得好玩儿有趣。北京十一学校高中学生于天奕说："我本来就学的化学竞赛和化学大学先修，然后在这个教室我觉得挺适合，挺有化学氛围。"

除了上课外，每个功能教室还对自习的学生开放。在这里，学生可以随时找学科老师，为自己答疑解惑。

[案例分析]苏霍姆林斯基曾经说过：无论是种植花草树木，还是悬挂图片标语，或是利用墙报，我们都将从审美的高度深入规划，以便挖掘其潜移默化的育人功能，并最终连学校的墙壁也在说话。当环境替教育者说出他想要说的话时，教育的效果也就事半功倍了。北京十一学校的功能教室是在走班制背景下教室功能的大转型，这对尝试走班制的学校是有意义的。实行走班制后，学生不再长期固定在一个教室，这时候的教室似乎就成了一个单纯的上课场所，这对作为教育资源的教室无疑是一种浪费。如何最大化地发挥教室的功能是目前班级变革需要思考的一个重要问题。并且，这个问题对

没有实行走班制的学校同样重要。对非走班学校，教室就既要服务学科教学，更要服务师生日常交往。教室是教学的环境，更是师生活动的空间。目前很多学校都在推行班级文化建设，教室是班级文化的重要载体。如何让教室更好地发挥教育功能是班级变革中的重要命题。

三、班级变革的趋势分析

（一）班级功能：建设班集体以实现整体育人功能

如前文所述，班级的核心功能是育人。怎样育人？案例 6.1 的走班制改革，案例 6.2 的班级管理结构变革，案例 6.3 的班主任岗位角色变革以及案例 6.4 的教室功能变革，这些都是对怎样育人的变革尝试。然而，回答怎样育人之前还有一个更为重要的问题：育什么样的人？育学霸、偏才、普通人还是其他什么样的人？实践工作者、北京实验二小的李烈校长在《给生命涂上爱的底色》一书中指出：反思我们自己经历的学校教育，教育给我们的生命涂上了什么样的底色？是爱吗？我们会爱自己吗？会爱他人吗？会爱大自然吗？还是，这种底色与爱无关，只是规训与惩戒？[1] 这从一个实践工作者的角度提醒我们反思我们熟悉的教学、管理、德育等各项工作的目标是什么。如果这些工作不以整体育人为目标会有什么样的后果？理论研究者李家成教授[2]批判了河南某高中管理学生的"八条禁令"，指出教育工作者没有了教育情怀，就会降格为监管者、监听者、惩罚者，这是教育之痛。这样的教育之痛现象却大量存在于班级生活的现实中。未来的班级变革应该指向教育工作者的每一项行为、每一条班规都蕴藏着的教育力量，用教育者的情怀和智慧更好地发挥班级育人功能。所以，班级变革的目的应该是教育一个完整的人，应该是整体育人。

---

① 李烈. 给生命涂上爱的底色 [M]. 北京：高等教育出版社，2005.
② 李家成. 学生管理岂能没有教育的立场 [J]. 中国德育，2014（17）.

整体育人的含义大致可以从三个方面来理解。育人，首先不是育班。尽管不能否认育班是达成育人目标的重要途径。但不能用班集体的各项荣誉掩盖个人对班级生活的真实需求。其次，育人是要教育学生成为全面发展的人。育人不仅仅是育德或者育智、育强项。关于德育和智育的关系，有人认为知识是最大的德育，这确实在一定程度上协调了二者的矛盾，也具有合理之处。但是，学生对知识的认识而不仅仅是对知识的掌握情况是育人更重要的目标。笔者了解的一个孩子，总是在课堂上写作业不听讲。根本原因是这个孩子认为作业是任务，听不听讲不重要，能否交上作业才重要。所以为了课余能多玩会儿，他利用一切时间先写完作业。最后，育人是要帮助学生完成社会化过程成为合格的社会人。集体生活、同伴交往都是社会化的重要过程，走班制下如何避免学生的孤独感，满足学生的归属感是班级变革的重要命题。

北京市"紫禁杯"班主任一等奖、北京市班主任基本功比赛一等奖获得者，曾任北京市八一中学班主任的肖艳丽老师，认为自己的班级工作追求就是"致力于开发班级的教育价值，在班级生活中有效提升学生的精神生命质量，使学生成为拥有内在的生命尊严，有正确价值追求的人"。在肖老师眼里，管理、德育、教学的目的都是开发班级的教育价值，并最终提升每一个学生的精神生命质量，达到整体育人的目标。

（二）班级组建：从管理导向的行政班到学生中心的教学班的转变

案例6.1向我们展示了一种新的班级组建方式，而山东潍坊一中的走班教学也不再是个案，走班制的兴起有三个原因。一是政策原因。2001年新课改政策出台后，课程权的主体发生了变化，学校有了一定的课程设置权，可以结合学校实际采取新的课程设置和教学组织形式。二是国际化的影响。走班制在国外基础教育中早已不是新鲜事，这种教学组织形式的优势受到越来越多的认可，学习国外先进做法成为必然。三是社会对学校教育的需求，尊重孩子差异性的个性化教育成为社会对学校教育越来越强烈的需求。

而传统的班级授课制是无法满足这种需求的。班级授课制的产生背景是工业化时代的经济迅速发展，为了满足工业时代对教育的需求——标准化和效率，班级授课制取代了个别教学。但是，进入知识经济时代和信息化社会，个性发展的需求取代了标准化的需求，人的个性发展成了第一目的。走班教学比班级授课制更能满足社会对学校教育的这种需求。

走班制改革目前在高中迅速发展，不少初中甚至小学也开始尝试。伴随着高考改革方案的出台，目前的走班制改革在高中将全面展开。比如，走班教学在上海晋元高级中学已经实施了十余年。该校"学会选择、主动学习、卓越发展"的办学理念和"套餐式课程、走班制运作、学分制管理"的教育模式在上海曾颇为轰动。北大附中、北京十一学校、北京四中等都实施了走班教学。不少初中也开始尝试选课走班，比如，北京五十四中师生自发在物理学科尝试分层走班教学并取得了良好效果，目前在探索更多学科的分层走班教学。也有个别小学在高年级段也开始尝试选课走班，如北京十一学校一分校开始在小学段的五、六年级尝试选课走班，而在一至四年级则采用包班制。

走班制在满足孩子的个性化学习需求，保证教学更有效率上具有先天优势。但也面临着一个巨大问题，那就是学生集体生活的缺失，如果只有教学班没有行政班，那么随着教学班优点的彰显，原来行政班固有的优点必然也是现在教学班不能回避的缺点，这个缺点就是有组织、有计划的集体生活的缺失。从人的需求来看，需求理论告诉我们，人的需求是多元的，其中包括归属感的需求。这种归属感的建立需要在一个相对稳定的组织中通过有计划、有组织的集体生活来形成一种稳定、持久、深入的人际互动模式。在行政班的组织基础上，这是可能的，但是在教学班的组织形态内，学生的人际交往是无意识的、自发的而非有组织、有计划的，交往时间也是相对短暂的，那种在三年中学生活才能形成的深厚同学情在一个学期的交往中很难形成。

为了在发挥走班制优势的同时，预防或解决走班带来的问题，有的学校用导师制取代了班主任制，给予了学生更多个性化的指导和生活的关注；走班制后的班级管理结构也必然发生变革，学生自治是更符合教学班特点的内部管理结构；走班制后的教室功能也面临变革，学生不再像以往一样一直待在一个教室内，等待着不同的老师来上课。相反，教室成了老师的阵地，等待着不同学生的到来。这样的转变就意味着教师要充分发挥教室的作用，使之成为吸引学生选自己课的砝码之一，使学生愿意到自己学科的教室来学习……总之，走班制下出现的教学班，将带来行政班下班主任岗位、班级管理结构以及教室功能等一系列教育元素的变革，这些教育元素在传统行政班的框架下尽管也发生了一些变革，但将在走班制后走向更彻底的变革。下文将就这些教育元素的变革及趋势一一分析。

总之，学校系统变革是进行必修课选课走班实验的学校共同思考的问题。如果学校还用行政班那套管理方式来管理教学班出现的问题，一定会带来新的问题。因此，走班制下，学校的整个管理方式都需要围绕教学班展开，需要借鉴走班教学比较成熟的国外学校的经验，带动学校系统的管理变革。一些学校已经开始认识到这个问题，比如，浙师大附中成立了课题组，以课题研究的形式系统研究推进必修课选课走班的方式；学校成立了学生指导中心，对班级管理与学生管理制度进行了重构；教学管理流程发生了很大变化，形成了行政、教学、成长导师、年级组、学生指导中心等多轨育人的态势。因此，学校的走班制改革不是孤立的，一定是与学校的系统变革相伴而生的，否则既难以发挥教学班的优势，还将带来一系列问题。

（三）班级管理结构：在分布式、扁平化自我管理中实现自我教育

案例 6.2 的陈经纶中学通过构建班级、年级、学校三个层级的"部委制"学生自我管理结构，提高了管理效率，培养了学生的自治能力和民主精神。案例做法也代表了班级管理结构的变革趋势，那就是通过不断探索民主管理的各种方法以达到学生自我管理、自我教育的目标。民主的手段是达到民主的目标的重要途径。班级变革要达到整体育人目标，就要在学生的自主管理中实现学生自我教育，让他们用民主协商的方式参与班级管理，并在这一过程中学习民主这一重要的品质。有一位教师说得好："生活常常以惊人的简洁

明了的公式启迪我们，就像'种瓜得瓜，种豆得豆'一样简洁：骂人教会骂人、憎恨教会憎恨、偏见教会偏见、散漫教会散漫、爱教会爱、关怀教会关怀、宽容教会宽容、诚恳教会诚恳……在这里寻不到'教师教会学生'的笼统说法，只有具体的'什么教会什么'。"班级变革的手段决定了能达到什么样的目标。

自主管理、自我教育就是要通过管理的手段达到育人的目标，用管理机构设置的变革更好地实现班级目标的变革。而这一认识也在实践中越来越常见，比如，江苏省无锡市宜兴县东域小学的史冬梅老师在班级里采用"小岗位大舞台"的新形式放手让学生自我管理班级，使每个人都有工作岗位以体现自身的价值。小小岗位手既要为自己的岗位尽心尽职，又要服从于其他岗位的管理。每当新学期伊始，班主任就把班级里的各项工作分解成一块块的小岗位，让学生对自己感兴趣且有能力担当的岗位进行竞争上岗。学生首先对要竞争的岗位拟订一份工作计划，在班里演说拉选票，竞选成功后，就按照制订的计划实行，同时接受大家的监督。

行政班小组自主合作模式受到推崇，那么在走班制改革后，不再有行政班的学生管理结构是什么样的呢？在北京十一学校，因为没有行政班级的概念，那么学生是否就处于无人管的局面呢？并非如此，北京十一学校有严格的导师制，每个导师都有自己指导的几个学生，要定期对学生的学习、生活给予指导，提供建议和帮助。教学班的规模也不大，通常只有18个人左右，在一个学期内教学班是相对固定的，这也保证了对学生的管理和教育不会缺位。至于团组织的运作，则按照年级，以相对固定的教学班为主，分成若干个团支部，定期进行团课、团主题活动和发展团员等事务。由此可见，走班制下的教学班本身就不像行政班那样是管理层级的最后一环，它的管理结构也不再采用传统的班、团两条线结构，班级规模通常较小，学生实行自我管理。

小组自主合作式班级管理在很多国家的学生管理中都被用到，比如在美国的高中，班额比较小，并没有班长，一个班通常有五个左右的小组长，小组长是经常变化的。在澳大利亚的中小学，班额同样也比较小，学校规模也不大，基于这种现状，很多也都采用小组合作方式来治理班级。根据管理层级和管理幅度的关系，我们知道当一个班级内部的管理层级越多时，每一层级的管理幅度也就越小；反之，当管理层级减少时，管理幅度就要拓宽。如果小组长太多，班主任的管理幅度就会过宽，班主任精力会被牵扯过多。如果小组长太少，班主任的管理幅度减小了，但没有达到让更多人参与班级建设的目的。所以是否采用小组合作式管理方式，设立多少小组，与班额大小等其他组织因素紧密相关，在我们国内的诸多大班额、超大规模学校中，这种小组治理班级的方式是否适用，还需要审慎对待。但是，无论如何，小组自主合作式管理结构代表了班级管理结构变革的一种趋势，就是要通过分布式扁平化的管理结构设计达到学生自我管理、自我教育的目标。

（四）班主任角色变革：从管理者走向教育者

案例 6.3 中的北京前门小学没有了班主任岗位，新增了班级顾问岗位，似乎在淡化班主任的作用。而北京古城中学却曾经尝试实施每班设立三位班主任制度[①]：为了突破每班仅设一位班主任的局限，每班都配备三位班主任——学业班主任、心理班主任和体育班主任。在当下选课走班背景下，是强化班主任管理还是取消班主任？教育实践中班级管理主义与教育变革中"取消班主任"的囚徒困境如何调和？班主任到底该以怎样的角色存在？向着什么样的角色目标变革？

针对班主任角色的变革，目前主要有三种典型做法：

一是彻底取消班主任角色，用其他教育角色（辅导员、导师等）完全取代班主任。比如：上海闵行中学的改革实行辅导员制，将班主任角色定位于指导员、辅导者、参谋者、咨询者；广东深圳中学实行"导师+辅导员制"，实行单元制，每个单元配六名导师和两名辅导员；案例中北京前门小学的班级顾问制也属于此类改革。

---

① 曹彦彦. 1+1+1 > 3：解读北京古城中学每班三位班主任制度 [J]. 中小学管理，2012（10）.

二是在保留原有班主任角色的基础上，增加新的"班主任"，任课教师、学生家长、学生等也担负起了班主任的角色和职责，建立起"团队班主任制度"。比如，浙江富春中学、深圳一中等学校实行全员班主任——每班安排一名有经验的班主任任中心班主任，负责该班的总体管理工作，其他任课教师则任副班主任，各自负责学生管理某一方面的工作。有的则以"常务班主任和助理班主任""核心班主任和责任班主任"的名称对团队班主任进行分工。还有的则是建立了班级组制度，比如河南省第二实验中学实行班级组制，以语数外教师为核心成员，将其负责的两个班级组成班级组，然后以双向聘任的方式，吸收其他学科教师，形成一个所有教师都参与学生发展的共同体。班级组由同时任两个班的教师组成一个团队，由一个人带班变成至少五个教师带班。多个班主任既有分工又有合作。核心成员为两个教学班的语、数、外教师，不再跨班级组；普通成员为其他教师，允许他们跨班级组。在班级组内，组长多统筹工作，纵向上使学校、年级和班级能够顺利畅通，横向上协调班级教师和其他任课教师之间的合作。清华附中、北京一七一中学等建立了班级工作组制度，班主任是工作组组长，每一个任课教师都是成员，定期召开工作例会，共同研讨学生工作。

三是保持"一人班主任制"，深化班级管理改革。以"新基础教育"为代表，将班主任制度完善与班级建设变革结合在一起。在班级建设变革中进行实践探索，如把管理权还给学生、注重学生班级生活的教育性。通过专业化建设、专业培训、持证上岗等制度建设提高班主任素养。

综合以上三种变革趋势，从表面看来，班主任岗位的变革似乎既存在被强化的做法，也有被弱化、取消的做法，那么，哪种变革代表了班主任岗位变革的趋势呢？为什么出现了看似相悖的两种做法？在走班制兴起的背景下，传统行政班的班主任岗位和角色也必然要发生变革。变革已经势在必行，怎样变革需要回答一个根本性问题：我们为什么需要或不需要班主任？我们需要班主任做什么？这个问题就是要回答班主任的岗位职责和角色到底是什么的问题。回答这个问题需要先来考察一下"班主任"一词的由来，再来决定在今天的教育环境下，我们要对班主任岗位进行怎样的变革。

"班主任"这一名称最早出现在文件中是在中国共产党领导的老解放区的相关文件中。新中国成立后，也曾一度在中小学设级任主任，后又撤销级任主任，设班主任。1952年3月18日，中华人民共和国教育部颁发《小学暂行规程》和《中学暂行规程》，其中规定："小学各班采取教师责任制，各设班主任一人，并酌设任科教师"，"中学以班为教学单位，……教员人数每班以二至三人为原则；……每班设班主任一人，由校长就各班教员中选聘"。自此以后，班主任制在中小学教育中普遍实行。班主任逐渐成了班级组织的核心人物，班主任角色被赋予诸多隐喻，如家长、保姆、生活导师、精神向导、引领者等等。班主任是学生的重要他人的认识被普遍接受。2009年教育部出台了《中小学班主任工作规定》，规定了班主任的角色为："班主任是中小学日常思想道德教育和学生管理工作的主要实施者，是中小学生健康成长的引领者，班主任要努力成为中小学生的人生导师"。那么，在未来的班级组织变革中，班主任角色又会发生怎样的变革呢？

从历史教训来看，只有"导师制"（取消班主任）的班级管理似乎效率低下，从现实政策来说，"取消班主任"也与目前文件政策相悖。如果说当初学习苏联经验实行班主任制时，我们强化的是班主任的行政管理职能和思想意识形态作用，那么今天的班主任角色变革则是要实现工作职责、工作理念从管理者回归教育者的转变。基于这一认识，三类班主任变革不是表面上的"班主任"角色取消或强化的矛盾。有学者甚至认为班主任制是中国对世界教育制度的一大贡献。在某种程度上，笔者同意这种观点，也坚信未来的班主任角色变革都是对班主任作为教育者需要的制度支持的探索，是对传统班主任角色的进一步认识。

（五）班级空间：教室凸显为学科教学和师生交往服务的功能

案例6.4向我们展示了一个耳目一新的教室，在北京十一学校，除了有功能教室外，还出现了学科博物馆。教室的学科教学功能得到了最大化的发挥。教室是班级组织重要的内部资源，是重要的教育元素之一，是教和学发生的场所，是师生交往的空间，是班级文化的重要载体，时刻教育着浸润其中的学生。班级为了更好地实现育人功能，就不能忽视教室这种教育资源的利用率。

当前的班级变革中，教室服务于学科教学的功能得到强化。传统的学校教育中，教室就像是士兵的营房、驻地，仅仅是为教和学提供了一个场地，没有凸显服务学生学习、教师教学的功能。以北京十一学校的功能教室、学科博物馆为代表的教室空间再利用，凸显了教室服务学科教学的功能。这样的教室里随处可见各种教育资源，比如图书、实验设备、老师的教具、学生的学具，这些都应该整合到教室内。笔者去过一些国际学校，他们的班级各个角落都被充分利用，有条不紊地摆放着学生的作业本、上课用的 iPad、认识数字的教具、阅读课用到的书目等等。所有的工具、设备学生都随手可以拿到，这样的空间才是真正的教和学的空间。

教室还是师生交往的重要物理空间，班级变革的趋势之一就是将班级营造为一个温馨的交往空间。育人不是独立的班级工作，需要在师生交往的日常活动中发生。作为师生互动的空间场所，教室应该满足这种需求。上海市很早就认识到了教室的重要作用，由教育行政部门主导推动了温馨教室建设。从 2006 年起，上海抓住教室这个学校教育的关键因素，在黄浦、卢湾、宝山等区启动了"温馨教室"建设工程的试点工作。两年后，"温馨""幸福"的种子在试点学校的教室里生根、发芽、开花。从 2008 年起，"温馨教室"建设工程将在上海所有的中小学全面推广。在"温馨教室"的试点学校，"教室"已不再是物理意义上的空间，而是一个充满人文关怀的教育环境。①

---

① 关注学生心灵，上海试点温馨教室建设工程 [EB/OL].http：//news.sohu.com/20081113/n260619673. shtml，2015-11-7.

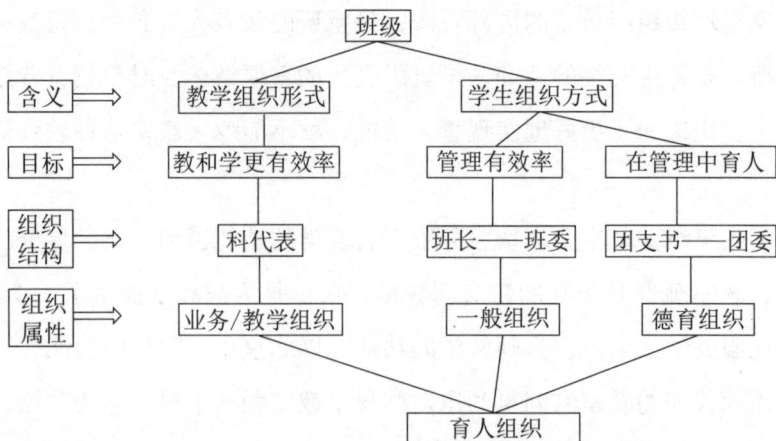

图 6.2　班级组织的含义、目标、结构及属性分析

　　总的来说，如图 6.2 所示，产生于班级授课制下的班级，从其含义上看，既是作为一种教学组织形式存在，同时因为学生群体的集合，自然地产生了组织管理的需要，所以班级也是作为一种学生组织方式的存在；从目标来看，班级作为教学组织的一种形式，这种形式既要节省教学的成本，又要保证学生学习的效果。班级作为一种学生组织形式，既要保证管理的效率，又要实现管理育人的目标。这样的多重组织目标决定了班级的组织管理结构既要有科代表保证教和学工作，也要有班长——班委进行日常管理，还要有团支书——团委保证管理的方向是围绕育人进行的。由此，可以看出班级的属性既是一种业务组织，也有一般组织的管理需求，还是德育组织。这些组织属性缺一不可，因此，应该将班级作为一个育人组织。不论是作为行政班的班级还是作为教学班的班级，都不能脱离育人组织的本质属性，在整体育人的目标下指导班级管理结构、师生角色和关系、班级空间等的综合性班级变革。

第七章　学生自治组织变革

北京十一学校　崔京勇

著名教育家苏霍姆林斯基有一个著名的论断："真正的教育是自我教育，是实现自我管理的前提和基础；自我管理则是高水平的自我教育的成就和标志。"学校培养学生的自我学习、自我教育、自我管理的一个重要途径和载体就是学生自治组织。目前我国中小学学生自治组织的现状如何，学校在学生自治组织构建方面作了哪些探索，学生自治组织变革走向何方，是本章要探讨的主要问题。

一、当前我国中小学学生自治组织现状及存在的问题

（一）学生自治组织的概念和特点

1. 学生自治组织的概念

学生自治组织，是从学生自治的理念出发，经相互频繁交流沟通，由学生自发成立、自愿参加、自主发展、自行运作、自主活动、自我治理，自然形成核心人物，以活动为平台，其结构功能日趋完善，并与外部环境保持持续联系的三人以上的学生集体或群体，是学生进行自我学习、自我教育、自我服务、自我管理的组织。

学生自治是学生权力的具体体现，而作为一种理念，学生自治在具体实践中就必须通过一个载体加以实现，于是学生自治组织就应运而生了。在中小学，学生作为最重要的主体，借助于学生自治组织，实现其多样化的存

在、多元化的发展和多层面的诉求。同时，学校以学生自治组织的构架作为载体，实现对学生的有效管理和全面培养。

有别于作为实施课程组织形式的班级，学生自治组织作为学生交往与合作的载体，对学生发展具有民主训练价值、社会角色训练价值、兴趣发展价值与能力提升价值。但我国著名教育家陶行知先生在谈到学生的自我管理时指出："学生自治，不是自由行动，乃是共同治理；不是打消规则，乃是大家立法守法。"

2. 学生自治组织的特点

民主性。学生自治组织要保持自身建设的民主性，他们在活动中加入了平等、尊严、自由、民主这些青少年喜欢的元素，参与的青少年有主人的感觉，玩得很快乐。

灵活性。活动方式的灵活性，活动充满创意，吸引力强。活动设计得很丰富，充满创意，比体制内组织的活动吸引力更强。植根于基层，更加贴近现实、贴近社会、贴近学生，具有成本低、效率高的优势。

非正式性。自发形成，自愿参加，自主管理。出入自由，成员间是平等的、分工合作的、优势互补的关系，领袖自然产出，其领导力和号召力主要依靠其人格魅力、学术贡献、服务水平，没有行政命令和手段。

趣缘性。组织的形成，主要缘于具有某种共同的信念和观点，或者相同的社会背景、志趣爱好和类似生活经历的同学的自发组合。因此，成员之间的某种共同点，是他们走在一起、开展活动、维系群体的桥梁和纽带。

（二）当前我国中小学学生自治组织现状

1. 当前我国中小学主要学生自治组织现状的宏观分析

小学学段，学生自治组织处于孕育阶段。小学生的年龄在 6~12 岁之间，年龄小，自治意识处于潜伏期，自治能力差，自治组织少，处于形成和发育时期，发育不完善，浅层运行。类型以兴趣小组、课外活动小组、艺体特长小组为主；由于小学生自治能力尚未发展起来，组织的领袖需要老师的扶持，处于"扶着学步车走路"的阶段。自治组织数量少，组织结构相对稳定，活动内容相对单一。少先队组织在小学是强势的学生组织，学生的活动主要以少先队为主开展，社团活动次之，个别学校有学生会，但影响力没有少先队大。

初中学段，学生自治组织进入雏形阶段。初中生的年龄在12~15岁之间，随着学生年龄的增长，学识的丰富，见识的增长，兴趣越来越广泛，交友的愿望强烈，自治意识觉醒，自主、自立、民主的要求强烈；随着自治能力的增强，自治组织的数量开始多起来，类型也越来越多样化，自然地产生了组织的领袖；他们努力地挣脱家长、老师的束缚，自己的事情自己办，活动内容越来越丰富，活动范围越来越大；组织目标还是较单一，组织结构不太稳定。少先队与团组织、学生会并存，学生会的影响力慢慢大起来，社团开始活跃起来。

高中学段，学生自治组织进入形成阶段。高中生的年龄在15~18岁之间，学生从少年走向青年，有一定的组织能力、自治能力、决策能力，民主意识、参与意识、参政意识增强，价值观、人生观、世界观逐步形成，能运用所学知识和经验解决实际问题，对社会问题有了自己的看法，参与学校事务、社会事务的愿望和积极性强烈；自治组织数量增加，类型更加多样；领袖人物的后备人选较为丰富，进入竞选阶段；活动内容学术性、社会性、服务性更强；自我学习、自我服务、自我管理的特征凸显；组织成员有的上百人，活动范围不仅仅限于学校，触觉伸向社会的更深层面。

2. 当前我国中小学主要学生自治组织现状的微观分析

目前，存在于我国中小学的学生自治组织，相对稳定和普遍的主要有学生会、学生社团、学生社团联合会、兴趣小组等。

（1）学生会。

学生会是学生自己的群众性组织，是联系学生和学校的桥梁和纽带，是学校重要的学生组织，是学校拥有的最基本的两个学生组织之一（另一个为团队组织），其指导部门为学校团组织。

学生会的存在在中学较为普遍，几乎校校都有，在大校还分为年级学生会和学校学生会。它的组织最稳定，机构健全，制度完善，有章程，有计划，有总结，有评价表彰，有固定的活动场地和时间，活动频繁，活动内容丰富多彩，受到学生的重视、认可、欢迎，受到学校领导、教育主管部门的重视，有专门的部门协调和指导，有一定的资源支持，特别是资金支持。

（2）学生社团和社团联合会。

学生社团是学生群体中的自治组织，它是在学生自愿的基础上自由结合、按照各自的章程自主开展活动的学生群众组织。现在各校的学生社团数量少则十几个，多则百余个，规模不一、种类繁多，名称更是各具特色。为了便于各个社团活动的有序开展，社团联合会这个专属于学生社团的统筹服务机构便有了成立的必要。

学生社团具有多样性、时尚性、自主性、开放性等特点，打破了班级、年级甚至学校的界限，有助于培养学生健康积极的兴趣、爱好；有助于培养学生的自主意识，促使学生在活动中成为自己教育自己的主体；有助于有个性特长的学生找到归属感，在活动中绽放自我价值，体验成功，增强自信；有助于团结兴趣爱好相近的同学，发挥他们在某方面的特长，开展有益于学生身心健康的活动。因此，学生社团成为学生在校内历练自我、完善自我、提升自我最好的平台。学生组织、参与社团活动以保证完成学生的学习任务和不影响学校正常教学秩序为前提；以交流思想，切磋技艺，互相启迪，增进友谊，寻找自己志同道合的伙伴为原则；以有益于学生的健康成长和提高学生的自主管理能力以及打造校园社团文化为目的。

听听来自北京十一学校星月共辉文学社的社长李逸伦的心声："初到学校，丰富多彩的社团让我眼花缭乱，萌生了组建社团的想法，从当初不到十人的班级文学小组，到如今的校级品牌传媒社团，这期间我们走过了艰辛却又快乐的一段路程。实际上，不论是小社团还是大社团，不管社团成员变化有多快，不变的是我们对文学与传媒工作的热爱。看着一个个精彩纷呈的活动与一本本凝结着全社同学心血的文集在我们的手中诞生，这种幸福感是难以言表的。真的要感谢学校与我社的指导老师，是他们为我们打开了一个全新的天地。"

社团是中小学最普遍、最活跃、最受学生喜欢的学生自治组织。参与人数多，数量多，类型多样，活动内容丰富，活动范围比较广，门槛低，手续简单，进出自由，成员之间是平等、协商、合作的关系，组织形式多元。如北京市延庆县第二小学就有六类少年社团，包括声乐、管乐、戏剧、摄影等等。北京十一学校的学生社团达到200多个。

学生社团联合会是学校社团的联合自治组织。一般出现在高中、大学校园，通常简称为"社联"。一般在校团委的直接指导下独立开展工作。

学生社团联合会是管理社团工作、服务社团发展的学生组织。负责管理社团相关事务，如社团招新、社团注册、社团财务、社团活动场地批准等；为社团提供必要服务，包括帮助社团组织机构建设、帮助维持社团之间的联系等；建立并维护学生社团与学校管理层之间的联系、组织全校性社团活动；负责新社团成立的申请工作；管理发展不足的社团的注销工作，及社团的整合工作；等等。

（3）兴趣小组。

兴趣小组是具有相同兴趣和爱好的学生群体，在教师指导下或自愿结成的活动小组。兴趣小组在培养和发展学生的兴趣爱好，发挥聪明才智以及自主精神、创造性等方面具有重要作用，有助于培养发现人才，对学校的课外活动起到指导和示范作用。兴趣小组以兴趣爱好和自愿为原则，有相对严密的计划，在发挥学生一定特长的同时，注意思想品德教育。兴趣小组又叫课外活动小组、课外兴趣小组、兴趣活动等。

在学科教学中，某个班级和年级，学科教师根据学生对本学科的兴趣情况组织的小组，有时叫学科兴趣小组，如语文兴趣小组、数学兴趣小组等。学科兴趣小组是兴趣小组的一个类型，也属于学生自治组织。

兴趣小组在小学最多，初中次之，高中较少；在农村学校和一般学校较多，在城市学校和优质学校较少；受学生欢迎，类型多与学科教学相连，如阅读兴趣小组、奥数兴趣小组、英语口语兴趣小组等等；文体类也较多，如合唱团、民乐队、管乐队、足球队、篮球队、乒乓球队、国际象棋兴趣小组、数棋兴趣小组等等。如北京市延庆县第二小学就有20多个兴趣小组，包括国际象棋、魔方、科幻画等等。

除了以上四类常见的学生自治组织外，目前，在我国中小学还有一些学生自治组织形态，如项目小组、课题小组、任务小组、活动小组等等。虚拟学生自治组织，伴随着网络和移动互联网技术的发展如雨后春笋般出现，其性质和形态有待于论证。

（三）当前我国中小学学生自治组织存在的问题

1. 宏观看学生自治组织存在的问题

（1）目标模糊，指向单一，缺乏高度。

目标模糊。多数学生自治组织的目标是在组织成员的头脑中或者是停留在口头上的，没有用文字清晰地描述在纸面上，更谈不上认真地研究和讨论，处于含糊状态，目标的模糊导致一系列问题的出现。

指向单一。目标指向仅围绕学生的学习和学业的居多，例如各种学科兴趣小组，仅仅指向学科学习是不够的。

缺乏高度。组织目标缺乏高度，缺乏远见，缺乏视野。仅围绕着考试和升学，目光短浅，仅看眼前，现实性、功利性强。应从升学考试走向服务社会，面向公益慈善，肩负担当和责任；应从班级走向年级，走向学校，走向社会，走向未来；应从学生群体走向弱势群体，走向广大的民众。

（2）数量少，类型单一，缺乏吸引力。

数量少。不少学校自治组织屈指可数，三个五个、十个八个也就不错了。

类型单一。以学生会为主，社团也是围绕学业的多，围绕学科的多，围绕文体活动的多，围绕兴趣的多，班内的、校内的多；服务于普通民众的公益性、志愿性的组织少，跨校的少。类型的丰富性不够。

缺乏吸引力。有的学生自治组织没有从学生的需求出发，满足学生的个性需要和个性发展的需求，没有尊重学生的意愿，没有尊重学生的选择，没有充分地相信学生，没有给学生自主权，导致吸引力差，参加的学生少，组织的成员少。

（3）依赖性强，自治性差，缺乏自治能力。

我们的学生习惯于听从、顺从。在家听父母的，在校听老师的，在单位听领导的，依赖性强，自主、自治意识淡薄，有待唤醒，组织的自治性差，自治意识有待激发，自治能力有待提升，自身发展能力有待提高。

（4）领袖作用过于突出，定位存在问题，缺乏机制保障。

学生自治组织的领袖过于突出了自己的作用，组织的维持和发展靠领导者的个人能力、人格魅力和情感维系，没有及时分析追随者的特性，缺乏调整和培养追随者的自我领导，缺乏提升组织的整体效能的能力，缺乏科学的组织架构、制度保障和运行机制。

学生自治组织领袖的定位存在问题，领袖把自己当成组织的"官"，发号施令，用行政的手段开展工作。

这种人治式的管理存在不少弊端，突出表现在：一是学生自治组织领导的理念发生变更，往往带来组织使命、组织意愿等方面的变动，不利于组织的稳定成长；二是发生组织领导的更迭时，相当多的追随者可能退出该组织，从而影响组织的持续发展；三是难以对其行为进行有效约束。

（5）资源受限，考试窒窟，外部环境待改善。

学生自治组织在很多时候会因受到资金、场地等资源的限制而影响发展，而同时，社会、政府层面有很多可以为学生自治组织提供服务的社会资源，只是尚且没有恰当的服务机制进行相关合作引导。

学生自治组织还受到中考、高考的窒窟，受到家长眼前利益、升学压力的影响，受到对学生、教师、学校评价制度的扭曲，受到社会传统的人才观、成长观的驱使。"万般皆下品，唯有读书高""学而优则仕""分分分，学生的命根"导致学生"读死书，死读书，读书死""唯分数论英雄""千军万马挤独木桥""上大学、考名牌成了唯一的成才之路"。学生在校只是读课本，学教材，做习题集，反复强化，反复练习，学生的课余时间被挤占，学生的兴趣被扼杀，学生的思想被统一，学生的创造性被泯灭，学生自治组织在夹缝中求生存，求发展。学生组织活动，学科教师不支持，家长反对，外部环境不良。

（6）职能定位出现偏差，成为学校管理的附庸。

学生自治组织职能定位出现偏差。在活动内容上，成为学校管理的附庸，成了学校教学处的附属组织，成了政教处的下属，成了团委的跑腿者，没有处理好与学校其他组织的关系，保持自己的独立性、自治性，混入其他组织机构之中。在行为方式上，行政化严重，靠发号施令开展工作，失去了自我，偏离了职能轨道。

（7）组织特性彰显不够，作用发挥欠佳。

学生自治组织的特性彰显不够，人本主义思想、主体性思想、民主性管理思想未得到充分体现。在激发学生的民主意识，提升学生自我管理能力，培养学生与人相处、合作能力等方面，作用发挥得不够。服务社会、参与社会事务、勇于承担历史责任的意识和行动不够。

（8）未引起各方面的重视，监管指导不力。

在校内，学生自治组织在学生成长中的地位和作用有多大，在育人体系中的地位和作用有多重要，多数老师和校长未重视和思考，更谈不上指导和监管；在家庭中，学生自治组织在孩子成长中的作用如何，不少家长想得少，认识不够，何谈指导和监管；在社会上，学生自治组织的培育对未来社会发展的意义，少有人重视，少有人研究，指导和监管也少得可怜。

2.微观看主要学生自治组织存在的问题

（1）学生会存在的问题。

有的学校学生会丢掉了自己的组织职责，沦为学校管理的附庸，纳入学校行政管理序列，甚至成为学生的对立面；忘记了自己组织的性质，服务学生、代表学生、反映学生诉求被抛到九霄云外；忘记了自己的出发点，失去了自我，失去了自主。

有些学生会干部忘记了自己的职责，沦为学校管理的跑腿者，成为传令兵，把当学生会干部作为权力的象征，作为升学的资本、入党的资格。不少学校的学生会干部是学校任命的，不是学生选举产生的，因此主要对学校负责，而不是对学生群体负责，站在了管理者的位置，忽视了服务的角色。

一些学校的学生会组织的活动、开展的工作，主要是体现学校的意志，而忽视了学生群体的兴趣和需求，维权和外联职能发挥不够。

作者曾经采访过一位从中国到澳大利亚阿德莱德玛雅中学留学的高中生，她感受最深的就是玛雅中学的学生会与其原来所在中国学校的学生会形成鲜明的对照，她说：这里的学生会是代表学生的，为学生说话，而国内的学生会是代表学校的，只是要求学生，管理学生。

（2）社团存在的问题。

认识不足。目前大多数学校对社团的价值认识不足，没有把社团活动纳入学生学习以及实现自我教育、自我管理的视野，只是将社团作为一种管理的方式，社团处在学校教育的边缘化地带。

指导管理存在"越位"和"不到位"的现象。一种是认为学生还小，学校还不能放手，对学生社团诸事务都要由学校、教师插手去组织，学生只要按照学校的要求认真参与就是了。很多的初中生、小学生社团的成立完全是由学校出面组建的，出现了"越位"现象。另一种就是对学生社团干脆甩手不管，任由其自生自灭，存在"不到位"的现象。现实中的初中生和小学生社团，由于学生本身的自主性不强、兴趣爱好发展还没有完全定型，以及财力等方面的制约，更需要学校和老师的引导，要及时"到位"。

活动内容单调、浅薄。学生社团承载着应对时代需求的历史使命，关心社会、了解社会、熟悉社会、服务社会是学生社团的主要天职和使命。社团活动偏重于个人的娱乐消遣，缺乏与社会的联系，服务社会的意识淡薄。

社团发展滞后。社团作为一种学生自治组织越来越引起人们的重视，值得深入研究和探讨，但跟不上社会的发展速度，满足不了学生的需求。

强烈的矛盾冲突。社团成员参与社团活动与学业压力之间的矛盾冲突强烈，导致部分成员难以正确处理两者之间的关系，迫于学业压力而放弃社团活动，甚至退出社团。某中学社联曾作过一次问卷调查，在问卷中有这样一则反馈："我没有时间做社长了，不想做了，太难了，我要安心学习了"。

北京十一学校团委书记赵华的观点具有指导性，她认为：针对学生参与活动是否影响学业的问题由来已久，备受老师和家长关注，同时不可否认的是有些孩子忙于社团的事务而疏于学习，导致学业成绩下降。但从学生个体长远发展与学校文化建设的角度考虑，我们应该认识到学生社团是发展学生志趣，培养学生能力，创造校园精神生活的有效载体，为广大同学认识自我，了解社会，锻炼能力，展示才华，培养兴趣，规划未来职业和人生方向提供了良好的环境和舞台。学生社团除了锻炼学生的综合能力外，也创造着丰富的校园精神生活。它对学生的影响是长期的、终生的。学生参与社团活动利大于弊。

社团教学化。《中国教育报》2015 年 9 月 5 日头版头条以《中小学生社团走班三问》为题，介绍湖北武汉东湖高新区社团走班的经验。"据了解，武汉、北京、上海、山东潍坊、河南鹤壁、四川成都等地都在尝试这种社团方式。"该文介绍了怎样解决社团师资问题，怎样解决社团走班学生管理问题，怎样解决行政班与社团班的协调问题等方面的经验，实行"一起考评，不分彼此""专门成立了集学校教师、民间艺人、教育专家于一体的专业委员会来打分评定学生社团"，社团教学化，管理运行教学化、行政化思维明显。

（3）学生社团联合会协调作用发挥不佳。

社团联合会本来是为了方便各个社团活动的有序开展，为各个社团的统筹服务而成立的，主要起协调作用，但在实际运行中，协调作用发挥不够，反而成了领导机构，成了社团的"衙门"。社团联合会与各社团是平等的关系，没有隶属关系，主要职能是协调、服务、协助管理，而不是领导。

（4）兴趣小组存在的问题。

一是活动项目的设置与内容的选择单一，不利于学生综合素质的培养；二是小组活动课堂化倾向比较严重；三是重技能技巧的训练，不够重视学生核心素养的形成。

二、我国中小学学生自治组织变革的典型案例

本章主要以北京十一学校为例，理由如下：

一是该校2010年被批准为北京市综合教育改革实验学校，2011年被批准为国家级教育体制改革试点项目"深化基础教育学校办学体制改革试验项目学校"，2004年被评为北京市示范性普通高中，"普通高中育人模式创新及学校转型实践"获2014年基础教育国家级教学成果特等奖，成为全国基础教育的改革先锋，是中国基础教育的先进代表。

二是该校以选课走班为核心的课程改革，促使学校组织结构和管理方式发生了根本性的改变，代表了中国中小学未来发展的方向，具有前瞻性、导向性、方向性。

三是该校把自己的成果推广开来，建立了联盟学校。从学段上说，有小学、初中、高中，将来还有幼儿园的加盟；从区域看，联盟校有在经济发达地区北京的学校，有在经济落后的西部新疆克拉玛依的学校；从办学性质来说，有公办学校，也有民办学校；从学校基础来看，有基础好的学校，有薄弱学校，有薄弱学校的合并学校，有改造学校，有新建学校，即便在北京也有城中区的薄弱学校，还有新开发区的农村学校；不论何种情况，都取得了成功，新建校一举成功，薄弱校一年翻身，得到了学生、家长和社会的高度认可。

四是学校重视学生的自主学习、自我管理、自我服务、自律和个性发展。《北京十一学校行动纲要》中写道：学校着力于培养志远意诚、思方行圆，即志存高远、诚信笃行、思想活跃、言行规范的社会栋梁和民族脊梁。通过引导学生进行职业与生涯规划，确立远大目标，启发学生立志成为某一领域的领军人物或杰出人才；诚信做人，让每一位十一学生成为值得信任的人；强化学生自律意识，培养学生自主管理能力；鼓励独立思考，培养有自己想法的学生。

五是作者本人身在其中，掌握第一手资料，真实准确。

案例 7.1　北京十一学校学生会

我们可以透过北京十一学校刚刚通过的学生会章程来了解该校学生会组织的情况。

北京十一学校学生会章程

［第一章　总则］

第一条　为明确学生会工作职能，表达和维护同学们的正当权益，规范健全学生会制度，制定本章程。

第二条　北京十一学校校学生会是源于学生、服务于学生的群众性组织，是我校三大学生组织之一。校学生会直接对校长负责，是连接学生和学校的桥梁。

第三条　北京十一学校校学生会，简称为校学生会。

第四条　校学生会由团委老师指导。实行民主决策、民主管理及民主监督。

［第二章　学生会成员及部门架构］

第五条　校学生会设主席一人，副主席两人，常委若干人。

第六条　校学生会设有权益部、活动部、外联部、宣传部、秘书处等职能部门，以履行其基本职能。

第七条　常委任各部门部长或副部长，各部门可通过招新录取干事，人数不作要求，适合该部门工作即可。

第八条　校学生会成员均享有知情权、监督权和平等的表决权。

［第三章　学生代表大会］

第九条　北京十一学校学生代表大会是学生的权力机关，每年召开一次，大会闭会期间由学生会常委及其成员行使职责。

第十条　学生代表大会由各年级选出的代表组成。代表依照规定比例由年级民主推选产生。

第十一条　参与学生代表大会的学生代表每届任期为一年。

第十二条　学生代表行使下列职权：

（一）修改、通过《北京十一学校学生会章程》；

（二）审议和通过上一届学生会工作报告；

（三）选举新一届校学生会常委；

（四）收集学生意见和建议，向大会提交提案；

（五）对学生会工作享有监督权。

第十三条　学生代表大会主席团由上届学生会常委、团委代表、社联代表组成，为学生代表大会最高决策机构。

第十四条　学生代表大会第一次扩大会议，由学生代表大会主席团及新任学生会常委召开，民主投票选举主席、副主席。

［第四章　年级学生会与校学生会］

第十五条　年级学生会为由年级学生通过民主选举产生的群众性组织，其职能和性质不同于学生管理学院。

第十六条　年级学生会与校学生会地位平等，二者相互扶持、相互监督、共同进步。

第十七条　年级学生会有权向校学生会提交提案，反映学生需求。校学生会有权采纳或否定年级学生会的提案。

［第五章　监督机制］

第十八条　校学生会不设立专门的监督机构，采用校学生会、团委会、社团联合会以及年级学生会各学生组织之间的互相监督机制，任何校学生会成员及学生代表均享有此监督权。

［第六章　章程的修改和生效］

第十九条　学生代表有权对本章程提出修改意见和建议，并在代表大会期间提交大会进行审议和通过。

第二十条　学生代表的五分之一向学生代表大会提交修正案，在学生代表大会三分之二以上多数通过。

第二十一条　本章程自 2015 年 4 月 12 日北京市十一学校第十八届学生代表大会通过之日起生效。

[案例分析] 北京十一学校学生会有自己的章程，在章程中清晰地表述了学生会的性质、地位、职责、任务，清晰地勾勒出组织架构，清晰地阐述了学生会与团组织、学生联合会的关系，校学生会与年级学生会的关系，彰显了它的自治性、独立性，清晰地展示了组织运行机制。它的典型性表现在：第一，回归组织本质。学生会是源于学生、服务于学生的群众性组织，表达和维护同学们的正当权益，不再是学校的附庸，不再是传令兵，不再混同于其他组织。第二，自治性。校学生会直接对校长负责，是连接学生和学校的桥梁。理清了与学校中其他组织的关系，是学校三大学生组织之一，校学生会由团委老师指导，实行民主决策、民主管理及民主监督。运行中，做到了自己的事情自己做主。第三，章程严密规范。章程之下，还有相应的配套制度，形成了制度体系。

学生会活动常态化，参与学校决策，学生维权。学生会代表参加校务会，当校长助理；每周一次校长有约，学生和校长可以坐在餐桌上一起边吃饭边交流。这些都是学生与学校、校长联系和沟通的措施和渠道。

北京十一学校学生会的地位和权力得到了学校"法律"的保障，《北京十一学校章程》规定"学校实行分权制治理结构。教职工代表大会、校务委员会、党总支、学术委员会、学生会、教师家长委员会等组织，共同组成学校权力机构，分别决策相应事项。各治理主体互相制约，防止决策失误或某一方权力过度膨胀""学生会系学生民主自治组织，是学校与学生联系的桥梁和纽带。对事关学生切身利益的事项，如有关学生的规章制度、奖惩办法、校服选用、食堂管理等，学校应通过学生会广泛征求学生意见。每年召开学生代表大会，对学校相关事项可以提出建议案，学校相关方面必须做出回应"。

案例 7.2 北京十一学校学生社团

听听来自北京十一学校"谏客社"社长滕明璇的心声：

我们的谏客社是个标准的"民间组织"，也就是说是个完全没有老师参与、自己组建自己管理的学生组织。它是个公益大社团，从 2008 年组建，直到现在已有七年时间了。我们常常组织校园"小小义工周"，将公益的理念传递给校园里更多的同龄人。学校的体育馆看台上、食堂的餐桌间、图书馆的书架旁，都留下过我们的义工印记。有时候资金用光了，我们就举办校园跳蚤市场来筹集活动经费。每年 3 月份为"地球一小时"公益签名活动，寒暑假去聋儿康复中心做义工、去敬老院做志愿者……诸如此类的活动都是我们的创意和想法，我们永远乐此不疲，乐在其中。

看看来自北京十一学校海洋星空基金会的活动：

2009 年 11 月 20 日，张念武和王懿嘉同学带着激动的心情组织了 11 名同学，共同商讨并成立国内第一个以青少年为主体的专门针对自闭症儿童家庭的公益性基金会——海洋星空基金会。

2010 年 3 月 15 日，基金会召开第三次理事会第一次扩大会。讨论并通过了增设网络部的建议。原因是为了扩大宣传面，保证基金会捐赠、财务的公开透明。

2010 年 5 月 14 日，基金会召开第四次理事会第一次扩大会。讨论并修改了章程，全票通过了关于外校同学加入理事会的请求。他们是：人大附中高二（8）班：钦鹏；一六一中学初一（7）班：李兰馨；北医附中初二（3）班：王嘉雨。

2012 年 2 月 6 日，由监事部副部长高一（6）班付玮同学带领十位学生以及两位家长一行 12 人来到北京市大兴孤独症康复中心，开展题为"玩具也有爱"的志愿者活动，每人都为康复中心的孩子捐献了玩具，并为他们做了一些力所能及的事。

2012 年 2 月 17 日下午一点至六点，海洋星空基金会的第二批志愿者来到了星星雨教育研究所，进行了两个多小时的志愿陪护工作。期间，基金会成员们和其他学校的志愿者一起，负责看护自闭症儿童，并试着与他们交流，与他们一起游戏。

2012 年 3 月 1 日，由匡尧同学组织了第五次理事会，审议并通过了由复兴路 20 号院、永定路 56 号院及复兴路 24、26 号院的同学们各自组建基金会三个分部的提议。

读读来自北京十一学校的社团章程：

学生社团是广大同学为培养各种能力，开拓知识面，调整知识结构，挖掘潜能，发展个人兴趣、爱好和特长，自发组成的学生群体组织。

学生社团接受十一学校团委的指导，在社团联合会的带动组织下面向广大同学开展活动，充分发挥学生社团在学校教育中的重要载体作用，打造依靠学生自组织的活动阵地。

学生社团要保持自身建设的民主性，活动方式的灵活性，素质拓展的专业性，以及社团内部的良好凝聚力的传统优势，要克服社团组织建设的松散性，活动设计的随意性，思想建设的间断性，向组织建设的整体化，职能建设的民主化，资源整合的社会化，以及运作机制的项目化方向发展，逐步建立科学、合理、规范、灵活的社团组织体系。

在校团委的指导下，由学生组织成立"社团联合会"，建立职权明晰、权责合理的全方位多层次网络状社团组织体系，加强对社团组织的管理和引导。

学校鼓励广大同学自行组织学生社团。学生社团应自觉遵守社团联合会管理规章和学校有关社团的其他规定，各社团成立须经社团联合会批准。

遵守国家法律、校规校纪，以为同学服务为出发点，为广大同学认识自我，了解社会，锻炼能力，展示才华，培养兴趣，规划未来职业和人生方向提供良好的环境和舞台。

凡在我校注册的学生都可以申请加入我校的任何一个学生社团。

学生所参加学生社团的数目不受限制，社团成员必须履行成员的义务，并享有成员的权利，并有权对本社团有异议的活动或事项向社团联合会报告，请求上级部门审议。

学生社团有权按照自己的规章制度取消本社团成员在社团活动中的资格。社团成员可以以社团成员名义参加学校进行的奖学金及其他表彰评比。

[案例分析] 读完北京十一学校社团章程，我们既看到了一般学校社团

所具有的要素，也强烈感受到它的与众不同。一是"以为同学服务为出发点，为广大同学认识自我，了解社会，锻炼能力，展示才华，培养兴趣，规划未来职业和人生方向提供良好的环境和舞台"。二是学校鼓励广大同学自行组织学生社团。三是它的规范性和完整性，与社团章程配套的还有《社团活动中心管理条例》《社团会议制度》《社团审批制度》《社团星级评选标准》等制度保障，形成了该校社团学生自治组织的较为完整的制度体系和保障体系。

看完海洋星空基金会的情况介绍，我们不难得出以下认识：它是非学业内容的学生组织，面向社会，面向社会的弱势群体，培养学生的爱心和社会责任感，它的成员以志愿者的身份开展志愿活动。它的活动范围广，跨度大，跨校，有分会，与社会慈善组织有联系，打通了与社会组织的连接。它是以学生为主，形成学生、家长与社会人士联动的学生组织。它建有自己的网站，注重利用网站联络会员，传递信息，宣传组织，实现组织建设的信息化、网络化。

听了谏客社滕明璇的心声，我们能强烈地感受到社团创意和想法的脉动，看到社员们做志愿者的活动身影，感觉到自我管理、自我教育的坚定信念。

北京十一学校把学生社团作为学生自治组织来培育，作为落实"创造适合每个学生个性发展的教育"的具体措施来落实，作为满足学生个性发展需求的途径来探索。学校现有200多个学生社团，理念先进，制度健全，运转自如，活动扎实有效，堪称学生社团建设的典范，具有代表性，值得研究借鉴和推广。

案例7.3 北京十一学校社团联合会

北京十一学校社团联合会的宗旨是合作与发展。通过合作促进社团与社团，社团与社联间的关系，增进社长间的了解，开阔十一社长们的视野，改变社长的管理思维，提高社团经营管理水平，建立科学的社团管理体系，共同实现十一社团的良好与长远发展。

北京十一学校社团联合会实行社团代表大会制度。代表由各社团推举产生，需要能够代表社团和社长，一般由社长担任。每名代表均享有对提案的表决权及联盟代表的选举权与被选举权。当社团代表大会休会期间，由大会选举出的社团联盟代表及社团联合会处理日常工作。代表大会于每年三月举行，参会人员为各社团代表，社团联合会负责人，团委老师及特约嘉宾。社团峰会于每年十二月举行，参会人员为社长或骨干，社团联合会负责人，学生电视台及方圆电视台记者，团委老师及特约嘉宾。

社团联合会负责社团审批，建有社团审批制度。新申请的社团需先在新选课平台进行申报，方可成立新社团，招募社团成员。

社团联合会负责社团星级评选工作，建有社团星级评比制度。星级社团实行分级（评选）管理模式，共设有六个星级，分别是五星级、四星级、三星级、二星级、一星级和零星级。

［**案例分析**］北京十一学校社团联合会定位于合作与发展、服务与管理，我们看不到领导与被领导的关系；它们有自己的职责定位，按照社团审批制度负责社团审批，依据社团星级评比办法负责社团星级评选工作；它们有自己的议事规则，定期举行代表大会和社团峰会，体现出社团之间的相互尊重、高度自治、民主、平等关系，体现出社团之间、社团与社联之间相互合作的关系。

案例 7.4　北京十一学校的"成长合伙人"

初二上学期，年级发起了"成长合伙人"活动，目的是让同学们结成小组，互相督促学习。最初，顾靖坤和学习水平差不多的沈子鸿、高雨亭结成了小组。后来他们想到，三个人水平相当，如果有不会的题怎么办。于是他们请来了学神荆诚。就这样，合伙人的雏形诞生了。再后来，又有罗丹阳和李远哲慕名而来，队伍就扩充到六个人。

开始的时候，这个组织非常松散，没有固定的活动时间，最多就是有难题的时候大家在一起探讨。年级第一次进行合伙人评比，这个组榜上无名。

他们就在一起反复商量，怎么才能让这个小组织正常运行起来。六个人怎么统一意见？在一个月的时间里，他们利用课余时间，多次进行头脑风暴，最终形成了他们独一无二的运行模式。

首先是确定组织的宗旨。以"全面发展、共同成长"为宗旨。结成"成长合伙人"，首位的是要促进学习，但是学习不是唯一目的，他们希望通过沟通、交流与分享，实现每一个人的全面发展。

第二是明确分工。他们针对每个人的个性、擅长的学科，进行了分工。顾靖坤：各科成绩均衡，经常参加学校活动，点子多、有组织能力，担任小组的"大总管"，负责召集开会、监督任务的落实。荆诚：语文学神＋数学学神，担任"语文＋数学课内总管"。高雨亭：英语学霸，担任"英语总管"。罗丹阳：物理学习狂人，担任"物理总管"。李远哲：数学学神，担任"数学课外总管"。沈子鸿：博览群书，担任"课外阅读总管"。

第三是合伙人的活动，概括为四个方面。

1. 学习活动。一般情况下，每个总管每一至两周制定一次学习任务，分发给大家，规定完成期限，顾靖坤负责监督落实。具体活动有模拟考试、动手实验、大脑充电、下发复习资料、发布阅读书目等等。

2. 续写故事。说起"续写故事"，是这个小组的一大创新。顾靖坤喜欢写作，每天坚持写随笔，记下生活中的点点滴滴，常常有写一篇长篇故事的冲动。她把这个想法和其他五个人一说，大家一拍即合，最后大家决定续写，不限定主题，第一个人起笔，后面的人接龙，要把这个故事讲下去，还要合乎故事发展的逻辑。因为每个人兴趣不同，想法各异，这个故事跌宕起伏的程度已经远远超出了大家当初的预想，正在按照它自己的逻辑天马行空地走下去。

3. 畅谈人生。随着合伙人活动步入正轨，六个人相互之间越来越了解，思想的交流也越来越多，而不仅仅停留在学习的层面。作为总管，顾靖坤经常发动大家进行讨论。有一次，六个人互相询问彼此的梦想，每个人都认真倾听别人的理想，反过来思考自己的梦想，顾靖坤认为，一个人有了梦想，才能有飞翔的翅膀，才能有前进的动力。荆大神想当铁道部部长，他立志把中国的高铁搞成世界第一，彻底解决春运问题，票价减掉三分之一，速度快一半。他的远大志向令大家佩服。

4.定期体育锻炼。小组每周坚持进行一到两次体育锻炼。一般在放学后，到学校体育馆进行半小时到一小时的锻炼，打打球，出一身汗，舒缓一天的学习压力，换换脑筋，然后回家做作业。小组六个人都身体倍儿棒、吃嘛嘛儿香、面色红润、精神抖擞，充分体现了十一学子的健康和阳光。

第四是未来规划。上学期末，六个人开了一次会，互相点评了一学期每个人的表现，对寒假活动作了规划。在寒假，每周聚一次，互相督促作业进度、交流答疑并进行体育锻炼。下学期，将延续现有的模式，并根据下学期的课程安排作适当的调整。

[案例分析]"成长合伙人"是典型的新兴学生自治组织。

说它典型，是因为：(1)目标明确且有高度。从结成小组，互相督促学习，到通过沟通、交流与分享，实现每一个人的全面发展，目标明确且有发展的过程。(2)组织架构完整，有独特的运行模式。实行"总管制"，组织内针对每个人的个性、擅长的学科进行了分工，成员分工明确，扬其所长，尽其所能，形成互补。(3)成员自愿参加，领袖自然生成，成员之间的关系是平等的、协商的、互补的。成员由原来的三人，发展到四人、六人。(4)定期活动，内容丰富。有四个方面的活动内容：学习活动，续写故事，畅谈人生，体育锻炼。有规划，有反思，有评价。

说它是新兴组织，是因为：实行了"总管制"；活动内容从关注学习、学业到关注沟通、交流、分享，全面发展；自发形成，自主活动，自主学习，自我反思，自我评价，自我管理；成员各取所长，互相协作，互相督促，互相尊重，互相激励，共同进步。组织运行良好，组织成效明显，促进了每一个成员的发展。

案例 7.5 北京十一学校的阅读朋友圈

初一语文阅读朋友圈。3~4 人形成一个阅读朋友圈，共读一本书，一边阅读，一边在微信上建立群聊，互相提问和解答，交流自己的阅读心得，最后小组整理，形成集子。学生说："在这里，我们在一起。"

[**案例分析**] 阅读朋友圈实现了线上自治组织与线下自治组织的统一。微信群聊，提问答疑，交流心得，是线上虚拟学习和组织活动，同时，个人读书，共读一本书，把阅读心得整理形成集子，是线下真实学习和组织活动，实现了线上虚拟学习与线下真实学习的有机整合。

案例 7.6 北京十一学校的六大学院 ①

2012 年 3 月 19 日清晨的升旗仪式上，少年科学院、少年文学院和少年社科院迎来新一任的院长和院士，进行了院长换届交接以及吸纳新一任院士的仪式。

少年科学院、少年文学院、少年社科院是北京市十一学校成立较早的学院，在这里培养出一大批爱好文学、科学、自然科学和社会科学的学员，几任院长和小院士们的共同努力，让校园里充满了探究真知、品味书香、挑战学术的文化氛围。

学校一直鼓励学生们的个性发展，为学生的成长提供多样的舞台，为追逐不同梦想的年轻人找到一起进步的平台，于是学校有了众多的社团和各大学院。继少年科学院、少年文学院、少年社科院之后应学生的要求，又成立了少年经济学院、少年新闻学院、少年工程学院。

在日常的组织管理上，各学院完全按照学校学生社团的自主管理模式运行。小院士经过评审委员会的评审进行选拔，院长人选经学院推荐、学校审核，进行聘任。

例如，少年社科院是一个以发散思维、探求理性为共同志趣的学生组

---

① 北京十一学校网站：http://www.bjshiyi.org.cn/.

织，第一批小院士经过评审委员会的认真评审选拔，有 17 个志趣于理性思考、对于社会科学有自己独到见解的同学，成为第一批少年社会科学院院士，经学院推荐、学校审核，聘请高二（2）班闫行健同学为少年社科院院长，校长亲自为其颁发院长聘书。

[**案例分析**] 学院、院士，听着就高大上，感觉只有国家层面才有的东西，在一所普通中学存在，不可思议。学校就是借了这种高大上，建立高端的学生自治组织，从而引领学生的发展。院长由学院推荐，由学生担任，按照学生社团的自主管理模式运行和管理，实行高度自治。在全校升旗仪式上举行院长换届交接以及吸纳新一任院士的仪式，学院推荐的院长经学校审核，校长亲自为新聘院长颁发聘书，体现了学校的重视，表达了校长的肯定，学校服务、指导、提供平台而不包办、干预具体事务，保持学院的民主性、灵活性、非正式性、趣缘性、独立性、自主性、自治性。

三、我国中小学学生自治组织变革的趋势分析

事物总是发展的，组织结构也不可能是一成不变的，学生自治组织也要不断地变革才能适应学校转型的要求，教育改革的要求，社会发展对人才素质的要求，从北京十一学校的六个案例中可以窥见学生自治组织的发展方向。

（一）组织形态走向现实与虚拟结合的 O2O 模式

上海的一位语文老师在自己的微信公众号开设了"三百字团"栏目，发表学生的作品。出乎他的意料，学生都很爱读同伴的作品。不仅如此，校长、其他教师、家长都能看到这些作品，并会把学生的作品分享到朋友圈。慢慢地，孩子们以能在微信上发文章为荣。一个老师，结合新技术，创新了他的教学，也为学生创造了新的学习平台，形成了新的学生学习组织，这个组织慢慢发展成为学生自治组织。

学生自治组织伴随着信息技术的发展而变革，伴随着学习组织形式的变

革而发生变化，特别是移动互联网的发展为学生自治组织变革带来了翻天覆地的变化。"三百字团"栏目和案例 7.5 中的初一语文阅读朋友圈，为我们呈现了学生自治组织形态走向现实与虚拟结合的 O2O 模式。

它突破传统的学生组织的面对面，打破时空限制，借助网络平台，借助中间工具 iPad，实现了移动互联网背景下的线上虚拟组织和线下真实组织的共存、互动、共享，催生了新的学生自治组织的诞生，如学生 QQ 群、微信群、博客群、专门网站等等。

组织活动从现实到网上 O2O 化。运行机制虚拟化，中间平台更广，交流更频繁、便捷、迅速。组织数量有扩大趋势。组织名称五花八门，名目繁多。组织成员人数规模有扩大趋势，也有更小和优化的趋势。组织结构更趋虚拟、松散。

依托网络运行特征突出。新媒体给学生自治组织的发展带来了巨大动力和支撑。通过网络组织发起活动，组织成本几乎为零，建立组织、开展活动几乎成为人人可为的事。有研究显示，参加较多的网络学生自治组织依次为：QQ 群、飞信群、微信群、人人网、微博粉丝群、YY 和 CF 游戏战队。这些网络学生自治组织可以分为兴趣爱好型、情感交流型、学习求知型、游戏娱乐型、社会实践型、公益服务型、地域亲缘型，其中以兴趣爱好型和学习求知型为主。

国际知名社会学家曼纽尔·卡斯特在《网络社会的兴起》中指出，网络社会既是一种新的社会形态，也是一种新的社会模式，强调的是一种新的社会结构形态的"网络社会"。网络社会的到来为社会生产方式和经济形式的创新提供了丰富的契机，为各类社会组织提供了一个发表言论、沟通思想、交流信息、达成共识的平台。网络社会兴起，促进了新兴社会组织的成长，也促进了学生自治组织的成长。

（二）治理机制更加自主，协调机制应运而生

治理机制更加自主。学生自治组织以自愿参加、自主事务、自我管理、

自我负责、自我发展的方式来提供公益服务和组织互益活动，其实践本身就是一个良好的组织治理机制，非常有利于形成独立负责、互助合作、民主协商、律己守则、奉献他人的集体意识和公共精神。

学生自治组织不再是学校的附庸，不再是学校管理学生的工具，不再是学生的对立面，我们再也看不到学生组织后面学校的控制之手，看到的是学生从幕后走向前台，成为组织的主人，来主持自己的组织，管理自己的事务，服务于组织成员。

在案例 7.1 中，北京十一学校学生会"实行民主决策、民主管理及民主监督"。校学生代表大会是学生的权力机关，每年召开一次，大会闭会期间由学生会常委及其成员行使职责。校学生会设主席一人，副主席两人，常委若干人。设有权益部、活动部、外联部、宣传部、秘书处等职能部门，以履行其基本职能。常委任各部门部长或副部长，各部门可通过招新录取干事，人数不作要求，适合该部门工作即可。

校学生会不设立专门的监督机构，采用校学生会、团委会、社团联合会以及年级学生会各学生组织之间的互相监督机制，任何校学生会成员及学生代表均享有此监督权。学生会的权力掌握在学生自己的手里。

在案例 7.2 中，学生社团保持自身建设的民主性，活动方式的灵活性，素质拓展的专业性，以及社团内部的良好凝聚力的传统优势；用完善的制度保证组织的正常运行，除了《社团章程》以外，与之配套的还有《社团会议制度》《社团审批制度》《社团活动中心管理条例》《社团星级评选标准》等制度保障，形成了该校社团学生自治组织的较为完整的制度体系和保障体系。由学生组织成立社团联合会，建立职权明晰、权责合理的全方位多层次网络状社团组织体系，加强对社团组织的管理和引导。社团向组织建设的整体化，职能建设的民主化，资源整合的社会化，以及运作机制的项目化方向发展，逐步建立科学、合理、规范、灵活的社团组织体系。

在案例 7.3 中，北京十一学校社团联合会实行社团代表大会制度。当社团代表大会休会期间，由大会选举出的社团联盟代表及社团联合会处理日常工作。代表大会于每年 3 月举行，与会人员为各社团代表、社团联合会负责人、团委老师及特约嘉宾。社团峰会于每年 12 月举行，与会人员为社团社长或骨干、社团联合会负责人、学生电视台及方圆电视台记者、团委老师及特约嘉宾。

协调机制应运而生，构建合乎组织逻辑的协调机制。尽管学生自治组织发展有自己的规定性，但来自学校的、社会的、政府的主动领导和协调仍然必要。不同的领导协调方式对于学生自治组织发展会有很不一样的影响，因此，领导与协调方式的科学与正确是一个关键问题。对学生自治组织发展比较有利的领导与协调模式应具备的特征有：责任集中，具有权威，结构简洁，关系顺畅。那么，符合这些特点的领导与协调架构和机制安排是：由学校一个部门的主要领导通过有各职能部门参加的"学生自治组织工作联席会议"，统筹协调学生自治组织发展的政策设计和安排；由学生联合会承担联席会议的日常沟通和工作协调；由各职能部门参加联席会议的代表与联席会议办公室进行日常沟通联络；由各学生自治组织的代表与各自的业务指导机构建立直接联系通道。其优点是，领导体系有统揽高度，参与部门有参与宽度，联合会有职责空间，政社之间有协调通道，从而形成有效的领导协调结构与机制。

北京十一学校的学生社团联合会就是学校内学生自治组织的协调机制。在案例 7.3 中，通过合作促进社团与社团、社团与社联间的关系，增进社长间的了解，开阔社长们的视野，改变社长的管理思维，提高社团经营管理水平，建立科学的社团管理体系，共同实现十一学校社团的良好与长远发展。学校根据学生组织发展中出现的问题，及时出台了《北京市十一学校学生组织建设指导意见》，从学校层面进行协调和指导。

（三）志愿者组织逐步壮大，服务范围走向社会，面向弱势群体

有识之士普遍认为，志愿者数量的多少，志愿者服务水平的高低，一定程度上反映了一个国家、一个地区、一个社会的文明和进步程度，也是一个社会充满生机与活力的重要标志。

联合国以及世界各国都非常重视志愿者组织的发展，如在美国，志愿者组织就是一支相当重要的社会力量，它们广泛参与社会福利、慈善、环保、文化、教育、体育等多个领域，对国家、社会、个人的生活产生了重要影响。2010年，美国共有6 300多万人参加过志愿活动，占其总人口的26.3%；贡献了81亿小时的志愿时间，人均128小时/年。

发达国家的大学都有对大学生每学年参加志愿者活动的时间要求，并将之作为学生的评优标准之一。研究人员在发达国家社区看到的社会组织大多数是公益慈善类的志愿者组织，而市场化运作的社会组织基本上是看不到的。

志愿者精神的实质，是人们基于一定的公共意识、关怀意识、责任意识、参与意识、合作意识、利他精神和奉献精神，受个人偏好（如自愿、追求生命的意义和价值）影响的自觉行动。志愿者精神作为一种现代公益理念，是慈善观念与现代社会公民参与公益行动的初步结合，是公民社会必不可少的组成部分。因此，我们发展社会组织更应当积极促进这类社会组织的培育和建设，一方面满足社会弱势群体的多种需求，另一方面培养我们的青少年具有志愿者精神，这是构建和谐社会必不可少的精神财富。发扬志愿者精神，发展志愿者组织，开展各种各样的志愿者活动，可以感召更多的个人、群体、组织，参与到关爱他人、关爱社会的事业中来，从而促进社会的稳定、和谐与进步。我们更应当大力发展公益慈善类的社会组织，同时，在全体民众中大力宣扬志愿者精神。

在我国中小学学生自治组织中，志愿者组织不断涌现和壮大。北京十一学校就有志愿者协会组织。在案例7.2中，北京十一学校海洋星空基金会，就是全国第一个专门针对自闭症儿童的学生组织，组织成员都是志愿者，服务范围走向社会，面向弱势群体。北京十一学校谏客社，每年寒暑假去聋儿康复中心做义工、去敬老院做志愿者都在弘扬志愿者精神。

（四）走向跨界合作

学生自治组织活动范围跨度更大，走向跨界合作。

跨越班级、年级界限。学生自治组织不仅仅局限在班级、年级范围之内。在北京十一学校社团星级评选标准中，对四星级和五星级社团的第一条要求是"社团需有众多成员且社员跨初中高中"，强调跨班级、跨年级、跨学段。

跨越学校、区域界限。不同学校之间、不同城市之间、不同区域之间的学生即时互动和交流。北京十一学校海洋星空基金会，其成员从本校发展到周边的 11 所学校的学生，如海淀实验中学、翠微小学、民航总局幼儿园，跨越了学校，跨越了学段。北京十一学校电视台社团与上海市民办平和学校电视台社团的交流，就是学生自己联系的，未通过学校牵线搭桥。

跨越学段界限。除了上述跨学段的例子外，中学生自治组织与大学生自治组织有联通的趋势，高中生自治组织与初中生自治组织有联通的现象，高中学生考入大学，把高中自治组织带到大学，初中生考入高中，把初中生自治组织带到高中，师哥师姐们也把大学、高中的自治组织延伸到学弟学妹那里，影响着高中、初中自治组织的发展。

学生自治组织跨界，还包括：跨越现实与虚拟的界限，像案例 7.5 中的阅读朋友圈以及前面列举的"三百字团"；跨越教育的界线，伸向社会的各行各业，像案例 7.2 中的海洋星空基金会就把活动的触觉伸向了自闭症儿童，北京十一学校电视台社团就把触觉伸向了大众传媒；跨越中小学组织形式，引进学院和书院，像案例 7.6 中北京十一学校的六大学院，以及山东省淄博市临淄区第一中学的"六院"建设，上海市曹杨二中的五大书院等等。

（五）西方学院制的引进改造与中国传统书院制回归重生的融合

西方学习组织形式的引进改造——学院制。随着改革开放的深入，西方的办学模式也深深地影响着我国中小学，学院制被中小学引进并改造，形成了具有中国特色的学习组织和学生自治组织。

传统学习组织形式的回归重生——书院制。书院是我国传统的独具特色的文化教育模式，它强调自由讲学和学术研讨并重，提倡学生以学术为中心开展合作研讨、讲演辩论、自修问难。

关于学院、书院制的探讨，除了在案例 7.6 中对北京十一学校的六大学院的介绍外，很多学校也都在进行探索，透过以下学校的学院、书院设置可以窥见学院引进改造与书院回归重生及其融合情况。

山东省淄博市临淄区第一中学的"六院"建设。[①] 该校在学习共同体建设中设有"六院"，即：少年文学院、少年书画院、少年科技院、少年法学院、少年武术院、外国语学院。在"六院"社团课程中，学长不仅为低年级学生提供自主选课的参考和依据，还要以身示范引领低年级学生从入门到喜爱，进而痴迷，形成了全方位、多层次、多角度激励学生个性发展的教育环境和氛围。

北大附中成立四大学院七大书院 [②]。北大附中以多元、自主为核心观念，打破传统班级、年级制等僵化的组织形式，借鉴学院制与书院制，以学生多元发展目标为依据，实行学院、书院制，学校成立四大学院：行知学院、元培学院、博雅学院、道尔顿学院，为学生提供多元选择。行知学院定位为开设常规文理课程。元培学院针对本科就读于国内而非单一高考途径的学生，注重培养全方位创新性人才。博雅学院针对出国留学深造的学生，注重为学生提供学习的多元选择。国际部设为道尔顿学院，以道尔顿制为教学原则进行创新性教学。

北大附中在学院下设书院，分七个书院：格物书院、致知书院、诚意书院、正心书院、明德书院、至善书院、新民书院。书院的划分借鉴了欧美 house 制和中国古代书院制度。出发点在于培养和锻炼学生关注并解决身边公共事务的热忱与能力。书院是学生社区、行政实体、自治组织，书院是公共生活群体、传统赛事主体、文化传承载体。

---

① 徐洁，胡宏伟.学校变革智慧：管理创新与学生发展 [M].济南：山东人民出版社，2014：296—304.

② 北大附中网站：http://www.pkuschool.edu.cn/.

作为学生行政组织，书院的意义在于"学生自治"，表现为：各书院自行制定章程，依据章程确定管理形式，民主产生管理机构；书院内各项事务均由学生自主管理，以此培养学生主动参与、沟通协商、承担责任、民主监督、自我管理等公民意识和能力。学校安排每周固定的时间和固定的地点进行书院议事会。

书院活动室是校方提供给各书院的公共活动空间，由各书院自行设计装修、管理维护。活动室同时作为书院文化传承的空间，书院历史在活动室通过照片墙、荣誉墙等加以体现。书院活动室的设置既锻炼了学生对公共空间的管理能力，也提供了营造各书院多元文化的渠道。

再如上海市曹杨二中成立五大书院[①]。该校于 2014 年 9 月开始试行"年级＋书院"的经纬组织架构，组成独具特色的五大书院体制：博雅文理书院、国际理工书院、厚植创新书院、艺体修身书院、文杰君子书院。在各个书院都有高选择性的课程设置：分类课程、社会实践活动课程、30 多个学生社团。丰富的课程设置和活动给了学生最大的学习自主权，学生在初选后可流动、可调整。"年级书院制"的独到之处在于还给学生选择学习的权力。

总之，从社会组织角度来说，学生自治组织的发展为社会自治组织的发展奠定了基础，作了准备。学校自治组织成为社会自治组织的储备、练兵场，一方面社会及社会组织的发展需要学校为其准备，另一方面也深深地影响着学校自治组织的发展。从学校教学组织变革的角度来说，学生是学校教学组织变革的出发点和落脚点，学生自治组织作为学生在学校的一种存在状态，是学生学习、教育和成长的一个途径和载体，研究教学组织变革就必须研究学生自治组织的发展规律，只有掌握了学生自治组织的发展规律，才能保证教学组织变革的顺利实施，才能使教学组织变革的效果在学生身上体现出来。

---

① 赵锋，曹杨冲.应对教育综合改革，主动发展彰显办学特色 [J].上海教育，2015（10）.

第八章　学校教学组织变革方向（上）

北京教育学院　陈　丽

北京市督学研修中心　何育萍

2006 年 9 月 7 日，由微软公司与美国费城学区联合成立"未来学校"之后，很多国家与组织都在进行未来学校变革，如引起全球关注的、由谷歌前高管 Max Ventilla 创办的 Altschool，改变了学校组织形态，形成了个性化学习支持系统。我国也开展了"未来学校创新计划"[①]，旨在基于云技术背景，将各种先进技术应用于学校教育教学实践，推动教与学方式的转变，创造高质量、多样化的学校形态。韩国教育部也在 2014~2015 年投入 69 亿韩元（约合 4065.52 万元人民币），支援"创造性经济"的重要项目——首尔型未来学校。首尔市教育厅计划在明年内，以有老师无学生的"虚拟学校"形态试运营"未来学校"，并研究教学计划。2016 年预计在首尔市中心，选定一所中学，挑选数名学生开始模拟运营。[②]

这些面向未来的学校形态探索，其中都不能回避学校教学组织样态的探索。本书第八、九章在前七章的研究基础上进一步探索我国中小学教学组织变革的趋势，值得强调的是，我们提出的这些趋势不是简单的畅想，而是基于一批先锋学校的实践探索。

---

① 陈如平. 探索未来的学校：我们已经扬帆起航 [EB/OL].http：//www.jyppw.com/article-490-1.html，2014-12-15.

② 无考试无课本的"未来学校" [EB/OL].http：//korea.people.com.cn/205155/205551/8591675.html，2014-04-08.

一、强调多元共治理念，教学治理主体多元化

"学校共治是学校、教师、学生、家长、社区、社会组织等主体，对于学校'从政府那里所获得的自治权力'的共有、共享、共管。"① 多元共治是针对学校单一管理者权力主体提出来的，反映出对学校利益相关者的尊重，也是教育民主化的体现。在多元共治、权力共享结构中，"没有站在权力顶端的单一权力主体，也没有长期'沉积'于权力底部的普通教师和学生。这种共享权力结构是柔性的、网状的、互相沟通、联结的，它使教师和学生均成为组织网络中不可或缺的成员，共同行使着属于自己的治理权力，在相互协调和沟通中共同促进学校组织的发展。因此，这种权力结构使得学校组织成为了一个公共性的生活空间，发挥出更积极的公民主体性和公民影响力"② 。因此，学校需要向教师、学生、家长、社区分权与授权，建立与完善相应的权力运行组织，如教职工代表大会、校务委员会、党总支、学术委员会、学生会、家长（社区）委员会等多元共治组织，对这些组织的权限、职责进行界定，建立多元共治规则与制度，从而从组织上保障学校是多元共治、权力共享的地方。

具体到教学治理主体也要强调多元共治，本书第六章谈到班级治理主体的多元问题。本章主要从学校顶层谈如何加强多元治理主体的组织建设问题，如强调教师治理主体及其治理组织如教学委员会、学术委员会建设；强调学生治理主体及其治理组织如学生会、学生社团建设；强调家长（社区）治理主体及其治理组织如家长（社区）委员会、家长教师协会建设。对过去较为强调的教学管理层如教学处的建设，强调了引领、服务的功能。

（一）关于教师治理主体及学术委员会（教学委员会）建设

教师作为学校专业人员，不应只属于管理的客体，更应是学校重要的治理主体，有参与学校公共事务的管理权、决策权、监督权、知情权、学术权等。

---

① 褚宏启. 自治与共治：教育治理背景下的中小学管理改革 [J]. 中小学管理，2014（11）：11—13.
② 叶飞. "治理"理念与学校组织的权力共享建构 [J]. 教育导刊，2014（2）：3—6.

为了保障教师作为学校治理主体的权力，学校一方面要落实《学校教职工代表大会规定》，充分发挥教职工代表大会作为教职工参与学校民主管理和监督主渠道的作用。与教职工切身利益相关的制度、事务，要经教职工代表大会审议通过；涉及学校发展的重大事项要提交教职工代表大会讨论。扩大教职工对学校领导和管理部门的评议权、考核权。

案例 8.1 《北京十一学校章程》关于教代会的规定 [1]

学校坚持教代会讨论审定学校重大方针政策的民主决策机制。对关系到学校发展和教职工权益的重大问题，包括学校行动纲要、战略规划、人事聘任方案、工资分配制度、职称推荐方案、学术工作管理办法等，必须经教代会审议通过后方能实施。投票结果必须当场公布。任何组织和个人均无权改变教代会通过的方案。教代会审议采取无记名投票制度，除会议议程等有关程序性事项外，所有方案不得采取举手表决或鼓掌通过方式。

教代会每年八月底对校长进行信任投票，采取无记名投票，并当场公布投票结果。达不到60%的信任票，校长必须自行辞职；达到60%但连续三年未达到80%时，校长也必须自行辞职。

教代会代表20人及以上提议，可临时召开教职工代表大会，提请对校长的弹劾或对有关政策方案修改的建议议程，经全体代表 $\frac{6}{10}$ 以上同意后，方可启动弹劾校长或修订政策方案的程序。

教代会每年八月底听取中层及以上干部述职，并进行无记名满意度测评，测评结果提交校长，作为聘任干部的依据。对未达60%或达到60%但连续三年低于80%满意度的人选，新年度不得聘任为中层及以上干部。

为防止教代会决策因时间变化、上级政策调整等各种原因带来的失误，特殊情况下，校长有权对教代会通过的方案提出暂缓实施的建议，提交教代会主席团同意后，可对有明显问题的方案实施冻结，待下一次教代会审议修改后实施。如有必要，也可经主席团同意，提前召开教代会，对相应方案进

---

[1] 北京十一学校章程 [J]. 中小学管理，2015 (1) .

行修订。如教代会认为原方案没有修改必要，则仍按原来的决策执行，校长不得再次干预。

[**案例分析**]《北京十一学校章程》是北京十一学校运行的"母法"。从章程中对教代会的规定可以看出：其一，章程对北京十一学校教代会审议事项、审议投票方式进行了清晰的规定；其二，北京十一学校教代会的监督权很大，可以对校长与中层及以上干部进行高利害测评，其测评结果直接影响他们的去留；其三，体现出权力制衡的治理理念，不是无限放大教代会的权力，同时也注重校长对教代会权力的制衡影响。

另一方面，教师也是教学治理的重要主体，为了保障教师教学治理权，需要加强学术委员会（教学委员会）建设，践行行政权力与学术权力相对分离的治理理念。在学术管理方面，学校在已有的教科研部门的基础上，可成立由具有独特教育教学风格和较高学术造诣的教师、校外专家组成的学术委员会。在机构设置和职能上，实现行政权力与学术权力的相对分离，保障学术权力按照学术规则相对独立行使。让其拥有教育教学改革、管理的话语权，同时赋予学术委员会对教师评价、职称考核、岗位聘任等更多的管理职责，以发挥促进教师专业成长，深入推进课程与教学改革的作用，切实提高学校教育教学质量。

案例 8.2 《北京十一学校章程》关于学术委员会的规定[①]

学校设立学术委员会，也同时作为教师职称初评委员会。负责教师职称初评，特级教师和市区学科带头人、骨干教师的推荐，学校学术工作室的设立、管理与评价，重大科研项目的招标。组成人员由校务委员会提名，提交教代会审定，赞成票达到80%以上方能通过。学术委员会由三位委员轮流担任主席，每位轮值主席主持一年工作，学术委员三年一个任期，每个任期需调整三分之一委员。

---

① 北京十一学校章程 [J]. 中小学管理，2015（1）.

为保证学校行政工作与学术工作的良好沟通，学术委员会轮值主席列席学校校务会议，学校分管人力资源工作的校务委员列席学术委员会议。特殊情况下，校长如果认为学术委员会决策存在明显问题，可通过校务委员会审议，对学术委员会的决定提出重新审定的提议，学术委员会可进行二次审议，如二次审议仍维持原决定，校长则不得干预。

[**案例分析**] 上述章程关于学术委员会的规定主要有以下特点：一是人员构成清晰，职责明确，运行机制明确；二是注重建立学术力量与行政力量沟通机制，避免相互隔阂的情况发生；三是体现权力制衡理念，既有学术委员间的制衡关系，又有校长与学术委员会的制衡关系，避免权力失衡。

（二）关于学校领导者治理主体与校务委员会建设

学校领导者是学校治理的关键主体，已往有些学校过于强化他们的权力，以至于成为单一的权力主体。单一权力主体，加之有些学校制约监督机制不健全，导致有些学校校长权力过大，出现独断专行等问题。因此，要建立群体决策组织与机制。

校务委员会就是学校领导群体决策组织，一般由学校多方面领导者构成，但在民主化、开放化的当今，也可以考虑让家长和社区的代表以及专家学者、社会知名人士等担任（但并不是所有校务委员会活动都参加）。主任委员一般由校长兼任，副主任委员最好至少有一名是来自校外的委员。校务委员会实行工作例会制度，会议除通报学校办学、管理和发展情况，听取委员的意见和建议外，重点是审议有关学生管理、学生发展的相关事项。

案例 8.3 《北京十一学校章程》关于校务委员会的规定 [①]

学校设立校务委员会，主要由校长、副校级干部和主持年级教育教学工作的干部组成。校务委员会由校长主持，负责领导学校课程建设和教育教学工

---

① 北京十一学校章程 [J]. 中小学管理，2015（1）．

作，决定教职工的劳动合同聘任，确定各年级各部门岗位编制及职级总量，决定年度财务预算，按照相关规定决定对教职工及学生的奖惩。校务委员会采取审议制，当无法达成一致意见时，校长具有最终决定权，责任由校长承担。

[**案例分析**]《北京十一学校章程》对校务委员会的成员构成、职责范围、工作方式作了清晰界定，并对校务委员意见不统一时校长的权力与责任作了规定。校务委员会在教学治理中主要是领导学校课程建设和教育教学工作。

（三）关于家长与社区治理主体及家长（社区）委员会、家长教师协会建设

家长（社区）是学校的重要盟友，也是学校的直接受益者，理应成为学校的重要治理主体，享有活动参与权、监督权、知情权、建议权等。学校需要建立发挥家长（社区）治理主体作用的组织与机制。家长（社会）参与学校治理的组织主要有家长（社区）委员会、家长教师协会。

"家长委员会，是家长和学校沟通的桥梁，是家长和老师交流的纽带，也是家校合作的重要平台。建立家长委员会，对于发挥家长作用，促进家校合作，优化育人环境，建设现代学校制度，具有重要意义。根据《教育部关于建立中小学幼儿园家长委员会的指导意见》，有条件的公办和民办中小学和幼儿园都应建立家长委员会。"① 可以建立三级家长委员会，即班级家委会、年级家委会与校级家委会，分别在班级、年级、校级发挥作用。

学校在明确家长委员会的基本职责之后制定《家长委员会民主选举制度》，民主选举学校三级家长委会委员。

学校应当提供必要条件，保障家长委员会对学校、教师的教育教学、管理活动实施监督，提出意见和建议的权利；学校实施直接涉及学生个体利益的活动，要提交家长委员会讨论。要积极探索完善家长委员会的组织形式和

---

① 陈丽. 义务教育学校校长专业标准：要点·行动·示例 [M]. 北京：北京师范大学出版社，2014：201.

运行规则，避免家长委员会成为摆设。

当前，不少地区与学校不仅注重家长委员会建设，也注重家长教师协会建设，把家长教师协会建设看成是构建民主开放的现代学校治理体系的重要举措，学校的管理工作不仅要向教师让渡权力，也向家长让渡权力，终极目的是家长、教师团结起来，营造协同育人的和谐环境，共同维护学生的利益。

关于家长教师协会建设，不少地区出台指导性意见，对家长教师协会的构成、职责、运行方式等进行指导。如《北京市教育委员会关于进一步建好家长教师协会的意见》指出，家长教师协会是由政府部门倡导，在中小学内建立的民间组织，由家长代表、教师代表组成，是家长和教师行使权利、履行义务、参与学校教育管理的重要且有效的途径。家长教师协会具有参与学校管理、支持学校建设、参与学校教育、指导家庭教育、沟通家校关系五大职责和功能，家长教师协会组织形式、人员构成、功能职责等方面不同于家长委员会、家长学校以及其他家校合作形式。

家长教师协会不同于家长委员会，要求必须有教师的参与，其人员构成可以促进教师和家长的团结平等沟通，深化双向交流，增进理解与信任。家长教师协会也不同于家长学校，家长学校是在教育行政部门的组织下，以中小学校为创办主体，由家长委员会负责，吸收学生家长参加的一种指导家庭教育的群众性业余组织。家长教师协会应该承担起家长学校的工作。《北京市教育委员会关于进一步建好家长教师协会的意见》强调要规范家长教师协会的组建程序，号召学校制定家长教师协会章程，培养家长教师协会的独立工作能力，形成运行机制。班级、年级家长教师协会是基础，侧重教育活动的参与和组织。校级家长教师协会则更多地体现为参与学校管理，履行监督和参与决策。要以家长教师协会建设为切入点，推进学校民主管理、科学决策和依法治校，在此基础上逐步建立起现代学校管理制度。

学校在社区中。社区既是学校服务的对象，是学校发展的重要资源，也是学校的治理主体之一。"中小学要积极探索扩大社会参与学校办学与管理的渠道与方式。完善与社区、有关企事业组织合作共建的体制和机制，更多地引入社会资源，健全制度，扩大社会参与的广度与深度。"①

总之，学校要建立学校—家庭—社区教育共同体，充分发挥教师、家长、社区的教育治理主体作用，这样学校是民主开放的，教育是无边界的。

（四）学生治理主体及其自治组织建设

学生是学校治理的重要主体，学校要向学生赋权②：应赋予学生在学校公共事务中的管理权、决策权、知情权、监督权、学校或课堂生活中的自由表达权及一定程度的课程选择权。并进行相应的学生自治组织建设，如学生会建设及学生社团建设（这部分内容详见本书第七章）。

案例 8.4　北京市立新学校召开 2015 学年学代会

北京市立新学校③于 2015 年 3 月 7 日上、下午分别召开了 2015 年学部学生代表联席会议及 2015 年家长委员会代表大会。海淀区教委、教工委相关领导及来自学校初高中学部各个年级的学生代表 140 余人出席了北京市立新学校 2015 年学生代表联席会议。学代会至今已成为学生行使民主权利，依法参与学校有关事务民主管理的基本制度和形式，立新学校学生代表联席会议的召开代表着学代会已正式进入学校一级管理层级，与学校党总支、校委会、校工会、家委会共同构成学校顶层管理机构，这是立新学校适应现代学校发展需要而在组织机构方面进行的重要改革。

[**案例分析**] 学生是学校的主人，学校要成为学生的学校。因此，学校要充分发挥学生的主体作用。学生会是学生行使民主权利，依法参与学校有关事务民主管理的基本制度和形式。学校要注重学生会建设，一是建立学生会章程，二是注重学生会干部的民主选举与培养，三是促进学生会自主管理，鼓励学生会自主组织学生活动。

---

① 褚宏启.自治与共治：教育治理背景下的中小学管理改革 [J].中小学管理，2014（11）：11—13.

② 叶飞."治理"理念与学校组织的权力共享建构 [J].教育导刊，2014（2）：3—6.

③ 现更名为"北京实验学校"。

案例 8.5　我的家长会我做主 [①]

12月21日下午，初一五班的张海燕和她的妈妈参加了一次别开生面的家长会。会上，海燕同学给自己的小组成员和家长们展示了以下内容：

（1）学习收获。海燕同学向大家展示了她的学科思维导图、目标检测、课堂笔记本、学科作业本和期末复习阶段的练习。海燕的妈妈特别仔细地阅读着海燕的周记本，一边看一边偷偷擦着眼泪。（2）习惯养成。海燕同学对照《初一年级满意学生标准》逐条跟大家分享了她对标准的理解和在校落实的情况。（3）活动展示。"这是我参加的节水宣传""这是拔河比赛，那次我们输给了二班"……打开笔记本电脑，海燕自信地展示了一学期以来参加学校活动的照片和视频。（4）最大的收获。"我觉得我这学期最大的收获就是我有不同意见时，能跟同学和老师说了。"自信写在海燕的脸上。（5）我的承诺。"不与父母顶嘴，生气时用纸条表达自己的意见。妈妈，请您督促我。"海燕庄严地写下了自己的承诺。（6）一本好书。"假期里，我想看这三本书：《解忧杂货店》《白夜行》和《沉睡的森林》，因为我特别喜欢东野圭吾的推理小说。"海燕说完，不好意思地捂了捂嘴。

接着，同组的其他三位同学分别就这六个方面展示了自己的内容，时不时有家长们擦着眼泪。之后是小组家长们就感兴趣的问题向学生与其他家长提问。

"平时我们让她不许顶嘴，根本不管用，相信有这么多人的共同督促，她能改进。"海燕妈妈激动地说。"很长时间没有听孩子这么细地说他在学校的生活了，这次让我更了解孩子了。"另一位家长高兴地说。

[**案例分析**]传统的家长会是班主任面向一个班全体家长召开，"告状会""新闻发布会"一度成了家长会的代名词，家长会的目的——促成家校沟通，反而达成度极低。本案例是以学生为主导的家长会，凸显了学生的主体

---

① 本案例由华中师范大学第一附属中学朝阳学校唐明英老师提供，是唐老师参加北京市中小学干部教师"国内访学"计划（第五期）项目学习期间对学校实践改进的一个阶段性成果。

作用，对培养学生的表达能力、思辨能力、交流沟通能力和自信心，提供了很好的锻炼机会。以学生为主导的家长会，教师由台前走到了幕后，由直接代替变为指导，这一角色的转变给了每一位班主任、家长了解关心学生的机会。以学生为主导的家长会，充分考虑到青春期的孩子逆反、不愿与家长交流的心理特点，让家长与学生直接沟通，达到了让家长了解学校，进而支持学校工作的目的。

总之，学校需要树立现代治理理念，在教学组织变革时对学校治理主体及其组织与运行机制进行系统设计，注意各治理主体及其组织的职责权限界定与运行机制建设，使学校成为相关利益者参与管理、决策、监督、建议的地方。各治理主体共享学校治理权力，权力运行方式是民主协商，"治理过程的基础不是控制，而是协调"①。

二、强调整合，学校教育、教学组织功能一体化

中小学的主要组织功能就是教育教学。在我国，学校教学功能与德育功能一般是分开设计的，具体在组织结构设计上是双线平行式，即德育线与教学线并行设计，各行其是，具体见下图。

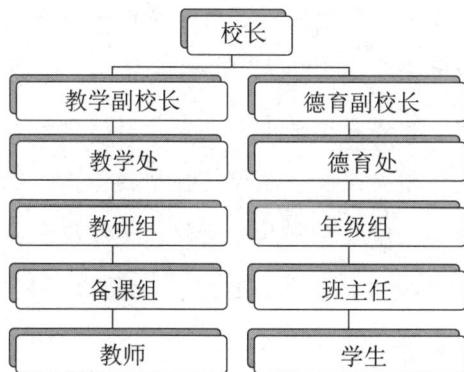

图 8.1　我国中小学德育与教学组织的双线平行设计

① 俞可平. 治理与善治 [M]. 北京：社会科学文献出版社，2000：4—5.

这种双线设计有其优势：一是对应上级行政主管部门，便于行政管理；二是职责清晰，便于学校抓教学、德育工作。但这种双线设计有突出问题：一是各自为政，德育工作与教学工作人员割裂，出现相互竞争、冲突的情形；二是导致教书、育人的分裂，造成教师只管教学，不管德育，德育成为班主任的任务的局限性；三是增加学生负担，德育游离于教学之外，成为有形的"加法"式工作。因此，需要学校从学生是发展的整体、教育性教学等认识出发，对教育、教学割裂的双线条块设计模式进行变革探索，本书第二章教学管理组织变革、第五章年级组织变革、第六章班级组织变革都不同程度地探讨过该问题。本章主要从学校顶层谈教学、德育一体化设计问题。

案例 8.6　北京交大附中"2+3"式团队管理与"2+2"式团队管理 [①]

近年来，北京交通大学附属中学完善和健全"双轨交叉制"常规教学管理体系，即：以"校长—教学副校长—教学主任—教研组长—备课组长—教师—课堂教学—学生"和"校长—德育副校长—德育主任—年级组长—班主任—课堂教学—学生"为两条主体管理轨道，架构完整的教学管理网络；同时，以管理网络"结点"组成具体执行层级，各结点相关领导与教师"横向合作、各司其职"，共同完成常规教学管理工作职责与职能。以传统教研组管理为例，在管理具体操作层面实行"教学主任＋德育主任"指导"教研组长＋年级组长＋备课组长"的"2+3"式团队管理，共同以教学和教研为中心开展本职工作。教学和德育中层干部负责分解副校长布置的工作，做好上传下达，并指导和监督相关组长将学校精神和具体工作组织落实到位，而教研组长、年级组长和备课组长分别从教研组、年级组和备课组三个层面，组织相关老师和学生，完成具体工作。这样，各项工作由专人"线性"负责，避免了工作的重复和落空。

传统备课组管理，实施"年级组长＋教研组长"指导"备课组长＋班主

---

① 陈丽. 个性发展，各展其美——首都高中校长的特色建设之旅 [M]. 重庆：重庆大学出版社，2014：167.

任"的"2+2"式团队管理。这样年级组长和教研组长充分沟通，联合指导备课组长和班主任，保证了在年级情况和教研组情况双重了解的前提下，更为直接和到位的指导。同时，备课组长和班主任直接交流，及时沟通班级情况和学科授课情况，就可以更好地因"班"施教。

[**案例分析**] 该案例是针对德育教学平行运行所带来的各自为政、协调不足等缺点所进行的微创新，在保持德育教学双线运行优势的基础上，增加了管理协调层："教学主任＋德育主任"指导"教研组长＋年级组长＋备课组长"的"2+3"式团队管理、"年级组长＋教研组长"指导"备课组长＋班主任"的"2+2"式团队管理；通过建立"2+3"与"2+2"管理团队，把分裂的德育功能与教学功能协调起来。但这种变革属于对德育教学功能分割的双线设计所进行的修订完善式改进，在具体的运行过程中依然容易出现割裂行为。

案例 8.7　首师大附中永定分校教育教学功能一体化变革探索 ①

从 2014 年开始，首师大附中永定分校开始探索教育教学功能一体化。首先，整合德育处与教务处两大职能处室成为教导处，使其兼具德育、教学管理功能；其次，改革年级组原有功能，使其兼具教育教学管理功能，年级组长兼教学主任与德育主任；再次，首师大附中永定分校强调全员育人，强调教师教书育人职责，教师职责从单一的教学转为教学德育双职责。

[**案例分析**] 鉴于学校教育教学功能一体化（源自赫尔巴特确立"教育性教学"的概念）及对教育性教学规律的认识，校长需要整体思考学校的组织设计问题。首师大附中永定分校的改革探索是对双线设计进行颠覆性变革，使之成为单线设计，其实质是教学与德育功能一体化。这种变革能够很好地处理教学与德育的关系，但这种探索需要系统设计，从副校长职责、中层管理部门、年级组、教研组、教师职责等系统思考，从而确保学校德育教学一体化而不是两张皮。

---

① 本案例及案例分析由首师大附中永定分校校长徐骏提供。

如今中小学德育强调从机械的灌输变为有机的熏陶，强调育人的综合性，比如：强调加强学科德育、活动育人、环境育人、全员育人等理念，这些德育理念的转变就要求整合而不是割裂学校德育、教学组织功能。因此，可以进行德育处与教学处整合；可以进行年级组功能的拓展，使年级组不仅是发挥德育功能的组织，也是发挥教学功能的组织；使教研组与备课组不仅是教学研究业务组织，也是研究学生德育问题的业务组织；使学科教师不仅是学科教学老师，也是学生的导师，承担育人任务。

三、教学组织结构扁平化

当前我国中小学教学组织一般的权力结构是典型的科层制，是"校长－教学副校长－教学主任－教研组长－备课组长－教师－学生"和"校长－德育副校长－德育主任－年级组长－班主任－学生"。

这种权力结构的优势主要是层级分明，职责清晰，有较好的执行力，最高管理者也有令自己放心的掌控力等[1]，但这种权力结构存在的主要问题是："在等级化的层次结构中，各层次分工明确，地位差别明显；存在着贯穿全程的权力线，权力高度集中；存在着非人情味的、严格的规章制度。"[2] 尤其是在当今强调民主化、专业化的背景下，这种权力结构明显不利于激发教学一线人员的积极性。

为了避免过多的权力层级带来的不利影响，凸显业务部门的地位与作用，可以探索减少权力运行层级，进行矩阵型组织结构设计，使组织呈现扁平化。

矩阵型组织结构设计，纵向是职能处室设计，横向是业务部门设计（具体把业务部分放在横向、纵向没有原则性区别）。这样把业务部门与管理部门分开设计管理，矩阵型组织结构扩大了决策层管理幅度，缩减了管理层

---

[1] 李希贵. 面向个体的教育 [M]. 北京：教育科学出版社，2014：122.

[2] 陈丽，李希贵等. 学校组织变革：校长的视角 [M]. 北京：教育科学出版社，2014：57.

次，学校决策层直接进行业务领导，便于激发一线教师的积极性，便于与一线教师双向沟通。至于业务部门的设计，可以是年级组制度（如北京小学），可以是学段制（如清华附小），可以是学部制（如北京十一学校，见图8.2），等等。学校具体业务部门如何设计要受到学校规模、人力资源、重心任务等要素的影响。

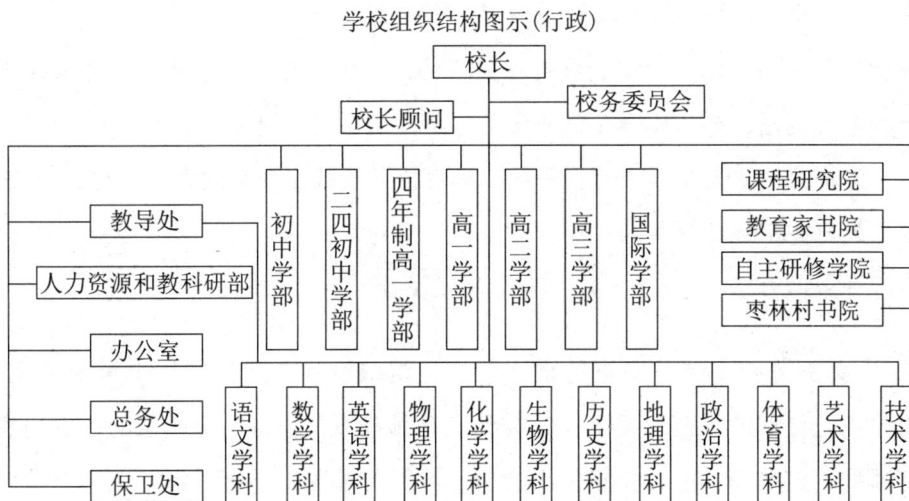

图 8.2　北京十一学校行政业务组织结构图

在矩阵型组织结构设计中，业务部门与职能处室的关系需要明确。在传统行政化取向的观念下，职能处室对业务部门是行政管理的关系，是其直接上级，如果矩阵型组织结构中，依然是这样的关系，就没有进行实质性变革。校长要反思，在学校"前线作战"部门是什么？要凸显"前线作战"部门，如年级组、教研组、备课组等的作用；强化技术研发部门，如课程研发、标准研发等部门的作用。因此，职能处室（如教学处等）是为业务部门（如年级组）服务的，要从以往简单的管理功能转变为服务功能，而且强调服务的专业化与高效性，教师与年级组可以对其服务质量进行评价。

在这种矩阵型组织结构的设计过程中，学校还要注意机构设计与岗位设计相结合。我国的中小学组织设计多注重的是机构部门设计，注重部门职责与权限界定，但是缺乏或者忽略具体的岗位设计。比如教学处有哪些岗位，每个岗位的职责是什么？再如教师有哪些岗位，这些岗位的职责各是什么？只有进行组织层面的设计，才会使该岗位的人员任命与考核有标准参考。

案例 8.8　北京十一学校咨询师职责

北京十一学校设计了咨询师岗位，该岗位职责主要是：为有心态调整困难的同学提供帮助；为有人际交往困难的同学提供帮助；整体调研并引导学生的学习规划；整体调研并引导学生思考专业及人生规划。

咨询师的主要工作内容：引导正确的人际交往；帮助适应高中学习方法；整体调研并引导学习规划；引导学生的复习规划；辅导对高校及专业的选择；引导并帮助心态调整。

[案例分析]岗位职责清晰化设计是组织设计专业化的一个重要体现，也是岗位履职的规范化要求。学校到底有哪些岗位，每一个岗位的职责到底有哪些，这些职责的工作量是否合适，等等，都需要系统考虑。尤其当学校设计新的岗位时更应该科学考虑，北京十一学校提供了一个很好的范例。

四、教学组织机构从边界清晰的封闭性走向跨界合作的开放性

一般的中小学教学组织，无论是教学处、年级组，还是教研组、备课组等等，都是由学校内部固定人员构成，组织边界清晰，呈现封闭性。这样的组织形态的优点是责任清晰、便于管理，但也存在人员局限、信息封闭、资源不足等局限性。因此很多学校开始打破这种封闭性，强调合作共赢、开放共享的组织建设理念，使组织呈现跨界合作的开放性。

尤其是现在的学校，一方面面临社会对学校要求越来越高的压力，另一方面面临学校内部资源有限的局限性，如何解决这对矛盾，需要校长以学生发展为核心、把学校放在社会大系统中审视建立现代学校治理体系问题，这

就需要校长具备开放观、系统观、资源观，打破原有的"框框"界限（思想上与实践上），跨越组织边界，进行跨界创新。跨界是打破事物原有"定界"，与外部事物建立新联系，形成该事物"新界"的行为，从而使组织机构具备开放性。

中小学办学跨界可以分为学校内部跨界，学校外部、教育系统内部跨界，教育系统外部跨界三大类。①

所谓学校内部跨界，即跨越学校内部组织原有运行的"定界"。这种跨界可以是跨越学校内部纵向权力线的垂直边界进行权力结构变革。中小学传统权力结构是科层制，是金字塔式的垂直层级，如校长—教学副校长—教学主任—教研组长—备课组长—教师之间的权力线达六层，沟通不畅，效率不高。目前不少校长进行权力线"跨界"探索，变革学校权力结构，减少权力层级，使得纵向权力线趋于扁平，便于上下级的便捷沟通。学校内部的跨界还可以是跨越横向职能线的水平边界，如班级之界、年级之界、职能处室之界等，进行学校内部组织机构的整合创新，形成更加高效的组织结构，如北京十一学校的教学班变革，北大附中的四大学院七大书院建设，北京广渠门中学的课程部、资源部、学生部变革等等，都是校长跨越学校内部原有职能边界所进行的跨界创新。很多学校同时进行这两条线的跨界，进行现代学校治理体系建设，如北京十一学校所进行的学校组织变革就是如此②。

学校外部、教育系统内部跨界。在当前教育优质均衡发展的时代背景下，学校外部、教育内部跨界从主体上看，既有学校自主探索跨越学校之界，在教学、教研、课程、师资、管理等方面跨校合作，形成校际合作，也有区域政府发起跨校合作，如北京市西城区的集团化改革、北京市东城区的学区制建设、北京市丰台区的教育集群化发展等都是由区域教委进行的跨校合作。

---

① 陈丽. 校长要有跨界领导力 [J]. 北京教育（普教版），2015（4）.

② 李希贵. 面向个体的教育 [M]. 北京：教育科学出版社，2013.

案例 8.9　本市 4 所中学实现跨校选课 [①]

人大附中与清华附中、北大附中、首师大附中合作，建立课程资源共享平台，实现了 4 校学生跨校选修课程及学分认定。

第一，建成跨校选修网络平台。通过平台实现了 4 校远程在线直播、点播，课后辅导等功能。教师可以在网上授课、辅导、备课；学生可以跨校在线选课、学习交流、获得互认学分。第二，建成在线直播交流系统。建成远程互动录课教室，配备自动录课系统的硬件设备。通过在线直播交流系统，可以在任何一间有互联网的教室，实现在线直播、远程学习和交流互动。第三，进行网上课程的合作开发。跨校选修平台依托 4 所优质高中以及知名大学、科研院所的师资力量，初步形成了跨校课程资源开发的师资团队，包括实验校课程建设团队、与高校协作的师资团队、4 校跨校联合课程的师资团队，打造高质量课程。

[**案例分析**] 目前跨校合作在很多地区或学校进行探索。本案例体现了教育系统内部学校间的跨界合作创新，体现了学校由封闭性竞争转向开放性合作的组织变革方向。人大附中、北大附中、清华附中、首师大附中四所学校围绕课程开发与学生跨校选课学习进行组织变革，打破学校组织的封闭性、竞争性，形成跨校课程资源开发教师团队，促进教师团队成长；建立四校学分互认制度，使学生的学习突破本校局限；建立跨校选修网络学习平台（信息技术支持）与可供选择的特色课程资源（资源支撑），使学生学习更具弹性、选择性、开放性，使学生突破以往单一的本校内线下学习模式的局限，线上学习与线下学习、本校课程学习与外校课程学习有机结合起来。

目前全国教育间跨校合作很多，该案例也揭示了当今信息社会，成功的跨校合作组织要件主要有：一是目标任务共识，二是技术支持，三是制度保障，四是人员匹配。

教育系统外部跨界，即学校与教育系统外部，如企业、非教育类事业单

---

① 贾晓燕. 本市 4 所中学实现跨校选课 [N]. 北京日报，2013-10-15.

位、非教育类政府部门等，进行跨界与合作。很多学校都在进行这方面的跨界探索，如北京一零一中学的"中关村课程系列"就是与北京中关村的企业合作开发的系列课程。为了更好地开发利用社会资源，2011年教育部下发了《关于联合相关部委利用社会资源开展中小学社会实践的通知》，该通知要求公共机构、公共设施、国有企事业单位等在中华传统文化教育、革命传统教育、法制教育、科技教育、文化艺术教育、环境保护教育、国防教育等方面承担职责。这就要求校长本着合作共赢的原则，基于学生发展与学校发展需求，积极开展教育外部跨界合作，使学校保持外部开放性与适应性。

案例 8.10　北京四中学生在优卡创意学院上手工课 [①]

　　时光倒流，让我们先回到那古老而神秘的周王朝。此时，正是成王亲政之时，他在老师周公旦的辅佐下，聚诸侯国顶尖之工匠，欲打造镇国神器，繁荣国家文明。但关键时刻，一种邪恶力量，让周公旦和工匠们突然消失不见，周王朝危在旦夕，历史将被改写……

　　此时，一群来自21世纪的时空少年出现了，他们临危受命，受封土地，建立国家，并要发展出自己独有的工艺，帮助周成王完成伟业。

　　这不是电影或小说的情节，而是优卡创意学院·北京四中初中部人文手工作坊的体验活动。两个下午，400名学生，在创意学院老师的带领下，学习和体验剪纸、木工、团扇、花艺、徽章等十个工坊，制作精美和充满创意的手工艺术品。

　　[案例分析]手工课是我国中小学规定的必修课程，各校根据自己能够挖掘的师资力量开设。但由于本校师资力量不足，不少学校的手工课开设无论是量还是质都难以满足学生的需求。这就需要学校突破学校边界，整合社会资源。北京四中与优卡创意学院［属于优卡（北京）科技发展有限公司］

---

① "周邦的兴起"穿越时光的小小匠人——记北京四中人文工作坊体验 [EB/OL]. http://www.yooknet. com/yook/2015/activity_0211/220.html.

合作，利用公司的资源开发让学生喜欢的手工课，并结合历史文化、游戏等元素，使手工课兼具人文性、趣味性。

其实，办学会经常遇到内部资源不足的问题，学校要进行跨界创新，要对社会（社区）资源进行研究、开发、利用，形成学校发展资源。这既是校长跨界领导力的体现，也是校长建立现代学校治理体系的具体要求。

在当前跨界创新时代，不少学校同时进行着这三类跨界探索，如北京宏志中学进行的"中医药文化教育"特色建设过程就是跨界创新过程，既有与中国中医药大学跨界合作成立的"杏林班"，也有与地坛养生院、同仁堂、鼓楼国医馆、和平里医院中医诊室、河南南苑西苑制药厂、医圣祠、河南邓州华洲书院的跨界合作开发的中医药课程实践基地，更有整合校内资源建立的"一地、一区、一园、一室、一廊"。[①]

五、教学支持性组织与设施的教学功能强化

在我国，一般的中小学都有图书馆（室）、实验室、专用教室、专业教室等教学支持性组织与设施，这些教学支持性组织与设施在建设与运行中存在一些问题，尤其在新的改革形势下，强化了它们的教学服务功能，有的甚至成为直接的教学组织。

（一）强化图书馆（室）支持教学与合作教学功能

图书馆（室）是学校推进素质教育、实施课程改革、培养学生创新精神和阅读能力的重要阵地。但我国中小学图书馆在运行中存在一定的问题：一是注重图书馆的藏书功能，而且不少藏书重数量，轻质量；二是图书管理人员专业化水平低，不少学校图书管理员学历低、现代信息技术运用水平低、

---

① 陈丽. 个性发展，各展其美——首都高中校长的特色建设之旅 [M]. 重庆：重庆大学出版社，2014：13—14.

专业素养不足，难以发挥教学辅助作用，更不用说发挥合作教学作用；三是图书馆与学科教师缺乏合作机制，难以参与教学活动。

所以，当今中小学图书馆的功能需要从藏书、教学服务向合作教学发展，要强化图书馆支持教学与合作教学功能。

一是提升图书管理员的专业水平。国际教育成就评估协会还曾对学校图书馆员的作用做了分析研究[①]：他们比较了有专业图书馆员的学校和没有图书馆员的学校的学生的阅读成绩，结果前者平均比后者高出 12 分。因此，研究者的结论是：专业图书馆员（指受过图书馆专业训练，有图书馆员资格证的图书馆员）是阅读发展的积极因素。美国科罗拉多州图书馆研究所主任肯斯·克瑞·兰斯说，学校图书馆的关键是图书馆员。几乎每一所学校都有图书馆，但只有图书馆员积极参与教学的学校，学生的学习成绩才有明显的提高。

二是学校要建立图书馆与学科教师合作教学的机制，保障图书馆发挥教学辅助与合作教学的作用。比如建立图书馆积极主动与学科教师沟通的机制，协助学科教师配备相应的图书资料；又如建立图书馆主动配合学科教师教学机制，开设阅读指导课、图书情报课；再如建立图书馆指导学生开展专题研究机制；等等。只有机制顺畅，功能才能发挥得更好。

案例 8.11　北京乐成国际学校图书馆教师参与主题教学活动[②]

两位图书馆教师十分熟悉图书管理的工作，他们具有图书管理的专业素养，精通书籍的分类，同时他们也具有极强的教学辅助及教学能力。首先他们十分熟悉 IB 课程对学生的培养要求，也十分了解在不同主题或主题单元学生要实现的学习目标和学习能力的养成。他们会结合学习的要求，设计让学生了解使用图书的课程，以配合教师的教学，形成教育合力，共同实现对学生学习能力的培养。

---

① 林京京. 美国中小学图书馆不"鸡肋"[N]. 中国文化报，2010-11-04.

② 陈丽. 国内访学：探秘国际教育[M]. 重庆：重庆大学出版社，2014：97—98.

笔者在跟随乐成图书馆教师 Glenn Fitzpatrick 和 Rina Tamayo 学习过程中，他们作为小学部和中学部的图书馆教师都为学生授课。授课内容主要是配合现阶段的各学段的授课内容。他们还自行设计一些有关图书使用的课程，为学生授课，以提高学生科学有效地使用图书馆的能力和效率。

小学部的 Glenn 带领笔者参加了五年级和"Pre-K"（幼儿园小班）学段的年级备课活动。在五年级，他们要为新的单元"分享我们的地球（Sharing Our Planet）"作课程准备。在整个研讨过程中，Glenn 不时参与他们的讨论并提供上一学期的做法和建议。教师们也要求 Glenn 准备与主题学习相关联的书籍。一部分提供给各个教室的迷你图书馆，一部分在图书馆中查找出来以备学生和教师在图书馆上课或学生拓展阅读使用。在三年级"历史（History）"这一单元，Glenn 设计的三年级课程为识别哪些书是历史书，哪些是"历史小说（History Fiction）"等内容，并请学生撰写读书的书评等。

在与中学部的图书馆老师访谈的过程中，Rina 告诉笔者，科学教师刚刚与她协商完毕，她要为教师和学生准备新单元使用的书籍、杂志，还要为学生授课，帮助学生充分使用相应书籍、杂志和图书馆内的其他辅助素材。IB 课程中，DP 学段的学生要完成 4000~5000 字的英文拓展论文的任务，Rina 会帮助学生选题，指点学生专注于自己最感兴趣的领域或者题目，在学生确定好题目后，再帮助学生挑选书籍，上网搜索材料，应用于自己的研究中。

[案例分析] 该案例反映了一些国际学校图书馆支持教学与合作教学功能。国际学校图书馆教师的专业素养普遍很高，他们具备很强的服务教学一线的意识，积极参与课程教学研讨与准备资料，主动指导学生进行选题与研究，开发图书馆课程并实施。

三是把图书馆建设成为专业教室，成为教师经常上课的地方。图书馆绝不是简单的藏书、看书的地方，也是教学的地方，国际学校注重把图书馆建设成为专业教室。

案例 8.12　北京乐成国际学校图书馆兼做专业教室 ①

在乐成国际学校，各个年级的学生都会来图书馆上课。有时是"主班教师（homeroom teacher）"负责这节课，图书馆内的工作人员辅助。主班教师基本上进行两部分工作，首先引导学生归还书籍，再继续借阅新的图书，然后师生聚坐在一起，听教师读书给学生们听，此时的读书活动十分吸引人，教师会不停地发问，邀请学生回答关于正在阅读的故事内容，还时不时引导学生猜测接下来会发生什么。如果时间充裕，教师会要求学生自主读书，学生们会各自寻找舒适的区域，或坐或卧，悠闲但安静地读书。主班教师则会帮助一些学生进一步寻找他们喜爱的书籍，或上网浏览书目，或者询问图书馆的助手。除了主班教师负责在图书馆授课外，图书馆教师 Glenn 也会为低幼年级授课。例如，Glenn 为幼儿园的孩子们讲解怎样翻阅书籍，怎样翻书是正确；拿到一本书要先看什么，注意什么。在基本的常识讲述之后，他会耐心地与孩子们一起读故事，与孩子们分享对所读故事的理解和感受。

[**案例分析**] 国际学校的老师会经常到图书馆上课，需要提前与图书馆教师预约联系，图书馆教师准备好相应的材料供上课师生所用，并参与教学整个环节，协助教师完成教学任务。图书馆在分区布置上也有前瞻性的、温馨的教学区设计。

四是图书馆可以举办大型读书活动，培养学生的阅读素养。

案例 8.13　北京乐城国际学校图书馆开展读书活动 ②

访学期间恰逢乐成国际学校两个图书馆各自举行了一次"书展（Book Fair）"活动，邀请有长期合作关系的出版社来向全校师生推介新书。把书店搬到图书馆门口，方便快捷地提供购书服务。书籍种类中学部有教辅书、小说、游记等。小学部展出书籍种类有故事书、百科类、小说类等。

---

① 陈丽 . 国内访学：探秘国际教育 [M]. 重庆：重庆大学出版社，2014：99—101.
② 同上：102—103.

在与两位图书馆老师的访谈中，他们提及会联合一定区域内的国际学习机构共同参与读书活动，如"熊猫奖"（Panda Book Awards）的读书活动。图书馆会推荐好书并给学生们提供要阅读的书籍，请学生们阅读并开展讨论，学生们会投票选出自己最爱读的书籍和最喜爱的作家。在中学图书馆的墙上挂着一张乔安妮·凯瑟琳·罗琳（J.K.Rowling）的签名照，那是学生在"熊猫奖"读书活动中选出的冠军，罗琳女士得到这个好消息后，把自己的签名照赠给了学校图书馆。读书活动有专题，如上一届的中学部图书馆联合英文部在十一月举办了"小说月"（Novel November）活动。

在"小说月"活动中，学生们应对了一场文学探险。"探险家"们必须答出各种关于图书馆藏书和作家的问题；每周他们需要回答十个问题，五个关于文学，五个关于非小说类书籍及参考书。图书馆老师提出这些问题是为了鼓励孩子们拓宽眼界并向他们展现图书馆的独特魅力。中学部图书馆管理员 Rina Tamayo 女士为成功回答所有问题的学生准备了礼物——巧克力和一根印有"我参加了小说月"文字的纪念钢笔，她还为他们准备了比萨派对！丰富多彩的读书活动鼓励学生们积极参与阅读，提升了阅读素养。

[案例分析] 该案例给我们很好的启示：图书馆可以举办大型读书活动，结合孩子的年龄特征、关注热点、图书热点等情况，举行丰富多彩、趣味横生的读书交流活动，既发挥了图书馆的作用，又培养了孩子的阅读与写作能力，还丰富了孩子们的生活，一举多得。

在图书馆功能发挥上，西方一些国家中小学图书馆注重发挥教学辅助与合作功能，很多学校是以图书馆为中心进行设计建造，图书馆建设舒适、美观，分区设计，便于阅读学习、教学与研究。很多老师的专题教学都放在图书馆，很多老师也布置一些研究类作业，学生会在图书馆完成；图书馆老师也会进行一些图书情报技术指导与课题研究指导。这些都非常值得我们学习。这也将是未来我国图书馆变革的重要方向。

（二）创新实验室教学功能

我国当前比较重视中小学实验室建设，教育部与各省市都颁发了实验室建设与管理办法，但我国中小学实验室建设还存在一定的问题：实验室少、实验设备陈旧、实验室管理员角色定位不准、实验室使用率不高等。因此在实验室标准基础上，需要探索实验室教学功能发挥的问题。

案例8.14　北京十一学校实验室变为学科教室 [①]

一般来说，实验室管理员的功能是更好地为师生服务，但学科教师常常因为不断"麻烦"实验室管理员而"于心不安"，实验室管理员也因为实验的功效、教学的质量与自己关系不大而没有太多主动做实验的积极性。使用资源的人不负责或者说没有权力管理资源，造成了尴尬的局面。

把原来的实验室改造成学科教室，实验室成了可以上物理、化学、生物课的课堂，教室成为能够做实验的地方，每位教师负责既上课又做实验的教室，里面所有的仪器、设备、药品、教具、挂图、图书一应俱全。

[**案例分析**] 北京十一学校对实验室的改革是强化实验室教学功能的极致体现。把实验室改造成为学科教室，这样做的益处有：一是空间使用的最大化，避免了两套教室运行的浪费；二是人员角色与职责的明晰，实验室管理人员兼任课教师，实验资源管理与教学任务很好地统一。

一般学校在发挥实验室的教学功能时应强调：坚持完成规定的实验教学、鼓励学生自主实验、强调实验室管理人员积极主动配合等。

（三）注重专用教室建设

所谓专用教室，就是专门活动所用教室。《中小学设计规范》（GB50099—2011）指出："专用教室包括科学教室、计算机教室、语言教室、美术教室、书法教室、音乐教室、舞蹈教室、体育建筑设计及劳动教室等。"我国中小

---

① 李希贵. 希贵说管理 [J]. 中小学管理，2011（4）：38.

学专用教室存在的主要问题有：数量不足、空间布局不合理、重建设轻应用等。专用教室是实施素质教育的重要场所，学校要综合考虑，科学建设。

案例 8.15　北京一七一中学"王守勇书法教室"建设 [①]

"王守勇书法教室"的布置古色古香，都是王老师自己利用传统文化素材创设的。明式的讲台桌和南官帽圈椅，使人仿佛置身于古代的书院讲堂；素雅的瓦当墙纸配上传统的棂窗、格扇，沉淀着历史的味道；教室顶部的一排排红木制六角宫灯，配有百"福"书法图案，古朴而高雅；墙边是一排红木书柜，陈列着各种书法学习资料，青铜制的仿古六轮文字锁，转动特定文字不仅可开启书法典籍，而且还体现着传统文化中的智慧、艺术和民俗；教室的后排是一层层的木质陈列柜，摆放着书法课程的用具，如笔墨纸砚等；两个青花瓷盆状洗水池，保证了书法教室的清洁和卫生。

王老师以"弘扬国粹，习字立人"为理念的现代化教学方式，在他的书画室，培养了学生良好的学习习惯和高雅的审美情趣，实现了"育德、启智、审美、健身"的写字教学理念。与书法一脉相承的国画，不仅使学生学会了工笔、写意等绘画技巧，也学会了布局，学会了从布局中展示胸中的天地。

[案例分析] 专用教室设计的"专业性"很高，既要体现教育追求的引领性，也有学生年龄特征的契合度；既有对整个学校空间布局设计的考虑，也有每个专用教室内部空间设计的考虑；既有安全性、经济性考虑，又有信息化与前瞻性要求；既有对学生需要的考虑，又有对学校资源能力的考量。[②]

北京一七一中学已实行艺术工作室教学制，专人、专室、专业、专课。每一个艺术教室都是一个老师的工作室，由老师根据自己的专长，自主创意、自主设计、自主装饰，使之成为具有教师个性风采的、与学生互动的平台。北京一七一中学目前有 22 个艺术教室。每个教室既是学生上课的地点，

---

① 本案例由北京一七一中学罗红艳副校长提供。

② 关于小学专用教室建设，可参考：吴琼. 当代小学专用教室适应性设计研究——以北京部分小学为例 [D]. 中央美术学校，2014.

又是教师的专业工作室。艺术教室由教师根据课程需求，提出布置要求，学校由此采买专业器材、进行室内装修，每个教室呈现不同特点，吸引各类学生。教室外专门张贴课程标准、课程内容、课程要求和学分获取条件，让学生明晰每一门课程的安排。可以看出，北京一七一中学艺术专用教室建设不仅是培养学生艺术素养的重要平台，也成为艺术老师发展的重要平台，教师的专业成就感更强，主人翁意识更强了。

（四）注重学科专业教室建设

对于教室的布置，在行政班制度下比较注重班级特色与文化建设，但在新课程改革后，出现选课与走班制，教学班开始出现，对于教学班学科教学（如数学、语文、英语、历史、地理、政治等学科）所在教室的建设，即学科专业教室建设，就成为一个值得探索的问题，本书第六章班级变革中也谈到该问题。目前的趋势是把学科专业教室建设作为一种教学支持系统，是直接为教学活动服务的，是教学内容和探究过程的具体表现。

案例 8.16　北京新加坡国际学校教室环境设计 [①]

以小学阶段的 UOI（Unit of Inquiry）主题探究单元为例。UOI 主题探究单元是 IB 课程小学阶段的一个重要内容，每学年六个主题，每个主题持续六周。在主题探究阶段里，所有学科都有 UOI 主题探究内容的渗透。因此，在 BISS 的每间教室里，都有一面墙作为 UOI 主题探究单元的专栏。在这里，我们可以看到"探究主题""主题资料""质疑问题""推荐书目"等内容，也可以看到各学科围绕主题的学生作品展示。如：

·探究主题——我们能够通过观察当地环境建立过去和现在的联系。

·主题资料——古代交通工具（拉洋车、人力三轮车）、二龙戏珠中国画、"挑担卖东西"、名人故居、古代建筑等。

·质疑问题——学生针对探究主题整理出"我知道"和"我想知道"的

① 陈丽.国内访学：探秘国际教育 [M].重庆：重庆大学出版社，2014：133—134.

具体问题。

　　·推荐书目——《中国六姐妹》《关于面条的故事》《舞龙》等。

　　·学科渗透——在北京三环5分钟七种交通工具统计图、学生小组合作统计交通工具的手抄报、书法作品等。

　　UOI主题墙既是一个融知识、思考和展示的区域，又是一个动态的探究过程，整个内容的充实伴随UOI主题探究单元的实践持续六周。

　　"博观而约取，厚积而薄发。"北京BISS国际学校每六周完成一个单元的主题探究单元墙，就是一个鲜活、具体探究的"记录册"，是一门完整的主题性隐性课程。它围绕以上五个方面展开。融"探究性""整合性"和"展示性"于一体，使学生通过自主探究建立系统的知识联系和实践展示。

　　[案例分析]国际学校的教室一般都是专业教室，都会围绕学习主题进行布置与调整，使教室本身具备较强的教育功能。

　　教室设计与布置直接影响学业成绩。由英国索尔福德大学（University of Salford）建筑环境学院财产与建筑管理专业教授彼得·巴雷特（Peter Barrett）领衔的一组研究者，通过对全英国27所小学153间教室和3766名学生的研究后发现，简单地改变教室的设计和装饰，就能够对学生的学业进步产生显著的影响。

　　为了测量学生的表现，巴雷特教授的研究小组收集了作为研究对象的学生在阅读、写作和数学三门课程中的学业水平。通过比较一名学生在一年当中开始和结束时的学业水平变化，他们发现，教室环境变量在一名学生一年学业进步上的作用占到16%。巴雷特教授的研究小组检查了教室环境布置的三大因素，即"启发""个性化"和"自然性"，对学业的影响，一间教室内的"自然性"的水平——主要是指自然光、空气质量和温度的水平，大约占到这种显著影响的一半，而另外两大因素——"启发"和"个性化"，则大约各占1/4。①

----

① 刘水长.你的教室够酷吗？[EB/OL]. http://www.fyeedeu.net/info/202758-1.htm.

我国普通中小学专业教室建设尚处于探索阶段，伴随着新课程改革而开始得到重视，尤其是新一轮高考改革方案出台所强调的课程选择性、走班制等要求备受高中的重视，一些先锋学校如北大附中、北京十一学校等都在进行学科专业教室建设实践。

不同的学科，专业教室布置要求也不一样，一般来说，要强调：其一，体现学科性与学生身心发展特点；其二，规划好功能区，不同学科专业教室建设的功能区有所不同，如地理教室一般分为五个功能区：教学演示区、学习活动区、模型图像区、标本教具区、习作书报区，要根据本校财力、教室实际大小与结构，精心布局，合理安排，各功能区密切联系，动静结合；其三，注重学科专业教室建设的动态性，定期更换一些内容；其四，学科专业教室建设与当前的选课制、走班制结合起来，真正发挥学科教室的学科功能；其五，学科建设与教师专业发展结合起来。

总之，本章主要分析了当前中小学教学组织治理主体多元化、教育教学组织功能一体化、权力结构扁平化、教学组织边界开放化、教学支持性组织与设施教学功能的强化五大变革方向。其实，如今，中小学教学组织变革还有正式组织与非正式组织相得益彰、实体组织与虚拟组织共发展（线上与线下相结合）、教学组织的研究性与专业化、教学组织运行方式强调民主化与高效化、教学组织样态从单一走向多元等特征，本书第九章将重点分析这些趋势。

第九章　学校教学组织变革方向（下）

既定的学校组织结构有其深刻的历史和现实根源，每一种组织结构都在试图为教师和学生创造和维系着有效的学习背景。本书第八章在理性、深入地解析当今中小学教学组织变革实践的基础上，提出了治理主体多元化、教育教学组织功能一体化等五大变革方向，本章将继续分析在移动互联网不断发展，深化教育领域综合改革，不断推进教育治理体系和治理能力现代化，以及教育越来越强调民主化与个性化的大背景下，中小学教学组织变革展现出的其他新动向。

一、正式组织与非正式组织相得益彰

正式组织是指人们按照一定的规则，为完成某一共同的目标，按照一定的联结形式排列组合而成的人群集合体。它有明确的目标、任务、结构，相应的机构、职能，成员的权责关系以及成员活动的规范。维系正式组织的主要是理性原则。在正式组织中，其成员之间保持着形式上的协作关系，以完成组织目标为行动的出发点和归宿点。正式组织一般具有以下几个特点：（1）组织目标是具体的。（2）正式组织的权力具有强制性服从的特点，并且还有正统性、合法性和稳定性等特点。（3）正式组织的结构一般具有层级式的等级特点。（4）正式组织的信息沟通渠道是由组织规章提供的。

非正式组织是相对"正式组织"来说的，最早由美国管理学家梅奥通过"霍桑实验"提出，是人们在共同的工作过程中自然形成的以感情、喜好等情绪为基础的松散的、没有正式规定的群体。人们在正式组织所安排的共同工作和在相互接触中，必然会以感情、性格、爱好相投为基础形成若干人群，这些群体不受正式组织的行政部门和管理层次等的限制，也没有明确规定的正式结构，但在其内部也会形成一些特定的关系结构，自然涌现出自己的"头头"，形成一些不成文的行为准则和规范。

如果在管理中能够依据两类组织的不同特性，妥善处理二者之间的关系，发挥各自的优势与长处，就能使整个组织充满活力，更好地实现组织目标。

（一）调整优化正式教学组织的功能

从我国普通中小学的实际情况来看，中小学普遍建立了一套体系化、制度化的教育教学管理和研究的正式教学组织体系。从组织结构的角度来说，我国的中小学是在国家行政的基础上组织的，明显带有行政色彩。组织构成中处于最下端的是一个教师个体，然后逐级提升的是备课组、教研组，再到各职能处室，最高层是校长。学校一切教学工作都要从管理任务出发，界限分明，而且行政权和专业权分化，专业的运作服从、服务于行政需要的安排。这种权力高度集中的教学管理体制，有其深厚的历史与文化背景，有利于学校贯彻执行国家关于基础教育阶段的要求，提高国家政策的贯彻力度。严格的等级管理，在其机构运行良好的条件下，有助于上下一致，提高管理效率，这些正式教学组织的功能主要是保证学校教学的正常运转。但是由于科层制本身固有的缺陷，学校教学组织出现运转"失灵"的情况。例如，尽管备课组长、教研组长和年级组长等常常是专业上的权威，但他们通常作为校长在基层的权力执行代表，无法及时全面地关注全体教师的意见。为此，许多改革的先锋学校采取各种途径和策略措施试图改变这种状况。

1. 以低重心的组织管理激发组织活力

伴随着我国教育教学改革与发展的进程，以及新课程改革的深入推进，学校教学实践遇到了一系列组织管理问题，诸如课堂教学改进、学校课程开发、教学模式创新、有效校本教研等等。这些问题需要在年级组、教研组，乃至班级和任课教师等不同层面进行解决。为了更好地调动教职工的积极性，提升各级教学组织的专业性，发挥不同群体的创造性，许多勇于探索的学校改变了原有的科层组织的运作方式，尝试着降低学校的组织决策和管理重心，将管理重心向基层组织倾斜，赋予教研组、年级组等更多的自主权，改变了传统的以行政运作方式为中心的管理模式，强化和突出专业管理，激励和发挥学校教学基层组织与广大教师的积极性、创新性，有效地分析问题、解决问题。对原有的教学组织功能进行调整优化，加强教学基层组织的研究、创造和专业发展功能，而将学校行政运作职能主要定位于及时准确地收集信息，提供服务保障，从而营造良好的组织氛围，为问题解决提供强有力的支撑。[①]

2. 以教学组织管理的扁平化创造合作文化

实践中，不少中小学进行组织结构的扁平化改革，减少管理层级，增强正式教学组织的活力，有的学校取消部分中间机构，加强了年级组、教研组的功能建设；有的学校则合并或者转换了部分中层组织机构的职能，例如将政教处与教导处合二为一。这些改革措施意在加强不同组织及其成员之间的沟通交流，凸显组织的专业化功能，提高组织运行效率，赋予教学组织以合作学习、问题解决等新型组织文化。

案例 9.1　北理工附中调整组织结构，完善教学管理组织职能[②]

学校原有的教学管理组织的主要特征是：注重权力层级，等级分明，结构复杂，制度繁多，命令具有强制性，而教师的自主探究需要专业自主权，因此，两者产生了矛盾。

为此，北理工附中采取措施，优化教学管理组织的结构，减少层级，扩大学科组、备课组以及一线教师的专业自主权。具体措施包括：（1）调整学校组织管理结构。他们重组、精简相关部门，实行学部管理，初中部和高中

---

① 张立新.组织变革：重建学校管理"新关系"[M].南京：江苏教育出版社，2011：29.

② 陆云泉.以教学方式变革为导向的学校组织变革的策略选择[J].中小学管理，2013（9）：15.

部主管校长统管教育教学，使学校管理重心下移，实行"扁平化"组织管理。（2）明确学科组、备课组的管理职能，增强其自主管理权。通过民主讨论，我校制定了《学科组活动基本要求》和《备课组活动基本要求》，建立了教研活动监管制度，有效地规范了学科组和备课组的活动。（3）实行管理和督导双轨制。由学部负责日常的教育教学工作，由课程处负责督查教师的教学情况，教务处承担学生学业情况的质量抽查和评估。

[**案例分析**] 北理工附中通过调整教学组织结构，优化和完善了教学组织职能，改变了原有等级分明的层级式、强制式管理模式，增加了学科组、备课组的自主权，形成了民主和谐的管理氛围，并及时跟进组织文化与相应的制度建设，增强了教师的专业自主权，为教师创新和转变教学方式解放了"生产力"。

（二）培育非正式教学组织，满足教师个性化发展

作为一名优秀的校长，不仅要注重正式教学组织的建设，还要特别关注学校中非正式组织的培育、引领。这是因为：第一，非正式组织是自然形成的，真实存在着，它时刻影响着师生的学校生活和思想行为，如果不能正视它，积极地引导它，有可能对学校目标的实现产生负面影响。第二，日常教育教学活动中，教师和学生随时都会遇到新情况、新问题、新困惑，上级教育主管部门提出新要求，国家教育改革与发展的政策发生新变化等，这些都需要学校组织及时有效地应对，而正式组织在回应这些非常规事情上往往不如非正式组织灵活有效。第三，由于正式组织具有相对刚性的组织规范和运行机制，对于学校成员的个性化需求难以提供足够的关照与满足，而非正式组织可以利用自身优势和组织资源，以特有的方式和途径，较好地满足这些个性化需求，解决一些个别化问题，提高师生们对学校组织的认同感、归属感，增强学校生活的吸引力。因此，学校管理者在依靠正式组织开展工作的同时，还要加强对各种非正式组织的关注和研究，巧妙引导，达成和谐共生的学校目标。

案例9.2 盐城市实验小学"智慧树俱乐部"活动助力教师专业发展 [①]

盐城市实验小学在校本研修中利用教研组、备课组等正式的教师组织开展了一些活动,也取得了一些成绩,但校长发现也还存在一些问题。首先是行政色彩浓,各种活动的要求及过程都具有刚性,对何时参加,如何准备发言等往往没有商量变更的余地。其次是灵活机动性差,学校的研修活动往往严密计划,严格执行。如学校每周一进行集体备课,周四组织教研交流等,都在放学后如期举行,一般无法灵活调整、选择,周末、节假日等非工作时间不能够得到运用。再次是教师的参与欲望低,因为活动要求刚性十足,不是教师自发的活动,参与度往往不尽如人意。如何来弥补这些不足?我们尝试鼓动一些骨干教师自由组合、适意聚集,不拘方式和场合,尽情言说,逐渐演变为以校内同行教师为主体的一个非正式教师组织——"智慧树俱乐部"的诞生。这是学校教师的一个数学社团。具体做法是:第一,成立社团组织。在充分酝酿、广泛征求意见的基础上,推选了理事会成员,把学校在数学教学和研究方面有造诣的数学教师推选出来担任理事长、理事和秘书长。第二,制定社团章程。明确数学社团组织的宗旨,会员入会资格,会员的权利和义务等,还要设立社团的组织机构、聚集地点和活动形式,并适当筹措必要的活动经费。第三,广泛吸纳会员。为了吸引教师们的注意力和兴趣,让教师们认可社团的章程,了解社团的宗旨,把这个组织当成自己的"家",增强社团的凝聚力,我们首先让一些骨干教师带头进行业务研讨,组织教科研沙龙,请专家作讲座。这样社团渐渐地获得认可,自愿加入"智慧树俱乐部"的老师多了,社团的组织发展就顺畅了。通过几年的活动,教师参与数学教学研修的积极性被极大地调动起来,收到了难以置信的专业发展效果。其中3名成员被评为省小学数学特级教师,有5名成员获评为盐城市学科带头人,有2名成员成为盐城市名教师,还有10多位成员成长为教学能手,有3位成员还出版了个人著作。

---

① 王建荣. 学校非正式教师组织与教师专业发展 [J]. 江苏教育,2010 (1):44—45.

[**案例分析**] 江苏省盐城市实验小学巧妙利用"智慧树俱乐部"这个非正式组织,为学校的数学老师构建了专业发展的新平台,发挥学校非正式教师组织的作用,用以有效地弥补学校行政管理安排下的教师教学研修的不足,通过章程更好地固化活动平台,强化研修意识,优化社团策略。作为非正式教师组织,数学社团充分利用自身灵活机动的特点,切实开展丰富多彩的活动,提高专业研修的效果。在学校的积极引领下,该社团逐步成为一个充满文化内涵、体现个性发展需要的团队。盐城市实验小学在校本研修中,让学校非正式教师组织与正式教师组织享受同等待遇,使之成为学校正式教师组织的延伸和补充,实现协调发展,从而有效地促进教师的专业发展。

当前,很多中小学在实践中除了鼓励建设学术型非正式教学组织,培育学习共同体,分享个人实践智慧,形成共同价值观,提升教育教学质量外,还支持闲暇型非正式组织,促进教师的发展由专业走向人生:不仅促进教师的专业成长,也丰盈了教师的人生。有的学校还鼓励并培育学生非正式组织,如前面章节中的学生自治社团,促进学生自主管理、主动发展。

学校教学组织的变革,无论是正式组织还是非正式组织,其目的都是为了人的更好的发展。通过变革,充分挖掘现有组织的潜能,释放出人的发展所必需的空间和资源,最大限度地发挥教师和学生的主体性和自身优势。因此,重要的不在于是否要建立非正式组织,而在于如何发挥非正式组织的建设性价值。一个成熟的学校组织,是绝不会排斥非正式组织的存在的,而应该利用它的价值,使之服务于学校发展目标的达成,服务于学校全体成员的更好的发展。

二、实体组织与虚拟组织共融发展（线上与线下相结合）

当李克强总理在《政府工作报告》中先后八次提到互联网、移动互联网等新兴行业,并且提出了"互联网+"这个新概念后,每天引来上百万网民的点赞。那么,对于中国教育领域,"互联网+"又意味着什么呢?那就是教育内容的持续更新、教育样式的不断变化、教育评价的日益多元化。学校组织只有顺应这一时代的需求持续不断地进行新的变革，才能走向新的境界。正如《与大数据同行：学习和教育的未来》一书的作者舍恩伯格所指出的，大数据时代学校仍会存在，但功能会改变；信息技术、翻转课堂不可能削弱老师的重要性，但会对老师提出更高的要求。[①]

（一）各具比较优势的实体组织与虚拟组织

实体组织，也就是传统组织，是以一定的实体化因素为前提条件，是为了实现某一共同目标，经由分工与合作，及不同层次的权力和责任制度而构成的人群集合系统。作为实体组织具有以下优势：第一，与虚拟组织相比，由于受制于物理空间，实体组织的成员相对稳定，而且处在相同或相似的组织环境中，便于开展活动。第二，实体组织有更为明确的分工协作与行为规范。组织在分工的基础上赋予了各部门及组织成员相应的责权利，彼此之间进行协作和配合，以提高活动效率，有利于实现组织目标。第三，实体组织的活动往往是在同一时空中进行，现场感强，组织成员面对面交流，多感官参与活动，信息获取更为全面深刻。

虚拟组织是一种区别于传统组织的以信息技术为支撑的人机一体化组织。其特征以现代通讯技术、信息存储技术、机器智能产品为依托，实现传统组织结构、职能及目标。虚拟组织的关键特征大致有以下几个方面：虚拟组织具有较大的适应性，在内部组织结构、规章制度等方面具有灵活性；虚拟组织共享各成员的核心能力，其价值就在于能够整合各成员的核心能力和资源，从而减少时间，降低费用和风险，提高服务能力；虚拟组织中的成员必须以相互信任的方式行动，合作是虚拟组织存在的基础，他们在合作中必须彼此信任，当信任成为分享成功的必要条件时，就会在各成员中形成一种强烈的依赖关系。

---

① [英]维克托·迈尔-舍恩伯格.与大数据同行：学习和教育的未来 [M].上海：华东师范大学出版社，2015.

虽然虚拟组织具有比较优势，发展前景广阔。但是，我们也应该看到，尽管宣传使用虚拟组织的概念十分容易，但是虚拟组织的组成与运作并不简单。虚拟组织有待不断地实践创新，才能真正发挥其积极作用。

对于学校管理者而言，必须十分清楚两类组织的各自特性，在学校日常的教育教学活动中，依据现实的需要与可能，恰如其分地发挥实体组织与虚拟组织的优势，实现二者的良性互动。

（二）学校教学组织活动走向线上与线下融合

信息化社会中的学校组织是在两个空间里存在的，一个是真实而有限的物理空间，另一个是虚拟而无限的信息空间。它们都以各自不同的方式影响着学校组织的生存与发展。现代学校组织的变革也越来越凸显信息技术色彩，甚至出现了依托于信息技术而建立的虚拟学校组织。由传统的"有形学校"向"无疆学校"转变，实质上是倡导一种学校组织新的发展方式。

事实上，正是互联网技术的发展，以先学后教为特征的"翻转课堂"才真正成为现实。同时，教学中的师生互动不再流于形式，通过互联网，完全突破了课堂上的时空限制。学生几乎可以随时随地随心地与同伴沟通，与老师交流。在互联网天地中，教师的主导作用达到了最高限度，教师通过移动终端能即时地给予学生点拨指导，而且不再居高临下地灌输知识，更多的是提供资源的链接，进行兴趣的激发和思维的引领。由于随时可以通过互联网将教学的触角伸向任何一个领域的任何一个角落，甚至可以与远在千里之外的各行各业的名家能手进行即时视频聊天，因此，教师的课堂教学变得更为自如，手段更为丰富。

与线下教育对比，在线教育有很多技术的优势。但是，有一个不能被挑战的优势把握在线下教育的手里：学习需要一定的氛围。而且从教育的视角解读，全世界没有一家教育组织可以将"育"线上化或线下化得很好。因为"育"不是简单地传递知识，也不是简单地检索知识，而是一种管理方式。这个管理是指要营造学习的氛围，提供同学之间、同学与老师之间影响力的因素。即便线上有社区，在虚拟环境中，学生也往往会产生孤独感和无组织感，"同伴学习"的深度社交达不到，学生也无法获得安全感。

案例9.3　北京四中的"双课堂"教学模式 [①]

2006年开始，北京四中语文学科率先开展了"现实＋网络"的"双课堂"教学模式探索，形成了"学生主体，教师指导，师生共同构建课程资源"的教学模式。以教师为引导，学生为主体，通过建设"虚拟课堂"与"现实课堂"实现互补。所谓"虚拟课堂"，即在现实课堂以外的时间，以网络平台为依托，以班级为建制，学生进行实名注册，在本班级论坛中自由发言、回帖。在虚拟课堂中，老师选择学生感兴趣的议题，激发学生的表达欲望。他们可以把一些主题放在网络上组织学生来讨论，在组织过程中以学生为中心。不是老师问、学生解决问题的单一局面，而是形成老师和学生之间的广泛互动。而且在很短的时间里，记录了学习的途径，记录了学习的经历。虚拟课堂的话题可以非常宽泛，课文、专题、某一项语文活动等均可作为出发点。刘葵老师以组织诗歌单元"千古酬唱"活动和整合报告文学"身边的陌生人"为例，生动地展示出学生在"虚拟课堂"教学中的种种收获。在这一过程中，学生不仅会对课文中的知识有更深刻的理解，更能通过合作与再创造，提升表达能力与写作技能，同时可以在"双课堂"中感悟克服困难的愉悦，实现意志力的锻炼和提升。

[**案例分析**]通过"双课堂"，北京四中的学生实现了与文本、自我、自然、社会的对话，在缤纷的课堂中，学生创造、描画出了自己的多彩人生，在语言、文化、品格等多方面的素养都得到了提高，而教学也真正实现了应试教育向素质教育的跨越。这种课堂让每个教师的价值在课堂当中体现出来，让每个学生的学习热情以及价值在课堂中绽放出来，让教育的内涵在课

---

① 刘长铭.教学信息化中的有益探索[EB/OL]. http：//china.jyb.cn/china/gnxw/201209/t20120929_512593_9.html，2012-09-29.

堂的学习中丰富起来。教学不仅仅是教会学生知识，还要教会他们做人，教会他们受益一生的方法。

再如，前面案例中盐城市实验小学"智慧树俱乐部"成立后，充分发挥实体组织与虚拟组织的各自优势，实现了线上与线下互动，不断提升教研质量，促进教师专业发展。一方面，他们开通了一个专题网站"智慧树小数网"作为社团的活动网站，通过举办网络沙龙，让每一个成员投入到活动之中，并且要努力组成协作共同体，以团队的力量提高活动的质量。他们利用这个平台开展各种研讨活动，有时除了社团的成员，还邀请有关专家及外校的名师参与活动，在网站的 BBS 论坛、MSN、QQ 群、微信群等平台进行网络沙龙活动，网络打破时空限制，使每个成员聚集屏幕前共同探讨，让普通教师与名师实时在线交流成为现实。名师和专家教师的加入让社团的业务研讨上了一个档次，更有深度。另一方面，网上网下互动，扎实开展实体教研。社团为了充分调动每个成员的积极性，合理安排活动时间和内容，把通过网络提出的疑难问题回放到业务现实活动中，安排部分年级组和备课组成员三五成群，随时聚拢，进行碰撞；随时分散，各赴课堂。"船小好调头"，实行课间交换意见，10 分钟有效沟通。这就做到网上与网下并举，虚拟与现实共存，提高了业务研修活动的敏捷性、实效性。[①]

上述基于互联网的教学组织活动，创设有利于个性化学习的开放性学习环境，促进信息技术和课堂教学的深度融合；具有交互对象的主体性（教师以学习者的身份参与学习活动，课堂体现民主、自由氛围），教学对象的交互性（师生交流学习的空间提升，学习的信息渠道增多），交互反馈的及时性（教学情况可实现当堂反馈、评价，提高了互动教学的效益），交互影响的持续性（教学对象之间的交互影响不是一次性或间断的，而是一个链状循环的连续过程）等特点。[②] 线上线下教学活动的有机融合，克服了单一教学组织形式的固有缺陷，打破了传统课堂教学的时空限制，推动了教学组织的

---

① 王建荣. 学校非正式教师组织与教师专业发展 [J]. 江苏教育，2010（1）：45.

② 王盛之. 智能化教学促个性化学习 [EB/OL].http：//www.hzjsjy.com/html/？ 46658.html，2015-5-20.

有效变革，让学生可以自主学习。

三、凸显教学组织的研究性与专业化

在当前深化教育领域综合改革，不断推进教育治理体系和治理能力现代化的大背景下，将给我国教育带来深刻的变革，使教育真正回归到教学规律和人的成长规律。从微观层面来看，课程与教学改革不断深入，大量新困惑、新问题直接产生于基层组织，如年级组、教研组，乃至班级和课堂。这些具体问题能不能解决，如何解决，是无法靠行政命令和一纸文件或通知办到的，必须也只能依靠广大一线教育工作者积极探索，具有创造性地工作，充分发挥教师们的聪明才智，才能解决教育改革中的"最后一公里"问题，取得完整意义上的成功。因此，为了更好地调动教学人员的积极性，提升学校组织的专业创造性，许多学校改变了传统科层组织的运作方式，改变了传统的以行政运作方式为中心的管理模式，强化和突出专业管理，将管理中心向基层组织倾斜，把专业的问题交由专业人员去研究和解决。在功能建设上，加强学校内部的基层组织的研究、创造以及专业发展功能。

（一）教学组织的研究特性得到充分发挥

教研组设立的一个本意是希望通过钻研教材、评议教学来引导教师去分析研究教与学的问题，但由于受到教师专业素质和教学研究水平的局限，这种分析研究更多地停留在表象上、形式上，浅尝辄止。发展到后来，原有的"研究"成分愈少，教学研究演变为泛泛而谈的集中开会。[①]

上述集体备课、教研组活动的异化问题不是个别现象，在不同地域的中小学的教学组织实际活动中具有普遍性。造成这类问题大量存在的原因是多方面的，其中主要原因之一就是教学组织没有或少有发挥自身功能，对教学活动缺乏研究性，对教育教学中的实际问题没有真正意义上的"研究"，导

---

① 陈桂生. 普通教育学纲要 [M]. 上海：华东师范大学出版社，2009：214.

致教学组织活动失去凝聚力和吸引力，渐失"人心"。

面对多样化的学校发展，个性化的学校教育，学校中任何层面、任何领域的变革要想取得成功，都离不开系统思考、深入研究与不断探索，简单地借鉴与模仿是不可能取得成功的。例如，自 2004 年推行高中新课程改革以来，选修课程的设计以及为真正实施学生的自主选课而配套的"选课走班"制度应运而生。"选课走班"改变了传统的教学和思维模式，在支持学生全面发展、个性发展和主动发展，以及满足学生发展需要方面发挥了积极的作用。但是，由于这是中国基础教育中的一个新生事物，因而理解不同、目的迥异，实际操作差别很大。"课"到底应该怎么"选"，"班"到底应该怎么"走"，新的教学组织形式下学生应该怎么"管"，教师的教学活动又应该怎么评价等等，诸如此类的问题，时刻困扰着学校管理者和广大教师。由此可见，"选课走班"不只是技术层面的操作，实际上面临的是学校制度的重新建构。为了实施好"选课走班"，许多学校成立课题组，以课题研究的形式系统研究推进必修课"选课走班"的方式；成立学生指导中心，对班级管理与学生管理制度进行了重构；教学管理流程也与以前发生了很大变化，形成了行政、教学、成长导师、年级组、学生指导中心等多轨育人的态势。这些新颖的教学组织如雨后春笋般不断涌现，利用各种组织资源，积极探索，焕发了各种教学组织的活力，不仅开辟了组织活动的新领域，而且使身在其中的教师们获得了专业发展。

比如，北京十一学校在课程改革的攻坚阶段，及时发现了诸多改革重点和难点领域的先行者，并以他们为核心，创立了一个个研究和攻坚团队，诸如"王春易教学方式变革研究室""方习鹏教学评价研究室""周志英探究教学研究室"等，充分发挥教师的智慧和研究专长，对课程改革中的诸多问题或主题，展开深入细致的研究与实践，寻找解决之策。每一个领域都有很好的实践智慧和一定的学术高度，都有着完全不同的目标追求和研究路线。[1]在这个过程中，每个研究室都成为一个专业性组织，成为一个创造性单元，

---

① 李希贵. 面向个体的教育 [M]. 北京：教育科学出版社，2014：136.

教师们的潜能不断被激发出来，影响力持续提升。

（二）教学组织的专业本质不断得到强化

管理学理论认为，学校组织具有典型的二元权力结构，即行政权力和专业权力并存。行政权力主要体现在学校行政组织的科层制结构中，组织赋予管理层次以相应的职责和权力，并以严格的等级制度为依托，因此又可称为"制度化"权力。由于现代中小学的教育教学具体事务日益专业化，学校利益相关者的诉求日趋多元化，各种为解决教育专业领域问题的决策日趋复杂。在应对层出不穷的学校专业性问题上，行政权力显得力不从心。

专业权力，更确切地讲，它属于一种学术权威。学术权威不同于制度化的权力，学术权威意味着自愿依存，并且支配者和被支配者在目标取向上协调一致。一个学校的专业权力主要集中在教师、教研组和年级组等方面，这些个人和集体在学校的教学和教研等专业事务中具有决定性权力，同时也广泛参与学校的其他事务。[①]

在学校管理实践中，管理者往往倚重具有极强约束性的行政权力，专业权力很大程度上为行政权力所忽略、压制和替代，教师个体和教学组织作为学校的专业力量对学校教育生活中的重大决策没有太多的发言权，很少有机会介入决策过程。为了适应当前日益复杂深入的教育教学改革与发展需要，很多中小学进行了富有创造性的教学组织变革，实施"扁平化"管理，如本书相关章节所阐述的，撤销或转变了原来的教务处、政教处等这类"中层机构"及其职能，强调教学组织的专业本质，使其拥有学科发展的规划权、教学研究的组织权、教师发展的自主权等，打破了学校组织只有纵向垂直系统的上下关系的禁锢，形成了层间多向活跃沟通的组织新活力。"人不是生活在组织当中，而是组织生活在个体当中并通过个体而存在。"[②] 也就是说，组织是因为人而存在的。从关注"成事"到"成人"；促进教师积极主动发展

---

① 张立新 . 组织变革：重建学校管理"新关系"[M]. 南京：江苏教育出版社，2011：69—70.

② 张新平 . 格林菲德教育组织管理理论研究 [J]. 教育理论与实践，2000（9）：15.

是教学组织变革的目标。

因此，只有真正发挥教学组织的研究特性，以专业的视角和态度对待教学工作，才能解决教学情境中的诸多问题，才能恢复教学组织的活力，也才能真正促进教学组织的持久发展。

四、教学组织运行方式强调民主化与高效化

（一）组织运行方式更加民主化

学校是一个知识型组织，每位教师都是学科领域里的专业人士。每个学科都有着各自不同的独特规律，这就决定了学校里不可能有统一的权威。作为"松散结合"的学校组织，在推进任何变革的过程中，都不可能用统一的方式进行。要改变大一统的学校组织传统，变革集权性、科层制的组织方式，建立多中心、交互式的学校教学组织体系，凸显民主色彩，从而形成一个富有活力的学校教学系统。

民主是现代学校组织的运行原则与价值追求。只有民主包容的组织环境与氛围，才能保证组织成员思考、判断与选择的权利，才有可能实现每一个人的充分、自由的发展。这是现代社会民主发展对教育的客观要求。因此，学校组织内部管理的自然取向就是民主，尤其是对教师，要让他们参与专业活动的管理与决策，尊重与支持他们的专业自律和自主发展，使教师成为专业领域的领导者。[1]

民主，意味着对不同个体、不同层面、不同纬度的尊重，意味着在相互对话中、在实践的改革中，不断创造出新的发展空间。[2] 在复杂的学校组织变革中，为了保证变革的成功，校长必须善于调动教职工的积极性、主动性，使其自觉地参与到各项活动中来，建言献策，贡献智慧。

---

① 陈丽，李希贵等.学校组织变革研究：校长的视角 [M].北京：教育科学出版社，2013：201.

② 张立新.组织变革：重建学校管理"新关系"[M].南京：江苏教育出版社，2011：141.

例如，组建教师专业团队有利于建设合作的教师文化，促使教师积极参与课程开发，展开专业交流和对话，打破原有独立作业的教学形态，培养教师的团队合作精神，最大限度地发挥教师集体的智慧和力量。这种专业团队，根据需要教师们可以以各种形式（年级组、学科组和教研组等）自发地形成学习型团队，在团队中大家相互学习、相互研究、相互帮助，共同解决教学中的难题，进而达到取长补短、同伴互助、共同提高的目的。此项活动对学校形成融洽、和谐的人际关系还起到了良好的纽带作用。

教师专业团队不仅是教学的"学习共同体"，更是教师个体逐步改进自己的教学特色，形成自己的教学风格的重要场所。教师在这一团队中工作，一般会轮流或者经常在团队活动中扮演领导角色，如组织讨论、进行示范教学、自行决定研究内容、相互质疑和评价、共同承担发展的责任等，实际上也是在实践多种教学领导方式。这种专业上的自我引领方式非常有利于形成"伙伴式的团队文化"，使教师寻找到课程改革的同行者，实现共同的专业成长。

（二）教学组织运行更加高效

按照决策理论的观点，科学的决策应该放在信息获取最为充分的层级进行，哪个层级的事情，往往需要哪个层级的人们的智慧去解决。只有如此，管理才有可能切实高效。

在教学组织变革中，很多学校都采取了减少管理层级，实施扁平化组织战略，把年级作为学校的管理重心，将权力与责任最大限度地集中在年级组这个实体上。年级组集教育、教学、科研、管理于一身，根据学校办学目标，全面负责某个学段学生的教育教学任务。年级主任往往是由副校级干部直接兼任，而过去的中层部门不再作为一个管理层级和管理部门，而是成为职能部门，按照学校工作的总体规划，与年级合作、协商开展工作。改革后的管理结构使原有的中层部门与年级处于同一层级，都成为校长的直接下属，各部门在工作中必须充分沟通，达成共识，有时候需要更多的时间、更多的智慧。表面上看，效率似乎比以前低了，但却换来了更好的做事效益。

因为广大教师和学生的需求、意见、建议能够最大程度上反馈给学校管理者，管理者在决策过程中能获得更为充分全面准确的信息，对问题的认识分析更为深刻到位，可有效地避免决策的失误。[①]

在教学组织变革实践中，不少学校建构"扁平化"管理模式，加大中层机构和教师专业团队的自主权，实现管理重心下移。有的设立了课程教学部，负责课程的开发和实施，承担学校教学日常工作和教学质量的管理工作，承担教师培养和教育科研等；成立了学生工作部，负责协调各年级学生德育工作，策划全校性重大德育活动，组织学校系列德育活动的开展，负责班主任的培训和考核等；还有的提升年级组的职能，主要职责定位为策划年级整体工作，管理年级的学生工作，关注各梯队班主任的成长状态，形成对学生阶段性成长需要的同步研究，积累学生管理的典型案例。这样，原来担负学校行政管理重任的中层职能处室，由过去的"上传下达"变为咨询、参谋、指导，由直接行政管理、过程管理转变为目标管理、过程监控，起到了组织协调、宏观调控、咨询服务和检查监督的作用。这样的分工合作，不仅突出了部门的工作重点，而且办事效率大大提高。

五、教学组织形态从单一走向多元

组织形态是指由组织中纵向的等级关系及其沟通关系，横向的分工协作关系及其沟通关系而形成的一种无形的、相对稳定的组织构架。它反映组织成员之间的分工协作关系，体现了一种分工和协作框架。有效的组织总是根据所处环境的变化及自身的发展需要，在机构设置、人员安排、资源分配、信息掌握等方面不断自我调整，才能保障组织功能的正常发挥。

当前，由于所拥有的内外部组织资源不尽相同，我国中小学教学组织结构已呈现出复杂多样的形态，构成教学组织各要素在组织中的地位、组合方式以及相互关系也表现出多元化特征。如前所述，教学组织形态从单一走向

①李希贵.面向个体的教育[M].北京：教育科学出版社，2014：180.

多元至少有以下几个方面：

第一，从组织理论来说，从单一的科层制理论到多种理论并存（包括科层制理论、社会系统论和共同体理论等）。在我国的中小学管理实践中，由于受到社会、政治等多种历史、现实因素的影响，学校组织（包括学校教学组织）过去主要依据科层制理论建立并运作，看重学校组织管理中的等级、权力和责任，广大师生的主体性发挥不足。而近些年来，大家更多地用系统论和共同体理论来重新理解和建构学校组织，以一种新的组织视角审视学校教学组织，出现了所谓的"范式转换"。例如，一些中小学在学校教育教学变革实践中，越来越多地让教师参与政策制定、问题解决等事宜，有权设计学校的课程内容和创造性地执行教学计划，是源于用系统的观点来看待组织变革。因为系统论更加看重组织与其环境之间的互动，强调组织内部横向（而不是纵向）的关系和相互作用、组织成员间的信息流动，强调整合，而科层制则重视分工和专业化。共同体理论尤为强调人际交往和对他人生存的关心，学校中人与人之间的相互亲近性，以及学校人际关系中的基本价值观，强调学校成员之间的相互接纳和相互关心。[1]实践中，一些学校让教师和学生参与制定学校相关政策的过程，设计教育教学中多姿多彩而又富有教育意义的活动，目的是使全体学校成员能在校园生活中形成一种强烈的依赖感、亲切感和归属感，过上一种"幸福完整的教育生活"。这实际上就是受到了共同体理论的影响。

第二，从组织形式上来说，在学校教学组织中，以前只注重和依靠单一的正式组织，而现在很多学校管理者，越来越重视教学中的非正式组织对教师专业发展和学生成长的影响，学校中的正式组织与非正式组织相互影响、相互促进，更好地服务于教育教学目标的达成。（这一点本章前面已经论述了，此不赘述。）

第三，从组织运行的权力机制来说，从单一的倚重行政权力到行政权力与学术权力并重，甚至是学术权力占主导。虽然在中小学内部权力结构和

---

[1] 夏朗等.创新学校——组织和教学视角的分析 [M]. 北京：中国轻工业出版社，2007：12.

管理体制中，行政权力和学术权力是不可分割的有机组成部分，二者相辅相成，共同服务于中小学的整体目标，但是，中小学组织以知识为工作对象的特点，教师创造性劳动的属性，客观上要求充分尊重并发挥学术权力的作用。"中小学学术权力就是中小学教师基于本学科知识的话语权以及影响力；中小学教师对本学科知识加工和再造的权力。表征是：中小学教师进行教育教学活动，开展教育教学改革和实验；从事科学研究、学术交流，参加专业的学术团体，在学术活动中充分发表意见；指导学生的学习和发展，评定学生的品行和学业成绩的权力。"① 中小学学术权力的主要表现形式是教学与科研。教学与科研虽然有一定的规律，但是方法多种多样，教师应根据自己的思路创造性地发展丰富多彩的教学方法，而不是听从于行政的指令。尤其是在教育教学改革大背景下，更加强调中小学教师在教育教学管理中学术权力的有效运用与充分发挥，这样才能提高教学品质，服务于学生个性化发展。实践中，一些追求高品质发展的学校成立了学校学术委员会、教学委员会等新的教学组织机构，就是很好的例证。

第四，从组织的权力主体上看，教学管理中出现了从单一主体到"多元共治"的转变。以前的学校教学管理基本是依靠校长、教学校长、教导主任、年级组长等管理者进行，教师和学生往往是被管理的对象，在管理中只是被动地接受，缺乏自主管理的条件和机会。而现在则更多地强调"多元共治"，各种利益相关者和组织共同发力，相互配合，协商共治，共享教学管理权力，共担教学责任，切实提高学校教育教学质量。（详细论述见本书第八章）

现代组织理论认为，没有一种一成不变的最好的组织形式，组织需要根据具体环境而变化，在组织结构与环境之间存在一种"最适状态"，在一种环境下适用的组织结构不一定适用于另一种环境。组织设计需要在吸收新趋势的启发后，在内部一致性和外部适应性之间寻求最佳平衡点，最终形成适合学校的组织结构。

---

① 时晓玲，于维涛. 中小学教师的学术权力简论 [J]. 当代教育科学，2013 (6)：36.

一般来说，组织结构中的纵向控制、效率和稳定性目标相关联，横向协调与学习、创新和适应性相关联。对于中小学教学组织变革而言，变革的关键在于根据学校不同的规模、目标、文化等，找到纵向控制与横向协调之间的平衡点。例如，对于规模较大的学校，可以采用矩阵型教学组织结构，横向层面以年级组为协调机构，赋予年级组自主管理的权力，加强跨学科之间的教学协作。纵向层面以各教研组引领的学科为导向，充分发挥各职能部门的作用，以缩短教师与校长之间的距离，使校长直接了解教学动态，教师直接体验校长的决策智慧。当然，在建构这种教学组织结构过程中，要明确教研组、年级组的实体地位及其职权范围，建立两组之间的信息交流机制和利益分配机制，恰当平衡两组的权力运作关系。同时，弱化教学处、科研处等机构的行政职能，强化并突出其服务意识及职能。

当然，无论教学组织如何变革，其目的都是为了形成一个富有创造活力、对教学情境反应灵敏的组织系统，更好地实现学校组织的育人目标。学校组织的特性是生命性的存在，人是学校组织关注的中心、服务的中心，变革必须基于育人的立场，让学校管理者、教师和学生拥有主动创造、自主发展的空间，使组织中的人得以表现出一种主动的生命情态，积极活泼的生存方式[①]。

概而言之，变革后的教学组织克服了单一组织形式的弊端，倡导多元融合的组织形式，更加注重优良教育环境的塑造，强调专业化与民主化，促进学校成员之间的团队合作、多向沟通与交流互动，以更加开放的姿态和积极主动的参与精神，力求把学校教育的每个层面与更广泛的社会、组织环境联系起来，实现各种教学要素功效的最优化和教育教学效益的最大化。

---

① 张立新. 当代我国学校内部组织变革研究 [D]. 华东师范大学，2007.

图书在版编目（CIP）数据

赢得未来的学校教学组织变革／陈丽等著.—上海：华东师范大学出版社，2016.4

ISBN 978- 7-5675-5039-1

Ⅰ.①赢... Ⅱ.①陈... Ⅲ.①中小学—教学研究 Ⅳ.① G632.0

中国版本图书馆 CIP 数据核字（2016）第 071927 号

大夏书系·学校领导力

赢得未来的学校教学组织变革

著　　者	陈　丽　吕　蕾　等
策划编辑	任红瑚
审读编辑	张思扬
封面设计	淡晓库

出版发行	华东师范大学出版社
社　　址	上海市中山北路 3663 号　邮编　200062
网　　址	www.ecnupress.com.cn
电　　话	021－60821666　行政传真　021－62572105
客服电话	021－62865537
邮购电话	021－62869887　地址　上海市中山北路 3663 号华东师范大学校内先锋路口
网　　店	http：//hdsdcbs.tmall.com

印 刷 者	北京密兴印刷有限公司
开　　本	700×1000　16 开
插　　页	1
印　　张	15.5
字　　数	220 千字
版　　次	2016 年 6 月第一版
印　　次	2021 年 5 月第三次
印　　数	8 101-10 100
书　　号	ISBN 978－7－5675－5039－1/G · 9337
定　　价	36.00 元

出 版 人	王　焰

（如发现本版图书有印订质量问题，请寄回本社市场部调换或电话 021-62865537 联系）